LA
REINE MARGOT

PREMIÈRE PARTIE

PARIS. — IMPRIMERIE P. MOUILLOT, 13, QUAI VOLTAIRE. — 54163

LA
REINE MARGOT

PAR

ALEXANDRE DUMAS

ÉDITION ILLUSTRÉE PAR E. LAMPSONIUS ET LANCÉLOT

PREMIÈRE PARTI

PARIS

CALMANN LÉVY, ÉDITEUR

3, RUE AUBER, 3

Droits de reproduction et de traduction réservés

LA REINE MARGOT

PAR

ALEXANDRE DUMAS

I

LE LATIN DE M. DE GUISE.

e lundi, dix-huitième jour du mois d'août de l'année 1572, il y avait grande fête au Louvre.

Les fenêtres de la vieille demeure royale, ordinairement si sombres, étaient ardemment éclairées; les places et les rues attenantes, habituellement si soli-taires dès que neuf heures sonnaient à Saint-Germain-l'Auxerrois, étaient, quoiqu'il fût minuit, encombrées de populaire.

Tout ce concours menaçant, pressé, bruyant, ressemblait, dans l'obscurité, à une mer sombre et houleuse, dont chaque flot faisait une vague grondante; cette mer, épandue sur le quai, où elle se dégorgeait par la rue des Fossés-Saint-Germain et par la rue de l'Astruce, venait battre de son flux le pied des murs

du Louvre, et de son reflux la base de l'hôtel de
Bourbon, qui s'élevait en face.

Il y avait, malgré la fête royale, et même peut-
être à cause de la fête royale, quelque chose de menaçant dans ce peuple; car il ne se doutait pas que
cette solennité, à laquelle il assistait comme spec-
tateur, n'était que le prélude d'une autre, remise
à huitaine, et à laquelle il serait convié et s'ébattrait
de tout son cœur.

La cour célébrait les noces de madame Marguerite
de Valois, fille du roi Henri II et sœur du roi
Charles IX, avec Henri de Bourbon, roi de Navarre.
En effet, le matin même, le cardinal de Bourbon
avait uni les deux époux, avec le cérémonial usité
pour les noces des filles de France, sur un théâtre
dressé à la porte de Notre-Dame.

Ce mariage avait étonné tout le monde, et avait
fort donné à songer à quelques-uns qui voyaient
plus clair que les autres : on comprenait peu le rap-
prochement de deux partis aussi haineux que l'é-
taient, à cette heure, le parti protestant et le parti
catholique; on se demandait comment le jeune
prince de Condé pardonnerait au duc d'Anjou, frère
du roi, la mort de son père assassiné à Jarnac par
Montesquiou. On se demandait comment le jeune
duc de Guise pardonnerait à l'amiral de Coligny la
mort du sien, assassiné à Orléans par Poltrot de
Méré. Il y avait plus : Jeanne de Navarre, la courageuse épouse du faible Antoine de Bourbon, qui
avait amené son fils Henri aux royales fiançailles
qui l'attendaient, était morte il y avait deux mois à
peine, et de singuliers bruits s'étaient répandus sur
cette mort subite. Partout on disait tout bas, et en
quelques lieux tout haut, qu'un secret terrible avait
été surpris par elle, et que Catherine de Médicis,
craignant la révélation de ce secret, l'avait empoisonnée avec des gants de senteur, qui avaient été
confectionnés par un nommé René, Florentin fort
habile dans ces sortes de matières. Ce bruit s'était
d'autant plus répandu et confirmé, qu'après la mort
de cette grande reine, sur la demande de son fils,
deux médecins, desquels était le fameux Ambroise
Paré, avaient été autorisés à ouvrir et étudier le
corps, mais non le cerveau. Or, comme c'était par
l'odorat qu'avait été empoisonnée Jeanne de Navarre, c'était le cerveau, seule partie du corps exclue
de l'autopsie, qui devait offrir des traces du crime.
Nous disons crime, car personne ne doutait qu'un
crime n'eût été commis.

Ce n'était pas le tout; le roi Charles particulièrement avait mis à ce mariage, qui non-seulement ré-
tablissait la paix dans son royaume, mais encore
attirait à Paris les principaux huguenots de France,
une persistance qui ressemblait à de l'entêtement.
Comme les deux fiancés appartenaient, l'un à la religion catholique, l'autre à la religion réformée, on
avait été obligé de s'adresser, pour la dispense, à
Grégoire XIII, qui tenait alors le siége de Rome. La

dispense tardait, et ce retard inquiétait fort la feue
reine de Navarre; elle avait un jour exprimé à
Charles IX ses craintes que cette dispense n'arrivât
point, ce à quoi le roi avait répondu :

« N'ayez souci, ma bonne tante, je vous honore plus
que le pape, et aime plus ma sœur que je ne le
crains. Je ne suis pas huguenot, mais je ne suis pas
sot non plus, et, si monsieur le pape fait trop la bête,
je prendrai moi-même Margot par la main et je la
mènerai épouser votre fils en plein prêche. »

Ces paroles s'étaient répandues du Louvre dans la
ville, et, tout en réjouissant fort les huguenots,
avaient considérablement donné à penser aux catholiques, qui se demandaient tout bas si le roi les
trahissait réellement, ou bien ne jouait pas quelque
comédie, qui aurait un beau matin ou un beau soir
son dénoûment inattendu.

C'était vis-à-vis de l'amiral Coligny surtout, qui,
depuis cinq ou six ans, faisait une guerre acharnée
au roi, que la conduite de Charles IX paraissait
inexplicable; après avoir mis sa tête à prix à cent
cinquante mille écus d'or, le roi ne jurait plus que
par lui, l'appelant son père et déclarant tout haut
qu'il allait confier désormais à lui seul la conduite
de la guerre; c'était au point que Catherine de
Médicis elle-même, qui jusqu'alors avait réglé les
actions, les volontés et jusqu'aux désirs du jeune
prince, paraissait commencer à s'inquiéter tout de
bon, et ce n'était pas sans sujet, car, dans un moment d'épanchement, Charles IX avait dit à l'amiral, à propos de la guerre de Flandre :

« Mon père, il y a encore une chose en ceci à laquelle il faut bien prendre garde : c'est que la reine
ma mère, qui veut mettre le nez partout, comme
vous savez, ne connaisse rien de cette entreprise,
que nous la tenions si secrète qu'elle n'y voie goutte,
car, brouillonne comme je la connais, elle nous gâ-
terait tout. »

Or, tout sage et expérimenté qu'il était, Coligny
n'avait pu tenir secrète une si entière confiance; et,
quoiqu'il fût arrivé à Paris avec de grands soupçons,
quoiqu'à son départ de Châtillon une paysanne se
fût jetée à ses pieds, en criant : Oh ! Monsieur, monsieur notre bon maître, n'allez pas à Paris, car, si
vous y allez vous mourrez, vous et tous ceux qui
iront avec vous; — ces soupçons s'étaient peu à peu
éteints dans son cœur, et dans celui de Téligny, son
gendre, auquel le roi, de son côté, faisait de grandes
amitiés, l'appelant son frère comme il appelait l'a-
miral son père, et le tutoyant, ainsi qu'il faisait
pour ses meilleurs amis.

Les huguenots, à part quelques esprits chagrins
et défiants, étaient donc entièrement rassurés : la
mort de la reine de Navarre passait pour avoir été
causée par une pleurésie, et les vastes salles du
Louvre s'étaient emplies de tous ces braves protestants auxquels le mariage de leur jeune chef Henri
promettait un retour de fortune bien inespéré. L'a-

miral Coligny, la Rochefoucauld, le prince de Condé fils, Téligny, enfin tous les principaux du parti triomphaient de voir tout-puissants au Louvre et si bien venus à Paris ceux-là mêmes que, trois mois auparavant, le roi Charles et la reine Catherine voulaient faire pendre à des potences plus hautes que celles des assassins. Il n'y avait que le maréchal de Montmorency que l'on cherchait vainement parmi tous ses frères, car aucune promesse n'avait pu le séduire, aucun semblant n'avait pu le tromper, et il restait retiré en son château de l'Ile-Adam, donnant pour excuse de sa retraite la douleur que lui causait encore la mort de son père, le grand connétable Anne de Montmorency, tué d'un coup de pistolet par Robert Stuart, à la bataille de Saint-Denis. Mais, comme cet événement était arrivé depuis plus de deux ans, et que la sensibilité était une vertu assez peu à la mode à cette époque, on n'avait cru de ce deuil prolongé outre mesure que ce qu'on avait bien voulu en croire.

Au reste, tout donnait tort au maréchal de Montmorency; le roi, la reine, le duc d'Anjou et le duc d'Alençon faisaient à merveille les honneurs de la royale fête.

Le duc d'Anjou recevait des huguenots eux-mêmes des compliments bien mérités sur les deux batailles de Jarnac et de Moncontour, qu'il avait gagnées avant d'avoir atteint l'âge de dix-huit ans, plus précoce en cela que n'avaient été César et Alexandre, auxquels on le comparait, en donnant, bien entendu, l'infériorité aux vainqueurs d'Issus et de Pharsale. Le duc d'Alençon regardait tout cela de son œil caressant et faux : la reine Catherine rayonnait de joie, et, toute confite en gracieusetés, complimentait le prince Henri de Condé sur son récent mariage avec Marie de Clèves ; enfin MM. de Guise eux-mêmes souriaient aux formidables ennemis de leur maison, et le duc de Mayenne discourait avec M. de Tavanne et l'amiral sur la prochaine guerre qu'il était plus que jamais question de déclarer à Philippe II.

Au milieu de ces groupes allait et venait, la tête légèrement inclinée et l'oreille ouverte à tous les propos, un jeune homme de dix-neuf ans, à l'œil fin, aux cheveux noirs coupés très-courts, aux sourcils épais, au nez recourbé comme un bec d'aigle, au sourire narquois et à la moustache et à la barbe naissantes. Ce jeune homme, qui ne s'était fait remarquer encore qu'au combat d'Arnay-le-Duc, où il avait bravement payé de sa personne, et qui recevait compliments sur compliments, était l'élève bien-aimé de Coligny et le héros du jour; trois mois auparavant, c'est-à-dire à l'époque où sa mère vivait encore, on l'avait appelé le prince de Béarn; on l'appelait maintenant le roi de Navarre, en attendant qu'on l'appelât Henri IV.

De temps en temps, un nuage sombre et rapide passait sur son front; sans doute il se rappelait qu'il y avait deux mois à peine sa mère était morte, et, moins que personne, il doutait qu'elle ne fût morte empoisonnée. Mais le nuage était passager et disparaissait comme une ombre flottante; car ceux qui lui parlaient, ceux qui le félicitaient, ceux qui le coudoyaient, étaient ceux-là mêmes qui avaient assassiné la courageuse Jeanne d'Albret.

A quelques pas du roi de Navarre, presque aussi pensif, presque aussi soucieux que le premier affectait d'être joyeux et ouvert, le jeune duc de Guise causait avec Téligny. Plus heureux que le Béarnais, à vingt-deux ans sa renommée avait presque atteint celle de son père, le grand François de Guise. C'était un élégant seigneur, de haute taille, au regard fier et orgueilleux, et doué de cette majesté naturelle qui faisait dire, quand il passait, que près de lui les autres princes paraissaient peuple. Tout jeune qu'il était, les catholiques voyaient en lui le chef de leur parti, comme les huguenots voyaient le chef du leur dans ce jeune Henri de Navarre dont nous venons de tracer le portrait. Il avait d'abord porté le titre de prince de Joinville, et avait fait, au siège d'Orléans, ses premières armes sous son père, qui était mort dans ses bras, en lui désignant l'amiral Coligny pour son assassin. Alors le jeune duc, comme Annibal, avait fait un serment solennel : c'était de venger la mort de son père sur l'amiral et sur sa famille, et de poursuivre ceux de la religion, sans trêve ni relâche, ayant promis à Dieu d'être son ange exterminateur sur la terre jusqu'au jour où le dernier hérétique serait exterminé. Ce n'était donc pas sans un profond étonnement qu'on voyait ce prince, ordinairement si fidèle à sa parole, tendre sa main à ceux qu'il avait juré de tenir pour ses éternels ennemis, et causer familièrement avec le gendre de celui dont il avait promis la mort à son père mourant.

Mais, nous l'avons dit, cette soirée était celle des étonnements.

En effet, avec cette connaissance de l'avenir qui manque heureusement aux hommes, avec cette faculté de lire dans les cœurs qui n'appartient malheureusement qu'à Dieu, l'observateur privilégié auquel il eût été donné d'assister à cette fête eût joui certainement du plus curieux spectacle que fournissent les annales de la triste comédie humaine.

Mais cet observateur qui manquait aux galeries intérieures du Louvre continuait dans la rue à regarder de ses yeux flamboyants et à gronder de sa voix menaçante; cet observateur, c'était le peuple qui, avec son instinct merveilleusement aiguisé par la haine, suivait de loin les ombres de ses ennemis implacables, et traduisait leurs impressions aussi nettement que peut faire le curieux devant les fenêtres d'une salle de bal hermétiquement fermée. La musique enivre et règle le danseur, tandis que le curieux voit le mouvement seul, et rit de ce pantin qui s'agite sans raison ; car le curieux, lui, n'entend pas la musique.

La musique qui enivrait les huguenots, c'était la voix de leur orgueil.

Ces lueurs qui passaient aux yeux des Parisiens au milieu de la nuit, c'étaient les éclairs de leur haine qui illuminaient l'avenir.

Et cependant tout continuait d'être riant à l'intérieur, et même un murmure plus doux et plus flatteur que jamais courait en ce moment par tout le Louvre : c'est que la jeune fiancée, après avoir été déposer sa toilette d'apparat, son manteau traînant et son long voile, venait de rentrer dans la salle de bal, accompagnée de la belle duchesse de Nevers, sa meilleure amie, et menée par son frère Charles IX, qui la présentait aux principaux de ses hôtes.

Cette fiancée, c'était la fille de Henri II, c'était la perle de la couronne de France, c'était Marguerite de Valois, que, dans sa familière tendresse pour elle, le roi Charles IX n'appelait jamais que *ma sœur Margot*.

Certes jamais accueil, si flatteur qu'il fût, n'avait été mieux mérité que celui qu'on faisait en ce moment à la nouvelle reine de Navarre. Marguerite, à cette époque, avait vingt ans à peine, et déjà elle était l'objet des louanges de tous les poëtes, qui la comparaient, les uns à l'Aurore, les autres à Cythérée ; c'était en effet la beauté sans rivale de cette cour où Catherine de Médicis avait réuni, pour en faire ses sirènes, les plus belles femmes qu'elle avait pu trouver. Elle avait les cheveux noirs, le teint brillant, l'œil voluptueux et voilé par de longs cils, la bouche vermeille et fine, le cou élégant, la taille riche et souple, et, perdu dans une mule de satin, un pied d'enfant. Les Français, qui la possédaient, étaient fiers de voir éclore sur leur sol une si magnifique fleur, et les étrangers qui passaient par la France s'en retournaient éblouis de sa beauté s'ils l'avaient vue seulement, étourdis de sa science s'ils avaient causé avec elle. C'est que Marguerite était non-seulement la plus belle, mais encore la plus lettrée des femmes de son temps, et l'on citait le mot d'un savant italien qui lui avait été présenté, et qui, après avoir causé avec elle une heure en italien, en espagnol, en latin et en grec, l'avait quittée en disant dans son enthousiasme : « Voir la cour sans voir Marguerite de Valois, c'est ne voir ni la France ni la cour. »

Aussi les harangues ne manquaient pas au roi Charles IX et à la reine de Navarre ; on sait combien les huguenots étaient harangueurs. Force allusions au passé, force demandes pour l'avenir furent adroitement glissées au roi au milieu de ces harangues ; mais à toutes ces allusions il répondait avec ses lèvres pâles et son sourire rusé :

« En donnant ma sœur Margot à Henri de Navarre, je donne ma sœur à tous les protestants du royaume. »

Mot qui rassurait les uns et faisait sourire les autres, car il avait réellement deux sens : l'un paternel et dont, en bonne conscience, Charles IX ne voulait pas surcharger sa pensée ; l'autre injurieux pour l'épousée, pour son mari et pour celui-là même qui le disait, car il rappelait quelques sourds scandales dont la chronique de la cour avait déjà trouvé moyen de souiller la robe nuptiale de Marguerite de Valois.

Cependant M. de Guise causait, comme nous l'avons dit, avec Téligny ; mais il ne donnait pas à l'entretien une attention si soutenue qu'il ne se détournât parfois pour lancer un regard sur le groupe de dames au centre duquel resplendissait la reine de Navarre. Si le regard de la princesse rencontrait alors celui du jeune duc, un nuage semblait obscurcir ce front charmant, autour duquel des étoiles de diamants formaient une tremblante auréole, et quelque vague dessein perçait dans son attitude impatiente et agitée.

La princesse Claude, sœur aînée de Marguerite, qui depuis quelques années déjà avait épousé le duc de Lorraine, avait remarqué cette inquiétude, et elle s'approchait d'elle pour lui en demander la cause lorsque, chacun s'écartant devant la reine mère, qui s'avançait appuyée au bras du jeune prince de Condé, la princesse se trouva refoulée loin de sa sœur. Il y eut alors un mouvement général dont le duc de Guise profita pour se rapprocher de madame de Nevers, sa belle-sœur, et par conséquent de Marguerite. Madame de Lorraine, qui n'avait pas perdu la jeune reine des yeux, vit alors, au lieu de ce nuage qu'elle avait remarqué sur son front une flamme ardente passer sur ses joues. Cependant le duc s'approchait toujours, et, quand il ne fut plus qu'à deux pas de Marguerite, celle-ci, qui semblait plutôt le sentir que le voir, se retourna en faisant un effort violent pour donner à son visage le calme et l'insouciance ; alors le duc salua respectueusement, et, tout en s'inclinant devant elle, murmura à demi-voix :

— *Ipse attuli.*

Ce qui voulait dire :

— Je l'ai *apporté*, ou *apporté moi-même*.

Marguerite rendit sa révérence au jeune duc, et, en se relevant, laissa tomber cette réponse :

— *Noctu pro more.*

Ce qui signifiait :

— Cette nuit comme d'habitude.

Ces douces paroles, absorbées par l'énorme collet goudronné de la princesse, comme par l'enroulement d'un porte-voix, ne furent entendues que de la personne à laquelle on les adressait ; mais, si court qu'eût été le dialogue, sans doute il embrassait tout ce que les deux jeunes gens avaient à se dire, car après cet échange de deux mots contre trois ils se séparèrent, Marguerite le front plus rêveur et le duc le front plus radieux qu'avant qu'ils se fussent rapprochés. Cette petite scène avait eu lieu sans que l'homme le plus intéressé à la remarquer eût paru y faire la moindre attention, car, de son côté, le roi de Navarre n'avait d'yeux que pour une seule personne qui rassemblait autour d'elle une cour presque aussi nombreuse que Marguerite de Valois ; cette personne était la belle madame de Sauve.

Charlotte de Beaune-Semblançay, petite-fille du malheureux Semblançay et femme de Simon de Fizes, baron de Sauve, était une des dames d'atour de Catherine de Médicis, et l'une des plus redoutables auxiliaires de cette reine, qui versait à ses ennemis le philtre de l'amour quand elle n'osait leur verser le poison florentin ; petite, blonde, tour à tour pétillante de vivacité ou languissante de mélancolie, toujours prête à l'amour et à l'intrigue, les deux grandes affaires qui, depuis cinquante ans, occupaient la cour des trois rois qui s'étaient succédé ; femme dans toute l'acception du mot et dans tout le charme de la chose, depuis l'œil bleu languissant ou brillant de flammes jusqu'aux petits pieds mutins et cambrés dans leurs mules de velours, madame de Sauve s'était, depuis quelques mois déjà, emparée de toutes les facultés du roi de Navarre, qui débutait alors dans la carrière amoureuse comme dans la carrière politique, si bien que Marguerite de Navarre, beauté magnifique et royale, n'avait plus même trouvé l'admiration au fond du cœur de son époux ; et, chose étrange et qui étonnait tout le monde, même de la part de cette âme pleine de ténèbres et de mystères, c'est que Catherine de Médicis, tout en poursuivant son projet d'union entre sa fille et le roi de Navarre, n'avait pas discontinué de favoriser presque ouvertement les amours de celui-ci avec madame de Sauve. Mais, malgré cette aide puissante, et en dépit des mœurs faciles de l'époque, la belle Charlotte avait résisté jusque-là, et de cette résistance inconnue, incroyable, inouïe, plus encore que de la beauté et de l'esprit de celle qui résistait, était née dans le cœur du Béarnais une passion, qui, ne pouvant se satisfaire, s'était repliée sur elle-même et avait dévoré dans le cœur du jeune roi la timidité, l'orgueil, et jusqu'à cette insouciance, moitié philosophique, moitié paresseuse, qui faisait le fond de son caractère

Madame de Sauve venait d'entrer depuis quelques minutes seulement dans la salle de bal ; soit dépit, soit douleur, elle avait résolu d'abord de ne point assister au triomphe de sa rivale, et, sous le prétexte d'une indisposition, elle avait laissé son mari, secrétaire d'État depuis cinq ans, venir seul au Louvre ; mais, en apercevant le baron de Sauve sans sa femme, Catherine de Médicis s'était informée des causes qui tenaient sa bien-aimée Charlotte éloignée ; et, apprenant que ce n'était qu'une légère indisposition, elle lui avait écrit quelques mots d'appel, auxquels la jeune femme s'était empressée d'obéir. Henri, tout attristé qu'il avait été d'abord de son absence, avait cependant respiré plus librement lorsqu'il avait vu M. de Sauve entrer seul ; mais, au moment où, ne s'attendant aucunement à cette apparition, il allait en soupirant se rapprocher de l'aimable créature qu'il était condamné, sinon à aimer, du moins à traiter en épouse, il avait vu au bout de la galerie surgir madame de Sauve ; alors il était demeuré cloué à sa place, les yeux fixés sur cette Circé qui l'enchaînait à elle comme par un lien magique, et, au lieu de continuer sa marche vers sa femme, par un mouvement d'hésitation qui tenait bien plus à l'étonnement qu'à la crainte, il s'avança vers madame de Sauve.

De leur côté, les courtisans, voyant que le roi de Navarre, dont on connaissait déjà le cœur inflammable, se rapprochait de la belle Charlotte, n'eurent point le courage de s'opposer à leur réunion ; ils s'éloignèrent complaisamment, de sorte qu'au même instant où Marguerite de Valois et M. de Guise échangeaient les quelques mots latins que nous avons rapportés, Henri, arrivé près de madame de Sauve, entamait avec elle en français fort intelligible, quoique saupoudré d'accent gascon, une conversation beaucoup moins mystérieuse.

— Ah ! ma mie ! lui dit-il, vous voilà donc revenue au moment où l'on m'avait dit que vous étiez malade, et où j'avais perdu l'espérance de vous voir ?

— Votre Majesté, répondit madame de Sauve, aurait-elle la prétention de me faire croire que cette espérance lui avait beaucoup coûté à perdre ?

— Sang-diou, je le crois bien ! reprit le Béarnais ; ne savez-vous point que vous êtes mon soleil pendant le jour et mon étoile pendant la nuit ? En vérité, je me croyais dans l'obscurité la plus profonde, lorsque vous avez paru tout à l'heure et avez soudain tout éclairé.

— C'est un mauvais tour que je vous joue alors, monseigneur.

— Que voulez-vous dire, ma mie ? demanda Henri.

— Je veux dire que, lorsqu'on est maître de la plus belle femme de France, la seule chose qu'on doive désirer, c'est que la lumière disparaisse pour faire place à l'obscurité, car c'est dans l'obscurité que nous attend le bonheur.

— Ce bonheur, mauvaise, vous savez bien qu'il est aux mains d'une seule personne, et que cette personne se rit et se joue du pauvre Henri.

— Oh ! reprit la baronne, j'aurais cru au contraire, moi, que c'était cette personne qui était le jouet et la risée du roi de Navarre.

Henri fut effrayé de cette attitude hostile ; et cependant il réfléchit qu'elle trahissait le dépit, et que le dépit n'est que le masque de l'amour.

— En vérité, dit-il, chère Charlotte, vous me faites là un injuste reproche, et je ne comprends pas qu'une si jolie bouche soit en même temps si cruelle.

Croyez-vous donc que ce soit moi qui me marie? Eh! non, ventre-saint-gris! ce n'est pas moi!

— C'est moi, peut-être! reprit aigrement la baronne, si jamais peut paraître aigre la voix de la femme qui nous aime et qui nous reproche de ne pas l'aimer.

— Avec vos beaux yeux n'avez-vous pas vu plus loin, baronne? Non, non, ce n'est pas Henri de Navarre qui épouse Marguerite de Valois.

— Et qu'est-ce donc alors?

— Eh! sang-diou! c'est la religion réformée qui épouse le pape, voilà tout.

— Nenni, nenni, monseigneur, et je ne me laisse pas prendre à vos jeux d'esprit, moi: Votre Majesté aime madame Marguerite, et je ne vous en fais pas un reproche, Dieu m'en garde! elle est assez belle pour être aimée.

Henri réfléchit un instant, et, tandis qu'il réfléchissait, un fin sourire retroussa le coin de ses lèvres.

— Baronne, dit-il, vous me cherchez querelle, ce me semble, et cependant vous n'en avez pas le droit; qu'avez-vous fait, voyons, pour m'empêcher d'épouser madame Marguerite? Rien; au contraire, vous m'avez toujours désespéré.

— Et bien m'en a pris, monseigneur! répondit madame de Sauve.

— Comment cela?

— Sans doute, puisque aujourd'hui vous en épousez une autre.

— Ah! je l'épouse parce que vous ne m'aimez pas.

— Si je vous eusse aimé, sire, il me faudrait donc mourir dans une heure?

— Dans une heure! Que voulez-vous dire, et de quelle mort seriez-vous morte?

— De jalousie... Car, dans une heure, la reine de Navarre renverra ses femmes et Votre Majesté ses gentilshommes.

— Est-ce là véritablement la pensée qui vous préoccupe, ma mie?

— Je ne dis pas cela. — Je dis que, si je vous aimais, elle me préoccuperait horriblement.

— Eh bien! s'écria Henri au comble de la joie d'entendre cet aveu, le premier qu'il eût reçu, si le roi de Navarre ne renvoyait pas ses gentilshommes ce soir?

— Sire, dit madame de Sauve regardant le roi avec un étonnement qui cette fois n'était pas joué, vous dites là des choses impossibles et surtout incroyables.

— Pour que vous les croyiez, que faut-il donc faire?

— Il faudrait m'en donner la preuve, et cette preuve, vous ne pouvez me la donner.

— Si fait, baronne, si fait. Par saint Henri! je vous la donnerai, au contraire, s'écria le roi en dévorant la jeune femme d'un regard embrasé d'amour.

— O Votre Majesté! murmura la belle Charlotte en baissant la voix et les yeux. — Je ne comprends pas. — Non, non! il est impossible que vous échappiez au bonheur qui vous attend.

— Il y a quatre Henri dans cette salle, mon adorée! reprit le roi; Henri de France, Henri de Condé, Henri de Guise; mais il n'y a qu'un Henri de Navarre.

— Eh bien?

— Eh bien! si vous avez cet Henri de Navarre près de vous toute cette nuit?

— Toute cette nuit?

— Oui; serez-vous certaine qu'il ne sera pas près d'une autre?

— Ah! si vous faites cela, sire! s'écria à son tour la dame de Sauve.

— Foi de gentilhomme, je le ferai.

Madame de Sauve leva ses grands yeux humides de voluptueuses promesses et sourit au roi, dont le cœur s'emplit d'une joie enivrante.

— Voyons, reprit Henri, en ce cas, que direz-vous?

— Oh! en ce cas, répondit Charlotte, en ce cas, je dirai que je suis véritablement aimée de Votre Majesté.

— Ventre-saint-gris! vous le direz donc; car cela est, baronne.

— Mais comment faire? murmura madame de Sauve.

— Oh! par Dieu! baronne, il n'est point que vous n'ayez autour de vous quelque camérière, quelque suivante, quelque fille dont vous soyez sûre?

— Oh! j'ai Dariole, qui m'est si dévouée qu'elle se ferait couper en morceaux pour moi; un véritable trésor.

— Sang-diou, baronne! dites à cette fille que je ferai sa fortune quand je serai roi de France, comme me le prédisent les astrologues.

Charlotte sourit; car, dès cette époque, la réputation gasconne du Béarnais était déjà établie à l'endroit de ses promesses.

— Eh bien! dit-elle, que désirez-vous de Dariole?

— Bien peu de chose pour elle, tout pour moi.

— Enfin?

— Votre appartement est au-dessus du mien.

— Oui.

— Qu'elle attende derrière la porte. Je frapperai doucement trois coups; elle ouvrira, et vous aurez la preuve que je vous ai offerte.

Madame de Sauve garda le silence pendant quelques secondes, puis, comme si elle eût regardé autour d'elle pour n'être pas entendue, elle fixa un instant la vue sur le groupe où se tenait la reine mère; mais, si court que fût cet instant, il suffit pour que Catherine et sa dame d'atour échangeassent chacune un regard.

— Oh! si je voulais, dit madame de Sauve avec

un accent de sirène qui eût fait fondre la cire dans les oreilles d'Ulysse, si je voulais prendre Votre Majesté en mensonge...

— Essayez, ma mie, essayez...

— Ah! ma foi! j'avoue que j'en combats l'envie.

— Laissez-vous vaincre; les femmes ne sont jamais si fortes qu'après leur défaite.

— Sire, je retiens votre promesse pour Dariole le jour où vous serez roi de France.

Henri jeta un cri de joie.

C'était juste au moment où ce cri s'échappait de la bouche du Béarnais que la reine de Navarre répondait au duc de Guise :

— *Noctu pro more*, cette nuit comme d'habitude.

Alors Henri s'éloigna de madame de Sauve aussi heureux que l'était le duc de Guise en s'éloignant lui-même de Marguerite de Valois.

Une heure après la double scène que nous venons de raconter, le roi Charles et la reine mère se retirèrent dans leurs appartements; presque aussitôt les salles commencèrent à se dépeupler, les galeries laissèrent voir la base de leurs colonnes de marbre. L'amiral et le prince de Condé furent reconduits par quatre cents gentilshommes huguenots au milieu de la foule qui grondait sur leur passage. Puis Henri de Guise, avec les seigneurs lorrains et les catholiques, sortirent à leur tour, escortés des cris de joie et des applaudissements du peuple.

Quant à Marguerite de Valois, à Henri de Navarre et à madame de Sauve, on sait qu'ils demeuraient au Louvre même.

II

LA CHAMBRE DE LA REINE DE NAVARRE.

Le duc de Guise reconduisit sa belle-sœur, la duchesse de Nevers, en son hôtel, qui était situé rue du Chaume, en face la rue de Brac, et, après l'avoir remise à ses femmes, passa dans son appartement pour changer de costume, prendre un manteau de nuit et s'armer d'un de ces poignards courts et aigus qu'on appelait une foi de gentilhomme, lesquels se portaient sans l'épée; mais, au moment où il le prenait sur la table où il était déposé, il aperçut un petit billet serré entre la lame et le fourreau.

Il l'ouvrit et lut ce qui suit :

« J'espère bien que M. de Guise ne retournera pas cette nuit au Louvre, ou, s'il y retourne, qu'il prendra au moins la précaution de s'armer d'une bonne cotte de mailles et d'une bonne épée. »

— Ah! ah! dit le duc en se retournant vers son valet de chambre, voici un singulier avertissement, maître Robin. Maintenant faites-moi le plaisir de me dire quelles sont les personnes qui ont pénétré ici pendant mon absence?

— Une seule, monseigneur.

— Laquelle?

— M. du Gast.

— Ah! ah! En effet il me semblait bien reconnaître l'écriture. Et tu es sûr que du Gast est venu, tu l'as vu?

— J'ai fait plus, monseigneur, je lui ai parlé.

— Bon; alors je suivrai le conseil. Ma jaquette et mon épée.

Le valet de chambre, habitué à ces mutations de costumes, apporta l'une et l'autre. Le duc alors revêtit sa jaquette, qui était en chaînons de mailles si souples, que la trame d'acier n'était guère plus épaisse que du velours; puis il passa par-dessus son jacques des chausses et un pourpoint gris et argent, qui étaient ses couleurs favorites, tira de longues bottes qui montaient jusqu'au milieu de ses cuisses, se coiffa d'un toquet de velours noir sans plume ni pierreries, s'enveloppa d'un manteau de couleur sombre, passa un poignard à sa ceinture, et, mettant son épée aux mains d'un page, seule escorte dont il voulût se faire accompagner, il prit le chemin du Louvre.

Comme il posait le pied sur le seuil de l'hôtel, le veilleur de Saint-Germain-l'Auxerrois venait d'annoncer une heure du matin.

Si avancée que fût la nuit et si peu sûres que fussent les rues à cette époque, aucun accident n'arriva à l'aventureux prince par le chemin, et il arriva sain et sauf devant la masse colossale du vieux Louvre, dont toutes les lumières s'étaient successivement éteintes, et qui se dressait à cette heure formidable de silence et d'obscurité.

En avant du château royal s'étendait un fossé profond, sur lequel donnaient la plupart des chambres des princes logés au palais. L'appartement de Marguerite était situé au premier étage.

Mais ce premier étage, accessible s'il n'y eût point eu de fossé, se trouvait, grâce au retranchement, élevé de près de trente pieds, et, par conséquent, hors de l'atteinte des amants et des voleurs, ce qui n'empêcha point M. le duc de Guise de descendre résolûment dans le fossé.

Au même instant, on entendit le bruit d'une fenêtre du rez-de-chaussée qui s'ouvrait. Cette fenêtre était grillée; mais une main parut, souleva un des barreaux descellé d'avance, et laissa pendre, par cette ouverture, un lacet de soie.

— Est-ce vous, Gillonne? demanda le duc à voix basse.

— Oui, monseigneur, répondit une voix de femme, d'un accent plus bas encore.

— Et Marguerite?

— Elle vous attend.

— Bien.

A ces mots le duc fit signe à son page, qui, ouvrant son manteau, déroula une petite échelle de corde. Le prince attacha l'une des extrémités de l'échelle au lacet qui pendait. Gillonne tira l'échelle à elle, l'assujettit solidement; et le prince, après avoir bouclé son épée à son ceinturon, commença l'escalade, qu'il acheva sans accident. Derrière lui, le barreau reprit sa place, la fenêtre se referma, et le page, après avoir vu entrer paisiblement son seigneur dans le Louvre, aux fenêtres duquel il l'avait accompagné vingt fois de la même façon, s'alla coucher, enveloppé dans son manteau, sur l'herbe du fossé et à l'ombre de la muraille.

Il faisait une nuit sombre, et quelques gouttes d'eau tombaient tièdes et larges des nuages chargés de soufre et d'électricité.

Le duc de Guise suivit sa conductrice, qui n'était rien moins que la fille de Jacques de Matignon, maréchal de France; c'était la confidente toute particulière de Marguerite, qui n'avait aucun secret pour elle, et l'on prétendait qu'au nombre des mystères qu'enfermait son incorruptible fidélité il y en avait de si terribles, que c'étaient ceux-là qui la forçaient de garder les autres.

Aucune lumière n'était demeurée ni dans les chambres basses ni dans les corridors; de temps en temps seulement un éclair livide illuminait les appartements sombres d'un reflet bleuâtre qui disparaissait aussitôt.

Le duc, toujours guidé par sa conductrice, qui le tenait par la main, atteignit enfin un escalier en spirale pratiqué dans l'épaisseur d'un mur et qui s'ouvrait par une porte secrète et invisible dans l'antichambre de l'appartement de Marguerite.

L'antichambre, comme les autres salles du bas, était dans la plus profonde obscurité.

Arrivée dans cette antichambre, Gillonne s'arrêta.

— Avez-vous apporté ce que désire la reine? demanda-t-elle à voix basse.

— Oui, répondit le duc de Guise; mais je ne le remettrai qu'à Sa Majesté elle-même.

— Venez donc et sans perdre un instant! dit alors au milieu de l'obscurité une voix qui fit tressaillir le duc, car il la reconnut pour celle de Marguerite.

Et en même temps une portière de velours violet fleurdelisé d'or se soulevant, le duc distingua dans l'ombre la reine elle-même, qui, impatiente, était venue au-devant de lui.

— Me voici, madame, dit alors le duc.

Et il passa rapidement de l'autre côté de la portière, qui retomba derrière lui.

Alors ce fut à son tour, à Marguerite de Valois, de servir de guide au prince dans cet appartement, d'ailleurs bien connu de lui, tandis que Gillonne, restée à la porte, avait, en portant le doigt à sa bouche, rassuré sa royale maîtresse.

Comme si elle eût compris les jalouses inquiétudes du duc, Marguerite le conduisit jusque dans sa chambre à coucher : là elle s'arrêta.

— Eh bien! lui dit-elle, êtes-vous content, duc?

— Content, madame... demanda celui-ci, et de quoi? je vous prie.

— De cette preuve que je vous donne, reprit Marguerite avec un léger accent de dépit, que j'appartiens à un homme qui, le soir de son mariage, la nuit même de ses noces, fait assez peu de cas de moi pour n'être pas même venu me remercier de l'honneur que je lui ai fait, non pas en le choisissant, mais en l'acceptant pour époux.

— Oh! madame, dit tristement le duc, rassurez-vous, il viendra, surtout si vous le désirez.

— Et c'est vous qui dites cela, Henri! s'écria Marguerite, vous qui, entre tous, savez le contraire de ce que vous dites! Si j'avais le désir que vous me supposez, vous eussé-je donc prié de venir au Louvre?

— Vous m'avez prié de venir au Louvre, Marguerite, parce que vous avez le désir d'éteindre tout vestige de notre passé, et que ce passé vivait non-seulement dans mon cœur, mais dans ce coffre d'argent que je vous rapporte.

— Henri, voulez-vous que je vous dise une chose? reprit Marguerite en regardant fixement le duc, c'est que vous ne me faites plus l'effet d'un duc, mais d'un écolier! Moi, nier que je vous ai aimé! moi, vouloir éteindre une flamme qui mourra peut-être, mais dont le reflet ne mourra pas! Car les amours des personnes de mon rang illuminent et souvent dévorent toute l'époque qui leur est contemporaine. Non! non! mon duc. Vous pouvez garder les lettres de votre Marguerite et le coffre qu'elle

— Et quelle lettre cherchez-vous ? madame.

vous a donné. De ces lettres que contient le coffre, elle ne vous en demande qu'une seule, et encore parce que cette lettre est aussi dangereuse pour vous que pour elle.

— Tout est à vous, dit le duc ; choisissez donc là-dedans celle que vous voudrez anéantir.

Marguerite fouilla rapidement dans le coffre ouvert, et d'une main frémissante prit l'une après l'autre une douzaine de lettres dont elle se contenta de regarder les adresses, comme si, à l'inspection de ces seules adresses, sa mémoire lui rappelait ce que contenaient ces lettres ; mais, arrivée au bout de l'examen, elle regarda le duc, et toute pâlissante :

— Monsieur, dit-elle, celle que je cherche n'est pas là. L'auriez-vous perdue par hasard ? car, quant à l'avoir livrée...

— Et quelle lettre cherchez-vous ? madame.

— Celle dans laquelle je vous disais de vous marier sans retard.

— Pour excuser votre infidélité ?

Marguerite haussa les épaules.

— Non ; mais pour vous sauver la vie. Celle où je vous disais que le roi, voyant notre amour et les efforts que je faisais pour rompre votre future union avec l'infante de Portugal, avait fait venir son frère le bâtard d'Angoulême, et lui avait dit en lui montrant deux épées : « De celle-ci tue Henri de Guise ce soir, ou de celle-là je te tuerai demain. » Cette lettre, où est-elle ?

— La voici, dit le duc de Guise en la tirant de sa poitrine.

Marguerite la lui arracha presque des mains, l'ouvrit avidement, s'assura que c'était bien celle qu'elle réclamait, poussa une exclamation de joie et l'approcha de la bougie. La flamme se communiqua aussitôt de la mèche au papier, qui en un instant fut consumé ; puis, comme si Marguerite eût craint qu'on pût aller chercher l'imprudent avis jusque dans les cendres, elle les écrasa sous son pied.

Le duc de Guise, pendant toute cette fiévreuse action, avait suivi des yeux sa maîtresse.

— Eh bien ! Marguerite, dit-il quand elle eut fini, êtes-vous contente maintenant ?

— Oui, car, maintenant que vous avez épousé la princesse de Porcian, mon frère me pardonnera votre amour, tandis qu'il ne m'eût pas pardonné la révélation d'un secret comme celui que, dans ma faiblesse pour vous, je n'ai pas eu la puissance de vous cacher.

— C'est vrai, dit le duc de Guise, dans ce temps-là vous m'aimiez.

— Et je vous aime encore, Henri, autant et plus que jamais.

— Vous ?

— Oui, moi ; car jamais plus qu'aujourd'hui je n'eus besoin d'un ami sincère et dévoué. Reine, je n'ai pas de trône ; femme, je n'ai pas de mari.

Le jeune prince secoua tristement la tête.

— Mais quand je vous dis, quand je vous répète, Henri, que mon mari, non-seulement ne m'aime pas, mais qu'il me hait, mais qu'il me méprise ; d'ailleurs, il me semble que votre présence dans la chambre où il devrait être fait bien preuve de cette haine et de ce mépris.

— Il n'est pas encore tard, madame, et il a fallu au roi de Navarre le temps de congédier ses gentilshommes, et, s'il n'est pas venu, il ne tardera pas à venir.

— Et moi je vous dis, s'écria Marguerite avec un dépit croissant, moi, je vous dis qu'il ne viendra pas.

— Madame, s'écria Gillonne en ouvrant la porte et en soulevant la portière ; madame, le roi de Navarre sort de son appartement.

— Oh ! je le savais bien, moi, qu'il viendrait ! s'écria le duc de Guise.

— Henri, dit Marguerite d'une voix brève et en saisissant la main du duc, Henri, vous allez voir si je suis une femme de parole et si l'on peut compter sur ce que j'ai promis une fois. Henri, entrez dans ce cabinet.

— Madame, laissez-moi partir s'il en est temps encore, car songez qu'à la première marque d'amour qu'il vous donne, je sors de ce cabinet, et alors, malheur à lui !

— Vous êtes fou, entrez, entrez, vous dis-je, je réponds de tout.

Et elle poussa le duc dans le cabinet.

Il était temps. La porte était à peine fermée derrière le prince, que le roi de Navarre, escorté de deux pages qui portaient huit flambeaux de cire rose sur deux candélabres, apparut souriant sur le seuil de la chambre.

Marguerite cacha son trouble en faisant une profonde révérence.

— Vous n'êtes pas encore au lit ? madame, demanda le Béarnais avec sa physionomie ouverte et joyeuse ; m'attendiez-vous, par hasard ?

— Non, monsieur, répondit Marguerite, car hier encore vous m'avez dit que vous savez bien que notre mariage était une alliance politique, et que vous ne me contraindriez jamais.

— A la bonne heure ; mais ceci n'est point une raison pour ne pas causer quelque peu ensemble. — Gillonne, fermez la porte et laissez-nous.

Marguerite, qui était assise, se leva, et étendit la main comme pour ordonner aux pages de rester.

— Faut-il que j'appelle vos femmes ? demanda le roi. Je le ferai si tel est votre désir, quoique je vous avoue que, pour les choses que j'ai à vous dire, j'aimerais mieux que nous fussions en tête à tête.

Et le roi de Navarre s'avança vers le cabinet.

— Non ! s'écria Marguerite en s'élançant au devant de lui avec impétuosité ; non, c'est inutile, et je suis prête à vous entendre.

Le Béarnais savait ce qu'il voulait savoir ; il jeta un regard rapide et profond vers le cabinet, comme s'il eût voulu, malgré la portière qui le voilait, pénétrer dans ses plus sombres profondeurs ; puis ramenant ses regards sur sa belle épousée pâle de terreur :

— En ce cas, madame, dit-il d'une voix parfaitement calme, causons donc un instant.

— Comme il plaira à Votre Majesté, dit la jeune femme en retombant plutôt qu'elle ne s'assit sur le siége que lui indiquait son mari.

Le Béarnais se plaça près d'elle.

— Madame, continua-t-il, quoi qu'en aient dit bien des gens, notre mariage est, je le pense, un bon mariage. Je suis bien à vous et vous êtes bien à moi.

— Mais... dit Marguerite effrayée.

— Nous devons en conséquence, continua le roi de Navarre sans paraître remarquer l'hésitation de Marguerite, agir l'un envers l'autre comme de bons alliés, puisque nous nous sommes aujourd'hui juré alliance devant Dieu. N'est-ce pas votre avis?

— Sans doute, monsieur.

— Je sais, madame, combien votre pénétration est grande, je sais combien le terrain de la cour est semé de dangereux abîmes; or, je suis jeune, et, quoique je n'aie jamais fait de mal à personne, j'ai bon nombre d'ennemis. Dans quel camp, madame, dois-je ranger celle qui porte mon nom et qui m'a juré affection au pied de l'autel?

— Oh! monsieur, pourriez-vous penser?...

— Je ne pense rien, madame, j'espère, et je veux m'assurer que mon espérance est fondée. Il est certain que notre mariage n'est qu'un prétexte ou qu'un piége.

Marguerite tressaillit, car peut-être aussi cette pensée s'était-elle présentée à son esprit.

— Maintenant, lequel des deux? continua Henri de Navarre. Le roi me hait, le duc d'Anjou me hait, le duc d'Alençon me hait, Catherine de Médicis haïssait trop ma mère pour ne point me haïr.

— Oh! monsieur, que dites-vous?

— La vérité, madame, reprit le roi, et je voudrais, afin qu'on ne crût pas que je suis dupe de l'assassinat de M. de Mouy et de l'empoisonnement de ma mère, je voudrais qu'il y eût ici quelqu'un qui pût m'entendre.

— Oh! monsieur, dit vivement Marguerite, — et de l'air le plus calme et le plus souriant qu'elle put prendre, — vous savez bien qu'il n'y a ici que vous et moi.

— Et voilà justement ce qui fait que je m'abandonne, voilà ce qui fait que j'ose vous dire que je ne suis dupe ni des caresses que me fait la maison de France ni de celles que me fait la maison de Lorraine.

— Sire! sire! s'écria Marguerite.

— Eh bien! qu'y a-t-il, ma mie? demanda Henri souriant à son tour.

— Il y a, monsieur, que de pareils discours sont bien dangereux.

— Non pas quand on est en tête à tête, reprit le roi. Je vous disais donc...

Marguerite était visiblement au supplice, elle eût voulu arrêter chaque parole sur les lèvres du Béarnais; mais Henri continua avec son apparente bonhomie.

— Je vous disais donc que j'étais menacé de tous les côtés : menacé par le roi, menacé par le duc d'Alençon, menacé par le duc d'Anjou, menacé par la reine mère, menacé par le duc de Guise, par le duc de Mayenne, par le cardinal de Lorraine, menacé par tout le monde, enfin. On sent cela instinctivement; vous le savez, madame. Eh bien! contre toutes ces menaces qui ne peuvent tarder de devenir des attaques, je puis me défendre avec votre secours, car vous êtes aimée, vous, de toutes les personnes qui me détestent.

— Moi! dit Marguerite.

— Oui, vous, reprit Henri de Navarre avec une bonhomie parfaite; oui, vous êtes aimée du roi Charles, vous êtes aimée (il appuya sur le mot) du duc d'Alençon; vous êtes aimée de la reine Catherine; enfin, vous êtes aimée du duc de Guise.

— Monsieur! murmura Marguerite.

— Eh bien! qu'y a-t-il donc d'étonnant que tout le monde vous aime? ceux que je viens de vous nommer sont vos frères ou vos parents. Aimer ses parents et ses frères, c'est vivre selon le cœur de Dieu.

— Mais enfin, reprit Marguerite oppressée, où en voulez-vous venir, monsieur?

— J'en veux venir à ce que je vous ai dit : c'est que si vous vous faites, je ne dirai pas mon amie, mais mon alliée, je puis tout braver; tandis qu'au contraire, si vous vous faites mon ennemie, je suis perdu.

— Oh! votre ennemie, jamais, monsieur! s'écria Marguerite.

— Mais mon amie, jamais non plus?...

— Peut-être.

— Et mon alliée?

— Certainement.

Et Marguerite se retourna et tendit la main au roi.

Henri la prit, la baisa galamment, et la gardant dans les siennes bien plus dans un désir d'investigation que par un sentiment de tendresse :

— Eh bien! je vous crois, madame, dit-il, et vous accepte pour alliée. Ainsi donc on nous a mariés sans que nous nous connussions, sans que nous nous aimassions; on nous a mariés sans nous consulter, nous qu'on mariait. Nous ne nous devons donc rien comme mari et femme. Vous voyez, madame, que je vais au-devant de vos vœux et que je vous confirme ce soir ce que je vous disais hier. Mais nous, nous nous allions librement, sans que personne nous y force; nous, nous nous allions comme deux cœurs loyaux qui se doivent protection mutuelle et s'allient; c'est bien comme cela que vous l'entendez?

— Oui, monsieur, dit Marguerite en essayant de retirer sa main.

— Eh bien! continua le Béarnais les yeux toujours fixés sur la porte du cabinet, comme la première preuve d'une alliance franche est la confiance la plus absolue, je vais, madame, vous raconter dans ses détails les plus secrets le plan que j'ai formé à l'effet de combattre victorieusement toutes ces inimitiés.

— Monsieur... murmura Marguerite en tournant à son tour et malgré elle les yeux vers le cabinet, tandis que le Béarnais, voyant sa ruse réussir, souriait dans sa barbe.

— Voici donc ce que je vais faire, continua-t-il

sans paraître remarquer le trouble de la jeune femme; je vais...

— Monsieur, s'écria Marguerite en se levant vivement et en saisissant le roi par le bras, permettez que je respire; l'émotion.... la chaleur... j'étouffe.

En effet, Marguerite était pâle et tremblante comme si elle allait se laisser choir sur le tapis.

Henri marcha droit à une fenêtre située à bonne distance et l'ouvrit. Cette fenêtre donnait sur la rivière.

Marguerite le suivit.

— Silence! silence! sire! par pitié pour vous! murmura-t-elle.

— Eh! madame, fit le Béarnais en souriant à sa manière, ne m'avez-vous pas dit que nous étions seuls?

— Oui, monsieur; mais n'avez-vous pas entendu dire qu'à l'aide d'une sarbacane, introduite à travers un plafond ou à travers un mur, on peut tout entendre?

— Bien, madame, bien, dit vivement et tout bas le Béarnais. Vous ne m'aimez pas, c'est vrai; mais vous êtes une honnête femme.

— Que voulez-vous dire, monsieur?

— Je veux dire que, si vous étiez capable de me trahir, vous m'eussiez laissé continuer, puisque je me trahissais tout seul. Vous m'avez arrêté. Je sais maintenant que quelqu'un est caché près de vous; que vous êtes une épouse infidèle, mais une fidèle alliée, et dans ce moment-ci, ajouta le Béarnais en souriant, j'ai plus besoin, je l'avoue, de fidélité en politique qu'en amour.

— Sire... murmura Marguerite confuse.

— Bon, bon, nous parlerons de tout cela plus tard, dit Henri, quand nous nous connaîtrons mieux.

Puis, haussant la voix:

— Eh bien! continua-t-il, respirez-vous plus librement à cette heure, madame?

— Oui, sire, oui, murmura Marguerite.

— En ce cas, reprit le Béarnais, je ne veux pas vous importuner plus longtemps. Je vous devais mes respects et quelques avances de bonne amitié; veuillez les accepter comme je vous les offre, de tout mon cœur. Reposez-vous donc et bonne nuit.

Marguerite leva sur son mari un œil brillant de reconnaissance et à son tour lui tendit la main.

— C'est convenu, dit-elle.

— Alliance politique, franche et loyale? demanda Henri.

— Franche et loyale, répondit la reine.

Alors le Béarnais marcha vers la porte, attirant du regard Marguerite comme fascinée. Puis, lorsque la portière fut retombée entre eux et la chambre à coucher:

— Merci, Marguerite, dit vivement Henri à voix basse, merci! Vous êtes une vraie fille de France. Je pars tranquille. A défaut de votre amour, votre amitié ne me fera pas défaut. Je compte sur vous, comme de votre côté vous pouvez compter sur moi. Adieu, madame.

Et Henri baisa la main de sa femme en la pressant doucement; puis, d'un pas agile, il retourna chez lui en se disant tout bas dans le corridor:

— Qui diable est chez elle? Est-ce le roi, est-ce le duc d'Anjou, est-ce le duc d'Alençon, est-ce le duc de Guise, est-ce un frère, est-ce un amant, est-ce l'un et l'autre? En vérité, je suis presque fâché d'avoir demandé maintenant ce rendez-vous à la baronne; mais, puisque je lui ai engagé ma parole et que Dariole m'attend.... n'importe; elle perdra un peu, j'en ai peur, à ce que j'aie passé par la chambre à coucher de ma femme pour aller chez elle, car, ventre-saint-gris! cette Margot, comme l'appelle mon beau-frère Charles IX, est une adorable créature.

Et, d'un pas dans lequel se trahissait une légère hésitation, Henri de Navarre monta l'escalier qui conduisait à l'appartement de madame de Sauve.

Marguerite l'avait suivi des yeux jusqu'à ce qu'il eût disparu, et alors elle était rentrée dans sa chambre. Elle trouva le duc à la porte du cabinet : cette vue lui inspira presque un remords.

De son côté le duc était grave, et son sourcil froncé dénonçait une amère préoccupation.

— Marguerite est neutre aujourd'hui, dit-il, Marguerite sera hostile dans huit jours.

— Ah! vous avez écouté? dit Marguerite.

— Que vouliez-vous que je fisse dans ce cabinet?

— Et vous trouvez que je me suis conduite autrement que devait se conduire la reine de Navarre?

— Non, mais autrement que devait se conduire la maîtresse du duc de Guise.

— Monsieur, répondit la reine, je puis ne pas aimer mon mari; mais personne n'a le droit d'exiger de moi que je le trahisse. De bonne foi, trahiriez-vous les secrets de la princesse de Porcian, votre femme?

— Allons, allons, madame, dit le duc en secouant la tête, c'est bien. Je vois que vous ne m'aimez plus comme aux jours où vous me racontiez ce que tramait le roi contre moi et les miens.

— Le roi était le fort et vous étiez les faibles. Henri est le faible et vous êtes les forts. Je joue toujours le même rôle, vous le voyez bien.

— Seulement, vous passez d'un camp à l'autre.

— C'est un droit que j'ai acquis, monsieur, en vous sauvant la vie.

— Bien, madame; et, comme quand on se sépare on se rend entre amants tout ce qu'on s'est donné, je vous sauverai la vie à mon tour, si l'occasion s'en présente, et nous serons quittes.

Et sur ce le duc s'inclina et sortit sans que Marguerite fît un geste pour le retenir.

Dans l'antichambre il retrouva Gillonne, qui le conduisit jusqu'à la fenêtre du rez-de-chaussée, et dans les fossés son page, avec lequel il retourna à l'hôtel de Guise.

Pendant ce temps, Marguerite, rêveuse, alla se placer à sa fenêtre.

— Quelle nuit de noces! murmura-t-elle, l'époux me fuit et l'amant me quitte!

En ce moment passa de l'autre côté du fossé, venant de la Tour de Bois et remontant vers le moulin de la Monnaie, un écolier le poing sur la hanche et chantant :

> Pourquoi doncques quand je veux
> Ou mordre tes beaux cheveux,
> Ou baiser ta bouche aimée,
> Ou toucher à ton beau sein,
> Contrefais-tu la nonnain
> Dedans un cloître enfermée?

> Pourqui gardes-tu tes yeux
> Et ton sein délicieux,
> Ton front, ta lèvre jumelle?

> En veux-tu baiser Pluton,
> Là-bas après que Caron
> T'aura mise en sa nacelle?

> Après ton dernier trépas,
> Belle, tu n'auras là-bas
> Qu'une bouchette blêmie;
> Et quand, mort, je te verrai,
> Aux ombres je n'avoûrai
> Que jadis tu fus ma mie!

> Doncques tandis que tu vis,
> Change, maîtresse, d'avis,
> Et ne m'épargne ta bouche,
> Car au jour où tu mourras
> Lors tu te repentiras
> De m'avoir été farouche.

Marguerite écouta cette chanson en souriant avec mélancolie; puis, lorsque la voix de l'écolier se fut perdue dans le lointain, elle referma la fenêtre et appela Gillonne pour l'aider à se mettre au lit.

⋘⋙⊙⋘⋙

III

UN ROI POÈTE.

e lendemain et les jours qui suivirent se passèrent en fêtes, ballets et tournois. La même fusion continuait de s'opérer entre les deux partis. C'étaient des caresses et des attendrissements à faire perdre la tête aux plus enragés huguenots. On avait vu le père Cotton dîner et faire débauche avec le baron de Courtaumer; le duc de Guise remonter la Seine en bateau de symphonie avec le prince de Condé.

Le roi Charles paraissait avoir fait divorce avec sa mélancolie habituelle, et ne pouvait plus se passer de son beau-frère Henri. Enfin la reine mère était si joyeuse et si occupée de broderies, de joyaux et de panaches, qu'elle en perdait le sommeil.

Les huguenots, quelque peu amollis par cette Capoue nouvelle, commençaient à revêtir les pourpoints de soie, à arborer les devises et à parader devant certains balcons comme s'ils eussent été catholiques. De tous côtés c'était une réaction en faveur de la religion réformée, à croire que toute la cour allait se faire protestante. L'amiral lui-même,

malgré son expérience, s'y était laissé prendre comme les autres, et il en avait la tête tellement montée, qu'un soir il avait oublié, pendant deux heures, de mâcher son cure-dent, occupation à laquelle il se livrait d'ordinaire, depuis deux heures de l'après-midi, moment où son dîner finissait, jusqu'à huit heures du soir, moment auquel il se remettait à table pour souper.

Le soir où l'amiral s'était laissé aller à cet incroyable oubli de ses habitudes, le roi Charles IX avait invité à goûter avec lui, en petit comité, Henri de Navarre et le duc de Guise, puis, la collation terminée, il avait passé avec eux dans sa chambre, et là il leur expliquait l'ingénieux mécanisme d'un piège à loup qu'il avait inventé lui-même, lorsque, s'interrompant tout à coup :

— Monsieur l'amiral ne vient-il donc pas ce soir? demanda-t-il; qui l'a aperçu aujourd'hui, et qui peut me donner de ses nouvelles?

— Moi, dit le roi de Navarre; et, au cas où Votre Majesté serait inquiète de sa santé, je pourrais la rassurer, car je l'ai vu ce matin à six heures et ce soir à sept.

— Ah! ah! fit le roi, dont les yeux un instant

distraits se reposèrent. avec une curiosité perçante sur son beau-frère, vous êtes bien matineux, Henriot, pour un jeune marié!

— Oui, sire, répondit le roi de Béarn, je voulais savoir de l'amiral, qui sait tout, si quelques gentilshommes que j'attends encore ne sont point en route pour venir.

— Des gentilshommes encore! vous en aviez huit cents le jour de vos noces, et tous les jours il en arrive de nouveaux, voulez-vous donc nous envahir? dit Charles IX en riant.

Le duc de Guise fronça le sourcil.

— Sire, répliqua le Béarnais, on parle d'une entreprise sur les Flandres, et je réunis autour de moi tous ceux de mon pays et des environs que je crois pouvoir être utiles à Votre Majesté.

Le duc, se rappelant le projet dont le Béarnais avait parlé à Marguerite le jour de ses noces, écouta plus attentivement.

— Bon! bon! répondit le roi avec son sourire fauve, plus il y en aura, plus nous serons contents; amenez, amenez, Henri. Mais qui sont ces gentilshommes; des vaillants, j'espère?

— J'ignore, sire, si mes gentilshommes vaudront jamais ceux de Votre Majesté, ceux de M. le duc d'Anjou ou ceux de M. de Guise, mais je les connais et sais qu'ils feront de leur mieux.

— En attendez-vous beaucoup?

— Dix ou douze encore.

— Vous les appelez?

— Sire, leurs noms m'échappent, et, à l'exception de l'un d'eux, qui m'est recommandé par Téligny comme un gentilhomme accompli, et qui s'appelle de la Mole, je ne saurais dire...

— De la Mole? n'est-ce point un Lerac de la Mole? reprit le roi fort versé dans la science généalogique; un Provençal?

— Précisément, sire; comme vous voyez, je recrute jusqu'en Provence.

— Et moi, dit le duc de Guise avec un sourire moqueur, je vais plus loin encore que Sa Majesté le roi de Navarre, car je vais chercher jusqu'en Piémont tous les catholiques sûrs que j'y puis trouver.

— Catholiques ou huguenots, interrompit le roi, peu m'importe, pourvu qu'ils soient vaillants.

Le roi, pour dire ces paroles, qui mêlaient dans son esprit huguenots et catholiques, avait pris une mine si indifférente, que le duc de Guise en fut étonné lui-même.

— Votre Majesté s'occupe de nos Flamands? dit l'amiral, à qui le roi, depuis quelques jours, avait accordé la faveur d'entrer chez lui sans être annoncé, et qui venait d'entendre les dernières paroles de Sa Majesté.

— Ah! voici mon père l'amiral, s'écria Charles IX en ouvrant les bras; on parle de guerre, de gentilshommes, de vaillants; et il arrive; ce que c'est que l'aimant, le fer s'y tourne; mon beau-frère de Navarre et mon cousin de Guise attendent des renforts pour votre armée. Voilà ce dont il était question.

— Et ces renforts arrivent, dit l'amiral.

— Avez-vous eu des nouvelles, monsieur? demanda le Béarnais.

— Oui, mon fils, et particulièrement de M. de la Mole; il était hier à Orléans, et sera demain ou après-demain à Paris.

— Peste! M. l'amiral est donc nécroman, pour savoir ainsi ce qui se fait à trente ou quarante lieues de distance? Quant à moi, je voudrais bien savoir avec pareille certitude ce qui se passera ou ce qui s'est passé devant Orléans!

Coligny resta impassible à ce trait sanglant du duc de Guise, lequel faisait évidemment allusion à la mort de François de Guise, son père, tué devant Orléans par Poltrot de Méré, non sans soupçon que l'amiral eût conseillé le crime.

— Monsieur, répliqua-t-il froidement et avec dignité, je suis nécroman toutes les fois que je veux savoir bien positivement ce qui importe à mes affaires ou à celles du roi. Mon courrier est arrivé d'Orléans, il y a une heure, et, grâce à la poste, a fait trente-deux lieues dans la journée. M. de la Mole, qui voyage sur son cheval, n'en fait que dix par jour, lui, et arrivera seulement le 24. Voilà toute la magie.

— Bravo! mon père, bien répondu, dit Charles IX. Montrez à ces jeunes gens que c'est la sagesse en même temps que l'âge qui ont fait blanchir votre barbe et vos cheveux; aussi allons-nous les envoyer parler de leurs tournois et de leurs amours, et rester ensemble à parler de nos guerres. Ce sont les bons conseillers qui font les bons rois, mon père. Allez, messieurs, j'ai à causer avec l'amiral.

Les deux jeunes gens sortirent, le roi de Navarre d'abord, le duc de Guise ensuite; mais, hors la porte, chacun tourna de son côté après une froide révérence.

Coligny les avait suivis des yeux avec une certaine inquiétude, car il ne voyait jamais rapprocher ces deux haines bien enracinées sans craindre qu'il n'en jaillît quelque nouvel éclair. Charles IX comprit ce qui se passait dans son esprit, vint à lui, et appuyant son bras au sien.

— Soyez tranquille, mon père, je suis là pour maintenir chacun dans l'obéissance et le respect. Je suis véritablement roi depuis que ma mère n'est plus reine, et elle n'est plus reine depuis que Coligny est mon père.

— Oh! sire, dit l'amiral, la reine Catherine...

— Est une brouillonne. Avec elle il n'y a pas de paix possible. Ces catholiques italiens sont enragés et n'entendent à rien qu'à exterminer. Moi, tout au contraire, non-seulement je veux pacifier, mais encore je veux donner de la puissance à ceux de la religion. Les autres sont trop dissolus, mon père, et ils me scandalisent par leurs amours et par leurs déréglements. Tiens, veux-tu que je te parle franchement? continua Charles IX en redoublant d'épanchement, je me défie de tout ce qui m'entoure, excepté de mes nouveaux amis! L'ambition de Tavannes m'est suspecte. Vieilleville n'aime que le bon vin, et il serait capable de trahir son roi pour une tonne de malvoisie. Montmorency ne se soucie que de la chasse, et passe son temps entre ses chiens et ses faucons. Le comte de Retz est Espagnol, les Guise sont Lorrains. Il n'y a de vrais Français en France, je crois, Dieu me pardonne! que moi, mon beau-frère de Navarre et toi. Mais, moi, je suis enchaîné au trône et ne puis commander les armées. C'est tout au plus si on me laisse chasser à mon aise à Saint-Germain et à Rambouillet. Mon beau-frère de Navarre est trop jeune et trop peu expérimenté. D'ailleurs il me semble en tout point tenir de son père Antoine, que les femmes ont toujours perdu. Il n'y a que toi, mon père, qui sois à la fois brave comme Julius César et sage comme Plato. Aussi je ne sais ce que je dois faire, en vérité; te garder comme conseiller ici, ou t'envoyer là-bas comme général. Si tu me conseilles, qui commandera? si tu commandes, qui me conseillera?.

— Sire, dit Coligny, il faut vaincre d'abord, puis le conseil viendra après la victoire.

— C'est ton avis, mon père; eh bien! soit. Il sera fait selon ton avis. Lundi tu partiras pour les Flandres, et moi pour Amboise.

— Votre Majesté quitte Paris?

— Oui, je suis fatigué de tout ce bruit et de toutes ces fêtes. Je ne suis pas un homme d'action, moi, je suis un rêveur. Je n'étais pas né pour être roi; j'étais né pour être poëte. Tu feras une espèce de conseil qui gouvernera tant que tu seras à la guerre; et, pourvu que ma mère n'en soit pas, tout ira bien. Moi, j'ai déjà prévenu Ronsard de venir me rejoindre; et là, tous les deux, loin du bruit, loin du monde, loin des méchants, sous nos grands bois, aux bords de la rivière, au murmure des ruisseaux, nous parlerons des choses de Dieu, seule compensation qu'il y ait en ce monde aux choses des hommes. Tiens, écoute ces vers par lesquels je l'invite à venir me rejoindre; je les ai faits ce matin.

Coligny sourit, Charles IX passa sa main sur son front jaune et poli comme de l'ivoire, et dit avec une espèce de chant cadencé les vers suivants :

Ronsard, je connais bien que si tu ne me vois,
Tu oublies soudain de ton grand roi la voix,
Mais, pour ton souvenir, pense que je n'oublie
Continuer toujours d'apprendre en poésie,
Et pour ce j'ai voulu t'envoyer cet écrit,
Pour enthousiasmer ton phantastique esprit.

Donc ne t'amuse plus aux soins de ton ménage,

Maintenant n'est plus temps de faire jardinage;
Il faut suivre ton roi, qui t'aime par sus tous,
Pour les vers qui de toi coulent braves et doux.
Et crois, si tu ne viens me trouver à Amboise,
Qu'entre nous adviendra une bien grande noise.

— Bravo! sire, bravo! dit Coligny : je me connais mieux en choses de guerre qu'en choses de poésie; mais il me semble que ces vers valent les plus beaux que fassent Ronsard, Dorat, et même M. Michel de l'Hospital, chancelier de France.

— Ah! mon père, s'écria Charles IX, que ne dis-tu vrai? car le titre de poëte, vois-tu, est celui que j'ambitionne avant toutes choses; et, comme je le disais il y a quelques jours à mon maître en poésie :

L'art de faire des vers, dût-on s'en indigner,
Doit être à plus haut prix que celui de régner;
Tous deux également nous portons des couronnes,
Mais roi, je le reçus, poëte, tu les donnes.
Ton esprit, enflammé d'une céleste ardeur,
Éclate par soi-même et moi par ma grandeur.
Si du côté des dieux je cherche l'avantage,
Ronsard est leur mignon et je suis leur image.
Ta lyre, qui ravit par de si doux accords,
Te soumet les esprits dont je n'ai que les corps,
Elle t'en rend le maître et te fait introduire
Où le plus fier tyran n'a jamais eu d'empire.

— Sire, dit Coligny, je savais bien que Votre Majesté s'entretenait avec les Muses; mais j'ignorais qu'elle en eût fait son principal conseil.

— Après toi, mon père, après toi; et c'est pour ne pas être troublé dans mes relations avec elles que je veux te mettre à la tête de toutes choses. Écoute donc; il faut en ce moment que je réponde à un nouveau madrigal que mon grand et cher poëte m'a envoyé... je ne puis donc te donner à cette heure tous les papiers qui sont nécessaires pour te mettre au courant de la grande question qui nous divise, Philippe II et moi. Il y a, en outre, une espèce de plan de campagne qui avait été fait par mes ministres. Je le chercherai tout cela et te le remettrai demain matin.

— A quelle heure, sire?

— A dix heures; et si par hasard j'étais occupé de vers, si j'étais enfermé dans mon cabinet de travail... eh bien! tu entrerais tout de même, et tu prendrais tous les papiers que tu trouverais sur cette table, enfermés dans ce portefeuille rouge; la couleur est éclatante, et tu ne t'y tromperas pas; moi, je vais écrire à Ronsard.

— Adieu, sire.

— Adieu, mon père.

— Votre main?

— Que dis-tu? ma main; dans mes bras, sur mon cœur, c'est là ta place. Viens, mon vieux guerrier, viens.

Et Charles IX, attirant à lui Coligny qui s'inclinait, posa ses lèvres sur ses cheveux blancs.

Et Charles IX attirant à lui Coligny qui s'inclinait, posa ses lèvres sur ses cheveux blancs. — PAGE 15.

L'amiral sortit en essuyant une larme.

Charles IX le suivit des yeux tant qu'il put le voir, tendit l'oreille tant qu'il put l'entendre; puis, lorsqu'il ne vit et n'entendit plus rien, il laissa, comme c'était son habitude, retomber sa tête pâle sur son épaule, et passa lentement de la chambre où il se trouvait dans son cabinet d'armes.

Ce cabinet était la demeure favorite du roi; c'était là qu'il prenait ses leçons d'escrime avec Pompée, et ses leçons de poésie avec Ronsard. Il y avait réuni une grande collection d'armes offensives ou défensives des plus belles qu'il avait pu trouver.

Aussi toutes les murailles étaient tapissées de haches, de boucliers, de piques, de hallebardes, de pistolets et de mousquetons, et le jour même un célèbre armurier lui avait apporté une magnifique arquebuse sur le canon de laquelle étaient incrustés en argent ces quatre vers que le poëte royal avait composé lui-même.

Pour maintenir la foy,
Je suis belle et fidèle ;
Aux ennemis du roy,
Je suis belle et cruelle.

— C'est bien vous, dit le roi, que l'on nomme François de Louviers-Maurevel ? — Page 18.

Charles IX entra donc, comme nous l'avons dit, dans ce cabinet, et, après avoir fermé la porte principale par laquelle il était entré, il alla soulever une tapisserie qui masquait un passage donnant sur une chambre où une femme agenouillée devant un prie-Dieu disait ses prières.

Comme ce mouvement s'était fait avec lenteur, et que les pas du roi, assourdis par le tapis, n'avaient pas eu plus de retentissement que ceux d'un fantôme, la femme agenouillée, n'ayant rien entendu, ne se retourna point et continua de prier. Charles demeura un instant debout, pensif et la regardant.

C'était une femme de trente-quatre à trente-cinq ans, dont la beauté vigoureuse était relevée par le costume des paysannes des environs de Caux. Elle portait le haut bonnet qui avait été si fort à la mode à la cour de France pendant le règne d'Isabeau de Bavière, et son corsage rouge était tout brodé d'or, comme le sont aujourd'hui les corsages des contadines de Nettuno et de Sora. L'appartement qu'elle occupait depuis tantôt vingt ans était contigu à la chambre à coucher du roi, et offrait un singulier mélange d'élégance et de rusticité. C'est qu'en proportion à peu près égale, le palais avait déteint sur

3

la chaumière, et la chaumière sur le palais. De sorte que cette chambre tenait un milieu entre la simplicité de la villageoise et le luxe de la grande dame. En effet, le prie-Dieu sur lequel elle était agenouillée était de bois de chêne merveilleusement sculpté, recouvert de velours à crépines d'or; tandis que la Bible, car cette femme était de la religion réformée, tandis que la Bible dans laquelle elle lisait ses prières était un de ces vieux livres à moitié déchirés, comme on en trouve dans les plus pauvres maisons.

Or, tout était à l'avenant de ce prie-Dieu et de cette Bible.

— Eh! Madelon! dit le roi.

La femme agenouillée releva la tête en souriant à cette voix familière; puis se levant :

— Ah! c'est toi, mon fils! dit-elle.

— Oui, nourrice, viens ici.

Charles IX laissa retomber la portière et alla s'asseoir sur le bras d'un fauteuil. La nourrice parut.

— Que me veux-tu, Charlot? dit-elle.

— Viens ici et réponds tout bas.

La nourrice s'approcha avec une familiarité qui pouvait venir de cette tendresse maternelle que la femme conçoit pour l'enfant qu'elle a allaité, mais à laquelle les pamphlets du temps donnent une source infiniment moins pure.

— Me voilà, dit-elle, parle.

— L'homme que j'ai fait demander est-il là?

— Depuis une demi-heure.

Charles se leva, s'approcha de la fenêtre, regarda si personne n'était aux aguets, s'approcha de la porte, tendit l'oreille pour s'assurer que personne n'était aux écoutes, secoua la poussière de ses trophées d'armes, caressa un grand lévrier qui le suivait pas à pas, s'arrêtant quand son maître s'arrêtait, reprenant sa marche quand son maître se remettait en mouvement; puis, revenant à sa nourrice :

— C'est bon, nourrice, fais-le entrer.

La bonne femme sortit par le même passage qui lui avait donné entrée, tandis que le roi allait s'appuyer à une table sur laquelle étaient posées des armes de toute espèce.

Il y était à peine, que la portière se souleva de nouveau, et donna passage à celui qu'il attendait.

C'était un homme de quarante ans à peu près, à l'œil gris et faux, au nez recourbé en bec de chat-huant, au facies élargi par des pommettes saillantes; son visage essaya d'exprimer le respect et ne put fournir qu'un sourire hypocrite sur ses lèvres blêmies par la peur.

Charles allongea doucement derrière lui une main qui se porta sur un pommeau de pistolet de nouvelle invention, et qui partait à l'aide d'une pierre mise en contact avec une roue d'acier, au lieu de partir à l'aide d'une mèche, et regarda de son œil terne le nouveau personnage que nous venons de mettre en scène; pendant cet examen il sifflait avec une justesse et même avec une mélodie remarquable un de ses airs de chasse favoris.

Après quelques secondes pendant lesquelles le visage de l'étranger se décomposa de plus en plus :

— C'est bien vous, dit le roi, que l'on nomme François de Louviers-Maurevel?

— Oui, sire.

— Commandant de pétardiers?

— Oui, sire.

— J'ai voulu vous voir.

Maurevel s'inclina.

— Vous savez, continua Charles en appuyant sur chaque mot, que j'aime également tous mes sujets.

— Je sais, balbutia Maurevel, que Votre Majesté est le père de son peuple.

— Et que huguenots et catholiques sont également mes enfants?

Maurevel resta muet; seulement, le tremblement qui agitait son corps devint visible au regard perçant du roi, quoique celui auquel il adressait la parole fût presque caché dans l'ombre.

— Cela vous contrarie, continua le roi, vous qui avez fait une si rude guerre aux huguenots?

Maurevel tomba à genoux.

— Sire, balbutia-t-il, croyez bien...

— Je crois, continua Charles IX en arrêtant de plus en plus sur Maurevel un regard qui, de vitreux qu'il était d'abord, devenait presque flamboyant; je crois que vous aviez bien envie de tuer à Moncontour M. l'amiral qui sort d'ici; je crois que vous avez manqué votre coup, et qu'alors vous êtes passé dans l'armée du duc d'Anjou, notre frère; enfin, je crois qu'alors vous êtes passé une seconde fois chez les princes, et que vous y avez pris du service dans la compagnie de M. de Mouy de Saint-Phale..

— Oh! sire!

— Un brave gentilhomme picard?

— Sire, sire, s'écria Maurevel, ne m'accablez pas!

— C'était un digne officier, continua Charles IX, et, au fur et à mesure qu'il parlait, une expression de cruauté presque féroce se peignait sur son visage, lequel vous accueillit comme un fils, vous logea, vous habilla, vous nourrit.

Maurevel laissa échapper un soupir de désespoir.

— Vous l'appeliez votre père, je crois, continua impitoyablement le roi, et une tendre amitié vous liait au jeune de Mouy son fils?

Maurevel, toujours à genoux, se courbait de plus en plus écrasé sous la parole de Charles IX debout, impassible et pareil à une statue dont les lèvres seules eussent été douées de vie.

— A propos, continua le roi, n'était-ce pas dix

mille écus que vous deviez toucher de M. de Guise au cas où vous tueriez l'amiral?

L'assassin, consterné, frappait le parquet de son front.

— Quant au sieur de Mouy, votre bon père, un jour vous l'escortiez dans une reconnaissance qu'il poussait vers Chevreux. Il laissa tomber son fouet et mit pied à terre pour le ramasser. Vous étiez seul avec lui, alors vous prîtes un pistolet dans vos fontes, et, tandis qu'il se penchait, vous lui brisâtes les reins; puis, le voyant mort, car vous le tuâtes du coup, vous prîtes la fuite sur le cheval qu'il vous avait donné. Voilà l'histoire, je crois?

Et, comme Maurevel demeurait muet sous cette accusation, dont chaque détail était vrai, Charles IX se remit à siffler avec la même justesse et la même mélodie le même air de chasse.

— Or çà! maître assassin, dit-il au bout d'un instant, savez-vous que j'ai grande envie de vous faire pendre?

— O Majesté! s'écria Maurevel.

— Le jeune de Mouy m'en suppliait encore hier, et en vérité je ne savais que lui répondre, car sa demande est fort juste.

Maurevel joignit les mains.

— D'autant plus juste, que, comme vous le disiez, je suis le père de mon peuple, et que, comme je vous répondais, maintenant que me voilà raccommodé avec les huguenots, ils sont tout aussi bien mes enfants que les catholiques.

— Sire, dit Maurevel complètement découragé, ma vie est entre vos mains, faites-en ce que vous voudrez.

— Vous avez raison, et je n'en donnerais pas une obole.

— Mais, sire, demanda l'assassin, n'y a-t-il donc pas un moyen de racheter mon crime?

— Je n'en connais guère. Toutefois, si j'étais à votre place, ce qui n'est pas, Dieu merci!..

— Eh bien! sire, si vous étiez à ma place, murmura Maurevel, le regard suspendu aux lèvres de Charles...

— Je crois que je me tirerais d'affaire, continua le roi.

Maurevel se releva sur un genou et sur une main en fixant ses yeux sur Charles pour s'assurer qu'il ne raillait pas.

— J'aime beaucoup le jeune de Mouy sans doute, continua le roi, mais j'aime beaucoup aussi mon cousin de Guise; et, si lui me demandait la vie d'un homme dont l'autre me demanderait la mort, j'avoue que je serais fort embarrassé. Cependant, en bonne politique comme en bonne religion, je devrais faire ce que me demanderait mon cousin de Guise, car de Mouy, tout vaillant capitaine qu'il est, est bien petit compagnon, comparé à un prince de Lorraine.

Pendant ces paroles, Maurevel se redressait len-

tement et comme un homme qui revient à la vie.

— Or, l'important pour vous serait donc, dans la situation extrême où vous êtes, de gagner la faveur de mon cousin de Guise; et, à ce propos, je me rappelle une chose qu'il me contait hier.

Maurevel se rapprocha d'un pas.

— Figurez-vous, sire, me disait-il, que tous les matins, à dix heures, passe dans la rue Saint-Germain-l'Auxerrois, revenant du Louvre, mon ennemi mortel; je le vois d'une fenêtre grillée du rez-de-chaussée; c'est la fenêtre du logis de mon ancien précepteur, le chanoine Pierre Piles. Je vois donc passer tous les jours mon ennemi, et tous les jours je prie le diable de l'abîmer dans les entrailles de la terre. Dites donc, maître Maurevel, continua Charles, si vous étiez le diable, ou si du moins pour un instant vous preniez sa place, cela ferait peut-être plaisir à mon cousin de Guise?

Maurevel retrouva son infernal sourire, et ses lèvres, pâles encore d'effroi, laissèrent tomber ces mots:

— Mais, sire, je n'ai pas le pouvoir d'ouvrir la terre, moi.

— Vous l'avez ouverte, cependant, s'il m'en souvient bien, au brave de Mouy. Après cela, vous me direz que c'est avec un pistolet... Ne l'avez-vous plus, ce pistolet?...

— Pardonnez, sire, reprit le brigand à peu près rassuré, mais je tire mieux encore l'arquebuse que le pistolet.

— Oh! fit Charles IX, pistolet ou arquebuse, peu importe, et mon cousin de Guise, j'en suis sûr, ne chicanera pas sur le choix du moyen!

— Mais, dit Maurevel, il me faudrait une arme sur la justesse de laquelle je pusse compter, car peut-être me faudra-t-il tirer de loin.

— J'ai dix arquebuses dans cette chambre, reprit Charles IX, avec lesquelles je touche un écu d'or à cent cinquante pas; voulez-vous en essayer une?

— Oh! sire! avec la plus grande joie, s'écria Maurevel en s'avançant vers celle qui était déposée dans un coin, et qu'on avait apportée le jour même à Charles IX.

— Non, pas celle-là, dit le roi, pas celle-là, je la réserve pour moi-même. J'aurai un de ces jours une grande chasse, où j'espère qu'elle me servira. Mais toute autre à votre choix.

Maurevel détacha une arquebuse d'un trophée.

— Maintenant, cet ennemi, sire, quel est-il? demanda l'assassin.

— Est-ce que je sais cela, moi? répondit Charles IX en écrasant le misérable de son regard dédaigneux.

— Je le demanderai donc à M. de Guise, balbutia Maurevel.

Le roi haussa les épaules.

— Ne demandez rien, dit-il, M. de Guise ne répondra pas. Est-ce qu'on répond à ces choses-là?

C'est à ceux qui ne veulent pas être pendus à deviner.

— Mais enfin à quoi le reconnaîtrai-je?

— Je vous ai dit que tous les matins à dix heures il passait devant la fenêtre du chanoine.

— Mais beaucoup passent devant cette fenêtre. Que Votre Majesté daigne seulement m'indiquer un signe quelconque.

— Oh! c'est bien facile. Demain, par exemple, il tiendra sous son bras un portefeuille de maroquin rouge.

— Sire, il suffit.

— Vous avez toujours ce cheval que vous a donné M. de Mouy, et qui court si bien?

— Sire, j'ai un barbe des plus vites.

— Oh! je ne suis pas en peine de vous! seule-ment il est bon que vous sachiez que le cloître a une porte de derrière.

— Merci, sire. — Maintenant priez Dieu pour moi.

— Eh! mille démons! priez le diable bien plutôt; car ce n'est que par sa protection que vous pouvez éviter la corde.

— Adieu, sire.

— Adieu. — Ah! à propos, monsieur de Maurevel, vous savez que si d'une façon quelconque on entend parler de vous demain avant dix heures du matin, ou si l'on n'en entend pas parler après, il y a une oubliette au Louvre.

Et Charles IX se remit à siffler tranquillement et plus juste que jamais son air favori.

— — —

IV

LA SOIRÉE DU 24 AOUT 1572.

Notre lecteur n'a pas oublié que dans le chapitre précédent il a été question d'un gentilhomme nommé de la Mole, attendu avec quelque impatience par Henri de Navarre. Ce jeune gentilhomme, comme l'avait annoncé l'amiral, entrait à Paris par la porte Saint-Marcel vers la fin de la journée du 24 août 1572, et, jetant un regard assez dédaigneux sur les nombreuses hôtelleries qui étalaient à sa droite et à sa gauche leurs pittoresques enseignes, laissa pénétrer son cheval tout fumant jusqu'au cœur de la ville, où, après avoir traversé la place Maubert, le Petit-Pont, le pont Notre-Dame, et longé les quais, il s'arrêta au bout de la rue de Bresec, dont nous avons fait depuis la rue de l'Arbre-Sec, et à laquelle, pour la plus grande facilité de nos lecteurs, nous conserverons son nom moderne.

Le nom lui plut sans doute, car il y entra, et comme à sa gauche une magnifique plaque de tôle grinçant sur sa tringle, avec accompagnement de sonnettes, appelait son attention, il fit une seconde halte pour lire ces mots: *A la Belle-Étoile*, écrits en légende sous une peinture qui représentait le simulacre le plus flatteur pour un voyageur affamé:

c'était une volaille rôtissant au milieu d'un ciel noir, tandis qu'un homme à manteau rouge tendait vers cet astre d'une nouvelle espèce ses bras, sa bourse et ses vœux.

— Voilà, se dit le gentilhomme, une auberge qui s'annonce bien, et l'hôte qui la tient doit être, sur mon âme, un ingénieux compère. J'ai toujours entendu dire que la rue de l'Arbre-Sec était dans le quartier du Louvre; et, pour peu que l'établissement réponde à l'enseigne, je serai à merveille ici.

Pendant que le nouveau venu se débitait à lui-même ce monologue, un autre cavalier, entré par l'autre bout de la rue, c'est-à-dire par la rue Saint-Honoré, s'arrêtait et demeurait aussi en extase devant l'enseigne de la *Belle-Étoile*.

Celui des deux que nous connaissons, de nom du moins, montait un cheval blanc de race espagnole, et était vêtu d'un pourpoint noir garni de jais. Son manteau était de velours violet foncé: il portait des bottes de cuir noir, une épée à poignée de fer ciselé, et un poignard pareil. Maintenant, si nous passons de son costume à son visage, nous dirons que c'était un homme de vingt-quatre à vingt-cinq ans, au teint basané, aux yeux bleus, à la fine moustache, aux dents éclatantes, qui semblaient éclairer sa figure lorsque s'ouvrait, pour sourire d'un sourire doux et mélancolique, une **bouche** d'une forme exquise et de la plus parfaite distinction.

Quant au second voyageur, il formait avec le premier venu un contraste complet. Sous son chapeau à bords retroussés apparaissaient, riches et crépus, des cheveux plutôt roux que blonds. Sous ses cheveux, un œil gris brillait à la moindre contrariété d'un feu si resplendissant, qu'on eût dit alors un œil noir. Le reste du visage se composait d'un teint rosé, d'une lèvre mince, surmontée d'une moustache fauve, et de dents admirables. C'était en somme, avec sa peau blanche, sa haute taille et ses larges épaules, un fort beau cavalier dans l'acception ordinaire du mot, et, depuis une heure qu'il levait le nez vers toutes les fenêtres, sous le prétexte d'y chercher des enseignes, les femmes l'avaient fort regardé; quant aux hommes, qui avaient peut-être éprouvé quelque envie de rire en voyant son manteau étriqué, ses chausses collantes et ses bottes d'une forme antique, ils avaient achevé ce rire commencé par un *Dieu vous garde!* des plus gracieux, à l'examen de cette physionomie qui prenait en une minute dix expressions différentes, sauf toutefois l'expression bienveillante qui caractérise toujours la figure du provincial embarrassé.

Ce fut lui qui s'adressa le premier à l'autre gentilhomme, qui, ainsi que nous l'avons dit, regardait l'hôtellerie de la Belle-Étoile.

— Mordi, monsieur, dit-il avec cet horrible accent de la montagne qui ferait au premier mot reconnaître un Piémontais entre cent étrangers, ne sommes-nous pas ici près du Louvre? En tout cas, je crois que vous avez eu même goût que moi: c'est flatteur pour ma seigneurie.

— Monsieur, répondit l'autre avec un accent provençal qui ne le cédait en rien à l'accent piémontais de son compagnon, je crois en effet que cette hôtellerie est près du Louvre. Cependant, je me demande encore si j'aurai l'honneur d'avoir été de votre avis. Je me consulte.

— Vous n'êtes pas décidé, monsieur? la maison est flatteuse, pourtant. Après cela, peut-être me suis-je laissé tenter par votre présence. Avouez néanmoins que voilà une jolie peinture?

— Oh! sans doute; mais c'est justement ce qui me fait douter de la réalité: Paris est plein de pipeurs, m'a-t-on dit, et l'on pipe avec une enseigne aussi bien qu'avec autre chose.

— Mordi, monsieur, reprit le Piémontais, je ne m'inquiète pas de la piperie, moi, et, si l'hôte me fournit une volaille moins bien rôtie que celle de son enseigne, je le mets à la broche lui-même et je ne le quitte pas qu'il ne soit convenablement rissolé. Entrons, monsieur.

— Vous achevez de me décider, dit le Provençal en riant, montrez-moi donc le chemin, monsieur, je vous prie.

— Oh! monsieur, sur mon âme, je n'en ferai

rien, car je ne suis que votre humble serviteur, le comte Annibal de Coconas.

— Et moi, monsieur, je ne suis que le comte Joseph-Hyacinthe-Boniface de Lerac de la Mole, tout à votre service.

— En ce cas, monsieur, prenons-nous par le bras et entrons ensemble.

Le résultat de cette proposition conciliatrice fut que les deux jeunes gens, qui descendirent de leurs chevaux, en jetèrent la bride aux mains d'un palefrenier, se prirent par le bras et, ajustant leurs épées, se dirigèrent vers la porte de l'hôtellerie, sur le seuil de laquelle se tenait l'hôte. Mais, contre l'habitude de ces sortes de gens, le digne propriétaire n'avait paru faire aucune attention à eux, occupé qu'il était de conférer très-attentivement avec un grand gaillard sec et jaune enfoui dans un manteau couleur d'amadou, comme un hibou sous ses plumes.

Les deux gentilshommes étaient arrivés si près de l'hôte et de l'homme au manteau amadou avec lequel il causait, que Coconas, impatienté de ce peu d'importance qu'on accordait à lui et à son compagnon, tira la manche de l'hôte. Celui-ci parut alors se réveiller en sursaut, et congédia son interlocuteur par un — au revoir. — Venez tantôt, et surtout tenez-moi au courant de l'heure.

— Eh! monsieur le drôle! dit Coconas, ne voyez-vous pas que l'on a affaire à vous?

— Ah! pardon, messieurs, dit l'hôte, je ne vous voyais pas.

— Eh! mordi, il fallait nous voir; et, maintenant que vous nous avez vus, au lieu de dire monsieur tout court, dites monsieur le comte, s'il vous plaît.

La Mole se tenait derrière, laissant parler Coconas, qui paraissait avoir pris l'affaire à son compte. Cependant il était facile de voir à ses sourcils froncés qu'il était prêt à lui venir en aide quand le moment d'agir serait arrivé.

— Eh bien! que désirez-vous, monsieur le comte, demanda l'hôte du ton le plus calme.

— Bien... c'est déjà mieux, n'est-ce pas? dit Coconas en se retournant vers la Mole, qui fit de la tête un signe affirmatif. Nous désirons, M. le comte et moi, attirés que nous sommes par votre enseigne, trouver à souper et à coucher dans votre hôtellerie.

— Messieurs, dit l'hôte, je suis au désespoir, mais il n'y a qu'une chambre, et je crains que cela ne puisse vous convenir.

— Eh bien! ma foi, tant mieux! dit la Mole, nous irons loger ailleurs.

— Ah! mais non, mais non, dit Coconas. Je demeure, moi, mon cheval est harassé. Je prends **donc** la chambre, puisque vous n'en voulez pas.

— Ah! ceci est autre chose, répondit l'hôte, conservant toujours le même flegme **impertinent**. Si vous n'êtes qu'un, je ne puis pas vous loger du tout.

— Mordi! s'écria Coconas, voici, sur ma foi, un plaisant animal; tout à l'heure nous étions trop de deux, maintenant nous ne sommes pas assez d'un! Tu ne veux donc pas nous loger, drôle?

— Ma foi, messieurs, puisque vous le prenez sur ce ton, je vous répondrai avec franchise.

— Réponds alors, mais réponds vite.

— Eh bien! j'aime mieux ne pas avoir l'honneur de vous loger.

— Parce que? demanda Coconas, blêmissant de colère.

— Parce que vous n'avez pas de laquais, et que, pour une chambre de maître pleine, cela me ferait deux chambres de laquais vides. Or, si je vous donne la chambre de maître, je risque fort de ne pas louer les autres.

— Monsieur de la Mole, dit Coconas en se retournant, ne vous semble-t-il pas, comme à moi, que nous allons massacrer ce gaillard-là?

— Mais c'est faisable, dit la Mole en se préparant, comme son compagnon, à rouer l'hôtelier de coups de fouet.

Mais, malgré cette double démonstration, qui n'avait rien de bien rassurant de la part de deux gentilshommes qui paraissaient si déterminés, l'hôtelier ne s'étonna point, et se contentant de reculer d'un pas, afin d'être chez lui:

— On voit, dit-il en goguenardant, que ces messieurs arrivent de province. A Paris, la mode est passée de massacrer les aubergistes qui refusent de louer leurs chambres. Ce sont les grands seigneurs qu'on massacre et non les bourgeois; et, si vous criez trop fort, je vais appeler mes voisins, de sorte que ce sera vous qui serez roués de coups, traitement tout à fait indigne de deux gentilshommes.

— Mais il se moque de nous, s'écria Coconas exaspéré; mordi!

— Grégoire, mon arquebuse, dit l'hôte en s'adressant à son valet, du même ton qu'il eût dit: Un siége à ces messieurs.

— Trippe del papa! hurla Coconas en tirant son épée; mais échauffez-vous donc, monsieur de la Mole.

— Non pas, s'il vous plaît, non pas, car, tandis que nous nous échaufferons, le souper refroidira, lui.

— Comment, vous trouvez?... s'écria Coconas.

— Je trouve que M. de la Belle-Etoile a raison, seulement il sait mal prendre ses voyageurs, surtout quand ces voyageurs sont des gentilshommes. Au lieu de nous dire brutalement: Messieurs, je ne veux pas de vous, il aurait mieux fait de nous dire avec politesse: Entrez, messieurs, quitte à mettre sur son mémoire : *chambre de maître, tant; chambre de laquais, tant ;* attendu que, si nous n'avons pas de laquais, nous comptons en prendre.

Et, ce disant, la Mole écarta doucement l'hôtelier, qui étendait déjà la main vers son arquebuse, fit passer Coconas et entra derrière lui dans la maison.

— N'importe, dit Coconas, j'ai bien de la peine à remettre mon épée dans le fourreau avant de m'être assuré qu'elle pique aussi bien que les lardoires de ce gaillard-là.

— Patience! mon cher compagnon, dit la Mole, patience! Toutes les auberges sont pleines de gentilshommes attirés à Paris pour les fêtes du mariage ou pour la guerre prochaine de Flandre, nous ne trouverions plus d'autre logis; et puis, c'est peut-être la coutume à Paris de recevoir ainsi les étrangers qui y arrivent.

— Mordi! comme vous êtes patient! murmura Coconas en tortillant de rage sa moustache rouge et en foudroyant l'hôte de ses regards. Mais que le coquin prenne garde à lui, si sa cuisine est mauvaise, si son lit est dur, si son vin n'a pas trois ans de bouteille, si son valet n'est pas souple comme un jonc...

— Là, là, là, mon gentilhomme, fit l'hôte en aiguisant sur un repassoir le couteau de sa ceinture; là, tranquillisez-vous, vous êtes en pays de Cocagne.

Puis tout bas et en secouant la tête:

— C'est quelque huguenot, murmura-t-il; les traîtres sont si insolents depuis le mariage de leur Béarnais avec mademoiselle Margot! Puis, avec un sourire qui eût fait frissonner ses hôtes s'ils l'avaient vu, il ajouta:

— Eh! eh! ce serait drôle qu'il me fût justement tombé des huguenots ici... et que...

— Çà! souperons-nous? demanda aigrement Coconas interrompant l'aparté de son hôte.

— Mais, comme il vous plaira, monsieur, répondit celui-ci, radouci sans doute par la dernière pensée qui lui était venue.

— Eh bien! il nous plaît, et promptement, répondit Coconas.

Puis se retournant vers la Mole:

— Çà, monsieur le comte, dit-il, tandis que l'on nous prépare notre chambre, dites-moi: est-ce que par hasard vous avez trouvé Paris une ville gaie, vous?

— Ma foi non, dit la Mole; il me semble n'y avoir vu encore que des visages effarouchés ou rébarbatifs. Peut-être aussi les Parisiens ont-ils peur de l'orage. Voyez comme le ciel est noir et comme l'air est lourd.

— Dites-moi, comte, vous cherchez le Louvre, n'est-ce pas?

— Et vous aussi, je crois, monsieur de Coconas?

— Eh bien! si vous voulez, nous le chercherons ensemble.

— Hein! fit la Mole, n'est-il pas un peu tard pour sortir?

— Tard ou non, il faut que je sorte. — Mes ordres

sont précis. — Arriver au plus vite à Paris, et, aussitôt arrivé, communiquer avec le duc de Guise.

A ce nom du duc de Guise, l'hôte s'approcha fort attentif.

— Il me semble que ce maraud nous écoute, dit Coconas, qui, en sa qualité de Piémontais, était fort rancunier, et qui ne pouvait passer au maître de la Belle-Étoile la façon peu civile dont il recevait ses voyageurs.

— Oui, messieurs, je vous écoute, dit celui-ci en mettant la main à son bonnet, mais pour vous servir. J'entends parler du grand duc de Guise, et j'accours. A quoi puis-je vous être bon, mes gentilshommes ?

— Ah ! ah ! ce nom est magique, à ce qu'il paraît, car d'insolent te voilà devenu obséquieux. Mordi, maître, maître... comment t'appelles-tu ?

— Maître la Hurière, répondit l'hôte en s'inclinant.

— Eh bien ! maître la Hurière, crois-tu que mon bras soit moins lourd que celui de M. le duc de Guise, qui a le privilége de te rendre si poli ?

— Non, monsieur le comte, mais il est moins long, répliqua la Hurière. D'ailleurs, ajouta-t-il, il faut vous dire que ce grand Henri est notre idole, à nous autres Parisiens.

— Quel Henri ? demanda la Mole.

— Il me semble qu'il n'y en a qu'un, dit l'aubergiste.

— Pardon, mon ami, il en a encore un autre dont je vous invite à ne pas dire de mal ; c'est Henri de Navarre, sans compter Henri de Condé, qui a bien aussi son mérite.

— Ceux-là, je ne les connais pas, répondit l'hôte.

— Oui, mais, moi, je les connais, dit la Mole, et, comme je suis adressé au roi Henri de Navarre, je vous invite à n'en pas médire devant moi.

L'hôte, sans répondre à M. de la Mole, se contenta de toucher légèrement à son bonnet, et, continuant de faire les doux yeux à Coconas :

— Ainsi, monsieur va parler au grand duc de Guise ? monsieur est un gentilhomme bien heureux ; et sans doute qu'il vient pour ?...

— Pour quoi ? demanda Coconas.

— Pour la fête, répondit l'hôte avec un singulier sourire.

— Vous devriez dire pour les fêtes ; car Paris en regorge, de fêtes, à ce que j'ai entendu dire ; du moins on ne parle que de bals, de festins, de carrousels. Ne s'amuse-t-on pas beaucoup à Paris, hein ?

— Mais modérément, monsieur jusqu'à présent, du moins, répondit l'hôte ; mais on va s'amuser, je l'espère.

— Les noces de Sa Majesté le roi de Navarre attirent cependant beaucoup de monde en cette ville, dit la Mole.

— Beaucoup de huguenots, oui, monsieur, répondit brusquement la Hurière ; puis, se reprenant : Ah ! pardon, dit-il, ces messieurs sont peut-être de la religion ?

— Moi, de la religion ! s'écria Coconas, allons donc ! je suis catholique comme notre Saint-Père le pape.

La Hurière se retourna vers la Mole comme pour l'interroger ; mais ou la Mole ne comprit pas son regard, ou il ne jugea point à propos d'y répondre autrement que par une autre question.

— Si vous ne connaissez point Sa Majesté le roi de Navarre, maître la Hurière, dit-il, peut-être connaissez-vous M. l'amiral. J'ai entendu dire que M. l'amiral jouissait de quelque faveur à la cour ; et, comme je lui étais recommandé, je désirerais, si son adresse ne vous écorche pas la bouche. savoir où il loge.

— Il logeait rue de Béthisy, monsieur, ici à droite, répondit l'hôte avec une satisfaction intérieure qui ne put s'empêcher de devenir extérieure.

— Comment, il logeait ? demanda la Mole ; est-il donc déménagé ?

— Oui, de ce monde peut-être.

— Qu'est-ce à dire ? s'écrièrent ensemble les deux gentilshommes, l'amiral déménagé de ce monde !

— Quoi ! monsieur de Coconas, poursuivit l'hôte avec un malin sourire, vous êtes de ceux de Guise, et vous ignorez cela !

— Quoi, cela ?

— Qu'avant hier, en passant sur la place Saint-Germain-l'Auxerrois, devant la maison du chanoine Pierre Piles, l'amiral a reçu un coup d'arquebuse.

— Et il est tué ? s'écria la Mole.

— Non, le coup lui a seulement cassé le bras et coupé deux doigts, mais on espère que les balles étaient empoisonnées.

— Comment ! misérable, s'écria la Mole, on espère !...

— Je veux dire qu'on croit, reprit l'hôte. Ne nous fâchons pas pour un mot : la langue m'a fourché.

Et maître la Hurière, tournant le dos à la Mole, tira la langue à Coconas de la façon la plus goguenarde, accompagnant ce geste d'un coup d'œil d'intelligence.

— En vérité ! dit Coconas rayonnant.

— En vérité ! murmura la Mole avec une stupéfaction douloureuse.

— C'est comme j'ai l'honneur de vous le dire, messieurs, répondit l'hôte.

— En ce cas, dit la Mole, je vais au Louvre sans perdre un moment. Y trouverai-je le roi Henri ?

— C'est possible, puisqu'il y loge.

— Et moi aussi je vais au Louvre, dit Coconas. Y trouverai-je le duc de Guise ?

— C'est probable, car je viens de le voir passer il n'y a qu'un instant avec deux cents gentilshommes.

— Alors venez, monsieur de Coconas, dit la Mole.

— Je vous suis, monsieur, dit Coconas.

— Mais votre souper, mes gentilshommes, demanda maître la Hurière.

— Ah! dit la Mole, je souperai peut-être chez le roi de Navarre.

— Et moi chez le duc de Guise, dit Coconas.

— Et moi, dit l'hôte, après avoir suivi des yeux les deux gentilshommes qui prenaient le chemin du Louvre, moi, je vais fourbir ma salade, emmécher mon arquebuse et affiler ma pertuisane. On ne sait pas ce qui peut arriver.

V

DU LOUVRE EN PARTICULIER ET DE LA VERTU EN GÉNÉRAL.

Les deux gentilshommes, renseignés par la première personne qu'ils rencontrèrent, prirent la rue d'Averon, la rue Saint-Germain-l'Auxerrois, et se trouvèrent bientôt devant le Louvre, dont les tours commençaient à se confondre dans les premières ombres du soir.

— Qu'avez-vous donc? demanda Coconas à la Mole, qui, arrêté à la vue du vieux château, regardait avec un certain respect ces ponts-levis, ces fenêtres étroites et ces clochetons aigus qui se présentaient tout à coup à ses yeux.

— Ma foi, je n'en sais rien, dit la Mole, le cœur me bat. Je ne suis cependant pas timide outre mesure; mais je ne sais pourquoi ce palais me paraît sombre, et, dirai-je, terrible.

— Eh bien! moi, dit Coconas, je ne sais ce qui m'arrive, mais je suis d'une allégresse rare. La tenue est pourtant quelque peu négligée, continua-t-il en parcourant des yeux son costume de voyage. Mais, bah! l'on a l'air cavalier. Puis mes ordres me recommandaient la promptitude. Je serai donc le bienvenu, puisque j'aurai ponctuellement obéi.

Et les deux jeunes gens continuèrent leur chemin, agités chacun des sentiments qu'ils avaient exprimés.

Il y avait bonne garde au Louvre; tous les postes semblaient doublés. Nos deux voyageurs furent donc d'abord assez embarrassés. Mais Coconas, qui avait remarqué que le nom du duc de Guise était une espèce de talisman près des Parisiens, s'approcha d'une sentinelle, et, se réclamant de ce nom tout-puissant, demanda si, grâce à lui, il ne pourrait point pénétrer dans le Louvre.

Ce nom paraissait faire sur le soldat son effet ordinaire; cependant il demanda à Coconas s'il n'avait point le mot d'ordre.

Coconas fut forcé d'avouer qu'il ne l'avait point.

— Alors, au large, mon gentilhomme! dit le soldat.

En ce moment, un homme qui causait avec l'officier du poste, et qui tout en causant avait entendu Coconas réclamer son admission au Louvre, interrompit son entretien, et venant à lui:

— Goi fouloir, fous, à monsir di Gouise? dit-il.

— Moi vouloir lui parler, répondit Coconas en souriant.

— Imbossible! le dugue il être chez le roi.

— Cependant j'ai une lettre d'avis pour me rendre à Paris.

— Ah! fou afre eine lettre d'afis?

— Oui, et j'arrive de fort loin.

— Ah! fous arrife de fort loin?

— J'arrive du Piémont.

— Pien! pien! C'est autre chose. Et fous fous abbellez?

— Le comte Annibal de Coconas.

— Pon! pon! Tonnez la lettre, monsir Annipal, tonnez.

— Voici, sur ma parole, un bien galant homme, dit de la Mole se parlant à lui-même; ne pourrai-je point trouver le pareil pour me conduire chez le roi de Navarre?

— Mais tonnez donc la lettre, continua le gentilhomme allemand en étendant la main vers Coconas qui hésitait.

— Mordi! reprit le Piémontais défiant comme un demi-Italien, je ne sais si je dois... Je n'ai pas l'honneur de vous connaître, moi, monsieur.

— Je suis Pesme, j'abbartiens à M. le duc de Gouise.

— Pesme, murmura Coconas; je ne connais pas ce nom-là.

PERRICHON.

— Mais tonnez donc la lettre. continua le gentilhomme allemand en étendant la main vers Coconas qui hésitait. — PAGE 24.

— C'est monsieur de Besme, mon gentilhomme, dit la sentinelle. La prononciation vous trompe, voilà tout. Donnez votre lettre à monsieur, allez, j'en réponds.

— Ah! monsieur de Besme, s'écria Coconas, je le crois bien, si je vous connais!.. comment donc! avec le plus grand plaisir. Voici ma lettre. Excusez mon hésitation. Mais on doit hésiter quand on veut être fidèle.

— Pien, pien, dit de Besme, il n'y avre bas pe-soin d'exguse.

— Ma foi, monsieur, dit la Mole en s'approchant à son tour, puisque vous êtes si obligeant, voudriez-vous vous charger de ma lettre comme vous venez de faire de celle de mon compagnon?

— Gomment vous abbellez-vous?

— Le comte Lerac de la Mole.

— Le gonte Lerag de la Mole?

— Oui.

— Che ne gonnais bas.

— Il est tout simple que je n'aie pas l'honneur d'être connu de vous, monsieur, je suis étranger, et, comme le comte de Coconas, j'arrive ce soir de bien loin.

— Et t'où arrifez-fous?

— De Provence.

— Avec eine lettre?

— Oui, avec une lettre.

— Pour monsir de Gouize?

— Non, pour Sa Majesté le roi de Navarre.

— Che ne souis bas au roi de Navarre, monsir, répondit de Besme avec un froid subit, che ne puis donc pas me charger de votre lettre.

Et Besme, tournant les talons à la Mole, entra dans le Louvre en faisant signe à Coconas de le suivre.

La Mole demeura seul.

Au même moment, par la porte du Louvre parallèle à celle qui avait donné passage à Besme et à Coconas sortit une troupe de cavaliers d'une centaine d'hommes.

— Ah! ah! dit la sentinelle à son camarade, c'est de Mouy et ses huguenots; ils sont rayonnants. Le roi leur aura promis la mort de l'assassin de l'amiral; et, comme c'est déjà lui qui a tué le père de Mouy, le fils fera d'une pierre deux coups.

— Pardon, fit la Mole s'adressant au soldat, mais n'avez-vous pas dit, mon brave, que cet officier était M. de Mouy?

— Oui-da, mon gentilhomme.

— Et que ceux qui l'accompagnaient étaient...

— Étaient des parpaillots. Je l'ai dit.

— Merci, dit la Mole, sans paraître remarquer le terme de mépris employé par la sentinelle. Voilà tout ce que je voulais savoir.

Et se dirigeant aussitôt vers le chef des cavaliers:

— Monsieur, dit-il en l'abordant, j'apprends que vous êtes M. de Mouy.

— Oui, monsieur, répondit l'officier avec politesse.

— Votre nom, bien connu parmi ceux de la religion, m'enhardit à m'adresser à vous, monsieur, pour vous demander un service.

— Lequel, monsieur? Mais, d'abord, à qui ai-je l'honneur de parler?

— Au comte Lerac de la Mole.

Les deux jeunes gens se saluèrent.

— Je vous écoute, monsieur, dit de Mouy.

— Monsieur, j'arrive d'Aix, porteur d'une lettre de monsieur d'Auriac, gouverneur de la Provence. Cette lettre est adressée au roi de Navarre et contient des nouvelles importantes et pressées. Comment puis-je lui remettre cette lettre? Comment puis-je entrer au Louvre?

— Rien de plus facile que d'entrer au Louvre, monsieur, répliqua de Mouy; seulement, je crains que le roi de Navarre ne soit trop occupé à cette heure pour vous recevoir. Mais n'importe, si vous voulez me suivre, je vous conduirai jusqu'à son appartement. Le reste vous regarde.

— Mille fois merci!

— Venez, monsieur, dit de Mouy.

De Mouy descendit de cheval, jeta la bride aux mains de son laquais, s'achemina vers le guichet, se fit reconnaître de la sentinelle, introduisit la Mole dans le château, et, ouvrant la porte de l'appartement du roi:

— Entrez, monsieur, dit-il, et informez-vous.

Et, saluant la Mole, il se retira.

La Mole, demeuré seul, regarda autour de lui. L'antichambre était vide, une des portes intérieures était ouverte. Il fit quelques pas, et se trouva dans un couloir.

Il frappa et appela sans que personne répondît. Le plus profond silence régnait dans cette partie du Louvre.

— Qui donc me parlait, pensa-t-il, de cette étiquette si sévère? On va et on vient dans ce palais comme sur une place publique.

Et il appela encore, mais sans obtenir un meilleur résultat que la première fois.

— Allons, marchons devant nous, pensa-t-il; il faudra bien que je finisse par rencontrer quelqu'un.

Et il s'engagea dans le couloir, qui allait toujours s'assombrissant.

Tout à coup la porte opposée à celle par laquelle il était entré s'ouvrit, et deux pages parurent, portant des flambeaux et éclairant une femme d'une taille imposante, d'un maintien majestueux, et surtout d'une admirable beauté.

La lumière porta en plein sur la Mole, qui demeura immobile.

La femme s'arrêta, de son côté, comme la Mole s'était arrêté du sien.

— Que voulez-vous, monsieur? demanda-t-elle au jeune homme d'une voix qui bruit à ses oreilles comme une musique délicieuse.

— Oh! madame, dit la Mole en baissant les yeux, excusez-moi, je vous prie. Je quitte M. de Mouy qui a eu l'obligeance de me conduire jusqu'ici, et je cherchais le roi de Navarre.

— Sa Majesté n'est point ici, monsieur; elle est, je crois, chez son beau-frère. Mais, en son absence, ne pourriez-vous dire à la reine?...

— Oui, sans doute, madame, reprit la Mole, si quelqu'un daignait me conduire devant elle.

— Vous y êtes, monsieur.

— Comment! s'écria la Mole.

— Je suis la reine de Navarre, dit Marguerite.

La Mole fit un mouvement tellement brusque de stupeur et d'effroi, que la reine sourit.

— Parlez vite, monsieur, dit-elle, car on m'attend chez la reine-mère.

— Oh! madame, si vous êtes si instamment attendue, permettez-moi de m'éloigner, car il me serait impossible de vous parler en ce moment. Je suis incapable de rassembler deux idées; votre vue m'a ébloui. Je ne pense plus, j'admire.

Marguerite s'avança pleine de grâce et de beauté vers ce jeune homme, qui, sans le savoir, venait d'agir en courtisan raffiné.

— Remettez-vous, monsieur, dit-elle. J'attendrai et l'on m'attendra.

— Oh! pardonnez-moi, madame, si je n'ai point salué d'abord Votre Majesté avec tout le respect qu'elle a le droit d'attendre d'un de ses plus humbles serviteurs, mais...

— Mais, continua Marguerite, vous m'avez prise pour une de mes femmes.

— Non, madame, mais pour l'ombre de la belle Diane de Poitiers. On m'a dit qu'elle revenait au Louvre.

— Allons, monsieur, dit Marguerite, je ne m'inquiète plus de vous, et vous ferez fortune à la cour. Vous aviez une lettre pour le roi, dites-vous? C'était fort inutile. Mais n'importe, où est-elle? Je la lui remettrai. Seulement, hâtez-vous, je vous prie.

En un clin d'œil la Mole écarta les aiguillettes de son pourpoint, et tira de sa poitrine une lettre enfermée dans une enveloppe de soie.

Marguerite prit la lettre et regarda l'écriture.

— N'êtes-vous pas M. de la Mole? dit-elle.

— Oui, madame. — Oh, mon Dieu! aurais-je le bonheur que mon nom fût connu de Votre Majesté?

— Je l'ai entendu prononcer par le roi mon mari, et par mon frère le duc d'Alençon. — Je sais que vous êtes attendu.

Et elle glissa dans son corsage tout roide de broderies et de diamants cette lettre qui sortait du pourpoint du jeune homme, et qui était encore tiède de la chaleur de sa poitrine.

La Mole suivait avidement des yeux chaque mouvement de Marguerite.

— Maintenant, monsieur, dit-elle, descendez dans la galerie au-dessous et attendez jusqu'à ce qu'il vienne quelqu'un de la part du roi de Navarre ou du duc d'Alençon. Un de mes pages va vous conduire.

A ces mots, Marguerite continua son chemin. La Mole se rangea contre la muraille. — Mais le passage était si étroit, et le vertugadin de la reine de Navarre si large, que sa robe de soie effleura l'habit du jeune homme, tandis qu'un parfum pénétrant s'épandait là où elle avait passé.

La Mole frissonna par tout son corps, et, sentant qu'il allait tomber, chercha un appui contre le mur.

Marguerite disparut comme une vision.

— Venez-vous, monsieur? dit le page chargé de conduire la Mole dans la galerie inférieure.

— Oh! oui, oui, s'écria la Mole enivré, car, comme le jeune homme lui indiquait le chemin par lequel venait de s'éloigner Marguerite, il espérait, en se hâtant, la revoir encore.

En effet, en arrivant au haut de l'escalier, il l'a-

perçut à l'étage inférieur; et, soit hasard, soit que le bruit de ses pas fût arrivé jusqu'à elle, Marguerite ayant relevé la tête, il put la voir encore une fois.

— Oh! dit-il en suivant le page, ce n'est pas une mortelle, c'est une déesse; et, comme dit Virgilius Maro...

Et vera incessu patuit dea.

— Eh bien? demanda le jeune page.

— Me voici, dit la Mole; pardon, me voici.

Le page précéda la Mole, descendit un étage, ouvrit une première porte, puis une seconde, et s'arrêtant sur le seuil:

— Voici l'endroit où vous devez attendre, dit-il.

La Mole entra dans la galerie, dont la porte se referma derrière lui.

La galerie était vide, à l'exception d'un gentilhomme qui se promenait, et qui, de son côté, paraissait attendre.

— Déjà le soir commençait à faire tomber de larges ombres du haut des voûtes, et, quoique les deux hommes fussent à peine à vingt pas l'un de l'autre, ils ne pouvaient distinguer leurs visages. La Mole s'approcha.

— Dieu me pardonne! murmura-t-il quand il ne fut plus qu'à quelques pas du second gentilhomme, c'est M. le comte de Coconnas que je retrouve ici.

Au bruit de ses pas, le Piémontais s'était déjà retourné, et le regardait avec le même étonnement qu'il en était regardé.

— Mordi! s'écria-t-il; c'est M. de la Mole, ou le diable m'emporte! Ouf! que fais-je donc là! je jure chez le roi; mais, bah! il parait qu'il jure bien autrement encore que moi, et jusque dans les églises. Eh! mais, nous voici donc au Louvre?...

— Comme vous voyez. M. de Besme vous a introduit?

— Oui. C'est un charmant Allemand que ce M. de Besme... Et vous, qui vous a servi de guide?

— M. de Mouy... Je vous disais bien que les huguenots n'étaient pas trop mal en cour non plus... Et avez-vous rencontré M. de Guise?

— Non, pas encore... Et vous, avez-vous obtenu votre audience du roi de Navarre?

— Non; mais cela ne peut tarder. On m'a conduit ici, et l'on m'a dit d'attendre.

— Vous verrez qu'il s'agit de quelque grand souper, et que nous serons côte à côte au festin. Quel singulier hasard, en vérité! Depuis deux heures le sort nous marie... Mais qu'avez-vous? vous semblez préoccupé....

— Moi! dit vivement la Mole en tressaillant, car, en effet, il demeurait toujours comme ébloui par la vision qui lui était apparue; non, mais le lieu où nous nous trouvons fait naître dans mon esprit une foule de réflexions.

— Philosophiques, n'est-ce pas? c'est comme à moi. Quand vous êtes entré, justement, toutes les recommandations de mon précepteur me revenaient à l'esprit. Monsieur le comte, connaissez-vous Plutarque?

— Comment donc! dit la Mole en souriant, c'est un de mes auteurs favoris.

— Eh bien! continua Coconas gravement, ce grand homme ne me paraît pas s'être abusé quand il compare les dons de la nature à des fleurs brillantes, mais éphémères, tandis qu'il regarde la vertu comme une plante balsamique d'un impérissable parfum et d'une efficacité souveraine pour la guérison des blessures.

— Est-ce que vous savez le grec, monsieur de Coconas? dit la Mole en regardant fixement son interlocuteur.

— Non pas, mais mon précepteur le savait, et il m'a fort recommandé, lorsque je serais à la cour, de discourir sur la vertu. Cela, dit-il, a fort bon air. Aussi, je suis cuirassé sur ce sujet. Je vous en avertis. A propos, avez-vous faim?

— Non.

— Il me semble cependant que vous teniez à la volaille embrochée de la Belle-Etoile? moi, je meurs d'inanition.

— Eh bien! monsieur de Coconas, voici une belle occasion d'utiliser vos arguments sur la vertu, et de prouver votre admiration pour Plutarque, car ce grand écrivain dit quelque part : « Il est bon d'exercer l'âme à la douleur et l'estomac à la faim. *— Prepon esti tên men psuchên odunê ton dé gastéra semo askeïn.* »

— Ah çà! vous le savez donc, le grec? s'écria Coconas stupéfait.

— Ma foi oui! répondit la Mole, mon précepteur me l'a appris, à moi.

— Mordi! comte, votre fortune est assurée en ce cas; vous ferez des vers avec le roi Charles IX, et vous parlerez grec avec la reine Marguerite.

— Sans compter, ajouta la Mole en riant, que je pourrai encore parler gascon avec le roi de Navarre.

En ce moment l'issue de la galerie, qui aboutissait chez le roi, s'ouvrit; un pas retentit, on vit dans l'obscurité une ombre s'approcher. Cette ombre devint un corps. Ce corps était celui de M. de Besme.

Il regarda les deux jeunes gens sous le nez afin de reconnaître le sien, et fit signe à Coconas de le suivre.

Coconas salua de la main la Mole.

De Besme conduisit Coconas à l'extrémité de la galerie, ouvrit une porte et se trouva avec lui sur la première marche de l'escalier.

Arrivé là, il s'arrêta, et, regardant tout autour de lui, puis en haut, puis en bas :

— Monsir de Gogonas, dit-il, où temeurez-fous?

— A l'auberge de la Belle-Etoile, rue de l'Arbre-sec.

— Pon! pon! être à teux bas t'izi... — Rentez-fous vite à votre hôdel, et ste nuit...

Il regarda de nouveau tout autour de lui.

— Eh bien! cette nuit? demanda Coconas.

— Eh pien! ste nuit, refenez izi afec un groix planche à fotre jabeau. Li mot di basse, il sera *Gouise*. Chut! pouche glose.

— Mais à quelle heure dois-je venir?

— Gand fous ententrez le doguesin.

— Comment, le doguesin? demanda Coconas.

— Foui, le doguesin : pum! pum!

— Ah? le tocsin?

— Oui, c'être cela que che tisais.

— C'est bien! on y sera, dit Coconas.

Et, saluant de Besme, il s'éloigna en se demandant tout bas :

— Que diable veut-il donc dire, et à propos de quoi sonnera-t-on le tocsin? N'importe! je persiste dans mon opinion : c'est un charmant Tédesco que M. de Besme. Si j'attendais le comte de la Mole?... Ah! ma foi non; il est probable qu'il soupera avec le roi de Navarre.

Et Coconas se dirigea vers la rue de l'Arbre-Sec, où l'attirait comme un aimant l'enseigne de la Belle-Etoile.

Pendant ce temps, une porte de la galerie, correspondante aux appartements du roi de Navarre, s'ouvrit, et un page s'avança vers M. de la Mole.

— C'est bien vous qui êtes le comte de la Mole? dit-il.

— C'est moi-même.

— Où demeurez-vous?

— Rue de l'Arbre-sec, à la Belle-Etoile.

— Bon! c'est à la porte du Louvre. Ecoutez..... Sa Majesté vous fait dire qu'elle ne peut vous recevoir en ce moment; mais peut-être cette nuit vous enverra-t-elle chercher. En tous cas, si demain matin vous n'aviez pas reçu de ses nouvelles, venez au Louvre.

— Mais si la sentinelle me refuse la porte?

— Ah! c'est juste... le mot de passe est *Navarre*; dites ce mot, et toutes les portes s'ouvriront devant vous.

— Merci.

— Attendez, mon gentilhomme; j'ai ordre de vous reconduire jusqu'au guichet, de crainte que vous ne vous perdiez dans le Louvre.

— A propos, et Coconas, se dit la Mole à lui-même quand il se trouva hors du palais. Oh! il sera resté à souper avec le duc de Guise.

Mais, en rentrant chez maître la Hurière, la première figure qu'aperçut notre gentilhomme fut celle de Coconas, attablé devant une gigantesque omelette au lard.

— Oh! oh! s'écria Coconas en riant aux éclats,

il paraît que vous n'avez pas plus dîné chez le roi de Navarre que je n'ai soupé chez M. de Guise.

— Ma foi non.

— Et la faim vous est-elle venue?

— Je crois que oui.

— Malgré Plutarque?

— Monsieur le comte, dit en riant la Mole, Plutarque dit dans un autre endroit : « Qu'il faut que celui qui a partage avec celui qui n'a pas. » Voulez-vous, pour l'amour de Plutarque, partager votre omelette avec moi, nous causerons de la vertu en mangeant?

— Oh! ma foi non, dit Coconas, c'est bon quand on est au Louvre, qu'on craint d'être écouté et qu'on a l'estomac vide. Mettez-vous là et soupons.

— Allons, je vois que décidément le sort nous fait inséparables. Couchez-vous ici?

— Je n'en sais rien.

— Ni moi non plus.

— En tous cas, je sais bien où je passerai la nuit, moi.

— Où cela?

— Où vous la passerez vous-même, c'est immanquable.

Et tous deux se mirent à rire, en faisant de leur mieux honneur à l'omelette de maître la Hurière.

VI

LA DETTE PAYÉE.

Maintenant, si le lecteur est curieux de savoir pourquoi M. de la Mole n'avait pas été reçu par le roi de Navarre, pourquoi M. de Coconas n'avait pu voir M. de Guise, et enfin pourquoi tous deux, au lieu de souper au Louvre avec des faisans, des perdrix et du chevreuil, soupaient à l'hôtel de la Belle-Étoile avec une omelette au lard, il faut qu'il ait la complaisance de rentrer avec nous au vieux palais des rois, et de suivre la reine Marguerite de Navarre, que la Mole avait perdue de vue à l'entrée de la grande galerie.

Tandis que Marguerite descendait cet escalier, le duc Henri de Guise, qu'elle n'avait pas revu depuis la nuit de ses noces, était dans le cabinet du roi. A cet escalier que descendait Marguerite, il y avait une issue. A ce cabinet où était M. de Guise, il y avait une porte. Or, cette porte et cette issue conduisaient toutes deux à un corridor, lequel corridor conduisait lui-même aux appartements de la reine mère Catherine de Médicis.

Catherine de Médicis était seule, assise près d'une table, le coude appuyé sur un livre d'heures entr'ouvert, et la tête posée sur sa main encore remarquablement belle, grâce au cosmétique que lui fournissait le Florentin René, qui réunissait la double charge de parfumeur et d'empoisonneur de la reine mère.

La veuve de Henri II était vêtue de ce deuil qu'elle n'avait point quitté depuis la mort de son mari. — C'était, à cette époque, une femme de cinquante-deux à cinquante-trois ans à peu près, qui conservait, grâce à son embonpoint plein de fraîcheur, des traits de sa première beauté. Son appartement, comme son costume, était celui d'une veuve. — Tout y était d'un caractère sombre : étoffes, murailles, meubles. Seulement, au-dessus d'une espèce de dais couvrant un fauteuil royal, où pour le moment dormait couchée la petite levrette favorite de la reine mère, laquelle lui avait été donnée par son gendre Henri de Navarre et avait reçu le nom mythologique de Phébé, on voyait peint au naturel un arc-en-ciel entouré de cette devise grecque que le roi François Ier lui avait donnée : *Phôs pherei ê de kai aithzein*, et qui peut se traduire par ce vers français :

Il porte la lumière et la sérénité.

Tout à coup, et au moment où la reine mère paraissait plongée au plus profond d'une pensée qui faisait éclore sur ses lèvres peintes avec du carmin un sourire lent et plein d'hésitation, — un homme ouvrit la porte, souleva la tapisserie et montra son visage pâle en disant :

— Tout va mal!

Catherine leva la tête et reconnut le duc de Guise.

— Comment, tout va mal! répondit-elle. Que voulez-vous dire, Henri?

— Je veux dire que le roi est plus que jamais coiffé de ses huguenots maudits et que, si nous attendons son congé pour exécuter la grande entreprise, nous attendrons encore longtemps, et peut-être toujours.

— Qu'est-il donc arrivé? demanda Catherine en conservant ce visage calme qui lui était habituel, et auquel elle savait cependant si bien, selon l'occasion, donner les expressions les plus opposées.

— Il y a que, tout à l'heure, pour la vingtième fois, j'ai entamé avec Sa Majesté cette question de savoir si l'on continuerait de supporter les bravades que se permettent, depuis la blessure de leur amiral, messieurs de la religion.

— Et que vous a répondu mon fils? demanda Catherine.

— Il m'a répondu : — Monsieur le duc, vous devez être soupçonné du peuple comme auteur de l'assassinat commis sur mon second père, monsieur l'amiral, défendez-vous comme il vous plaira. Quant à moi, je me défendrai bien moi-même si l'on m'insulte... Et sur ce il m'a tourné le dos pour aller donner à souper à ses chiens.

— Et vous n'avez point tenté de le retenir?

— Si fait. Mais il m'a répondu avec cette voix que vous lui connaissez, et en me regardant de ce regard qui n'est qu'à lui :

— Monsieur le duc, mes chiens ont faim, — et ce ne sont pas des hommes pour que je les fasse attendre...

— Sur quoi, je suis venu vous prévenir.

— Et vous avez bien fait, dit la reine mère.

— Mais que résoudre?

— Tenter un dernier effort.

— Et qui l'essayera?

— Moi. Le roi est-il seul?

— Non. — Il est avec M. de Tavannes.

— Attendez-moi ici. — Ou plutôt suivez-moi de loin.

Catherine se leva aussitôt et prit le chemin de la chambre où se tenaient, sur des tapis de Turquie et des coussins de velours, les lévriers favoris du roi. Sur des perchoirs scellés dans la muraille étaient deux ou trois faucons de choix et une petite pie-grièche avec laquelle Charles IX s'amusait à voler les petits oiseaux dans le jardin du Louvre et dans ceux des Tuileries, qu'on commençait à bâtir.

Pendant le chemin, la reine mère s'était arrangé un visage pâle et plein d'angoisse, sur lequel roulait une dernière — ou plutôt une première larme. Elle s'approcha sans bruit de Charles IX, qui donnait à ses chiens des fragments de gâteau coupés en portions pareilles.

— Mon fils, dit Catherine avec un tremblement de voix si bien joué qu'il fit tressaillir le roi.

— Qu'avez-vous, madame? dit Charles en se retournant vivement.

— J'ai, mon fils, répondit Catherine, que je vous demande la permission de me retirer dans un de vos châteaux! peu m'importe lequel, pourvu qu'il soit bien éloigné de Paris.

— Et pourquoi cela, madame? demanda Charles IX en fixant sur sa mère son œil vitreux, qui, dans certaines occasions, devenait si pénétrant.

— Parce que chaque jour je reçois de nouveaux outrages de ceux de la religion; parce qu'aujourd'hui je vous ai entendu menacer par les protestants jusque dans votre Louvre, et que je ne veux plus assister à de pareils spectacles.

— Mais enfin, ma mère, dit Charles IX avec une expression pleine de conviction, on leur a voulu tuer leur amiral. Un infâme meurtrier leur avait déjà assassiné le brave M. de Mouy, à ces pauvres gens. Mort de ma vie, ma mère! il faut pourtant une justice dans un royaume.

— Oh! soyez tranquille, mon fils, dit Catherine, la justice ne leur manquera point, car, si vous la leur refusez, ils se la feront à leur manière : sur M. de Guise aujourd'hui, sur moi demain, sur vous plus tard.

— Oh! madame, dit Charles IX laissant percer dans sa voix un premier accent de doute; vous croyez?

— Eh! mon fils, reprit Catherine, s'abandonnant tout entière à la violence de ses pensées, ne voyez-vous pas qu'il ne s'agit plus de la mort de M. François de Guise ou de celle de M. l'amiral, de la religion protestante ou de la religion catholique, mais tout simplement de la substitution du fils d'Antoine de Bourbon au fils de Henri II?

— Allons, allons, ma mère, voici que vous retombez encore dans vos exagérations habituelles! dit le roi.

— Quel est donc votre avis, mon fils?

— D'attendre, ma mère! d'attendre. Toute la sagesse humaine est dans ce seul mot. Le plus grand, le plus fort, et le plus adroit surtout, est celui qui sait attendre.

— Attendez donc, mais, moi, je n'attendrai pas.

Et, sur ce, Catherine fit une révérence, et, se rapprochant de la porte, s'apprêta à reprendre le chemin de son appartement.

Charles IX l'arrêta.

— Enfin, que faut-il donc faire, ma mère? dit-il, car je suis juste avant toute chose, et je voudrais que chacun fût content de moi.

Catherine se rapprocha.

— Venez, monsieur le comte, dit-elle à Tavannes, qui caressait la pie-grièche du roi, et dites au roi ce qu'à votre avis il faut faire.

— Votre Majesté me permet-elle? demanda le comte.

— Dis, Tavannes, dis.

— Que fait Votre Majesté à la chasse quand le sanglier blessé revient sur elle?

— Mordieu, monsieur! je l'attends de pied ferme.

dit Charles IX, et je lui perce la gorge avec mon épieu.

— Uniquement pour l'empêcher de vous nuire, ajouta Catherine.

— Et pour m'amuser, dit le roi avec un sourire qui indiquait le courage poussé jusqu'à la férocité; mais je ne m'amuserais pas à tuer mes sujets, car, enfin, les huguenots sont mes sujets aussi bien que les catholiques.

— Alors, sire, dit Catherine, vos sujets les huguenots feront comme le sanglier à qui on ne met pas un épieu dans la gorge : ils découdront le trône.

— Bah! vous croyez, madame, dit le roi d'un air qui indiquait qu'il n'ajoutait pas grande foi aux prédictions de sa mère.

— Mais n'avez-vous pas vu aujourd'hui M. de Mouy et les siens?

— Oui, je les ai vus, puisque je les quitte, mais que m'a-t-il demandé qui ne soit pas juste? il m'a demandé la mort du meurtrier de son père et de l'assassin de l'amiral! Est-ce que nous n'avons pas puni M. de Montgommery de la mort de mon père et de votre époux, quoique cette mort fût un simple accident?

— C'est bien, sire, dit Catherine piquée, n'en parlons plus. Votre Majesté est sous la protection du Dieu qui lui donna la force, la sagesse et la confiance; mais moi, pauvre femme, que Dieu abandonne sans doute à cause de mes péchés, je crains et je cède.

Et, sur ce, Catherine salua une seconde fois, et sortit, faisant signe au duc de Guise, qui, sur ces entrefaites, était entré, de demeurer à sa place pour tenter encore un dernier effort.

Charles IX suivit des yeux sa mère, mais sans la rappeler cette fois; puis il se mit à caresser ses chiens en sifflant un air de chasse.

Tout à coup il s'interrompit.

— Ma mère est bien un esprit royal, dit-il; en vérité, elle ne doute de rien. Allez donc, d'un propos délibéré, tuer quelques douzaines de huguenots, parce qu'ils sont venus demander justice! N'est-ce pas leur droit, après tout?

— Quelques douzaines! murmura le duc de Guise.

— Ah! vous êtes là, monsieur! dit le roi faisant semblant de l'apercevoir pour la première fois : oui, quelques douzaines; le beau déchet! Ah! si quelqu'un venait me dire : Sire, vous serez débarrassé de tous vos ennemis à la fois, et demain il n'en restera pas un pour vous reprocher la mort des autres, ah! alors, je ne dis pas!

— Eh bien! sire?

— Tavannes, interrompit le roi, vous fatiguez Margot, remettez-la au perchoir. Ce n'est pas une raison, parce qu'elle porte le nom de ma sœur, la reine de Navarre, pour que tout le monde la caresse.

Tavannes remit la pie sur son bâton, et s'amusa à rouler et à dérouler les oreilles d'un lévrier.

— Mais, sire, reprit le duc de Guise, si l'on disait à Votre Majesté : Sire, Votre Majesté sera délivrée demain de tous ses ennemis?

— Et par l'intercession de quel saint ferait-on ce miracle?

— Sire, nous sommes aujourd'hui le 24 août, ce serait donc par l'intercession de saint Barthélemy.

— Un beau saint, dit le roi, qui s'est laissé écorcher tout vif!

— Tant mieux! plus il a souffert, plus il doit avoir gardé rancune à ses bourreaux.

— Et c'est vous, mon cousin, dit le roi, c'est vous qui, avec votre jolie petite épée à poignée d'or, tuerez d'ici à demain dix mille huguenots! Ah! ah! ah! mort de ma vie! que vous êtes plaisant, monsieur de Guise!

Et le roi éclata de rire, mais d'un rire si faux, que l'écho de la chambre le répéta d'un ton lugubre.

— Sire, un mot, un seul, poursuivit le duc tout en frissonnant malgré lui au bruit de ce rire qui n'avait rien d'humain. Un signe, et tout est prêt. J'ai les Suisses, j'ai onze cents gentilshommes, j'ai les chevau-légers, j'ai les bourgeois; de son côté, Votre Majesté a ses gardes, ses amis, sa noblesse catholique... Nous sommes vingt contre un.

— Eh bien! puisque vous êtes si fort, mon cousin, pourquoi diable venez-vous me rebattre les oreilles de tout cela!... Faites sans moi, faites!...

Et le roi se retourna vers ses chiens.

Alors la portière se souleva et Catherine reparut.

— Tout va bien, dit-elle au duc, insistez, il cédera.

Et la portière retomba sur Catherine, sans que Charles IX la vît, ou du moins fît semblant de la voir.

— Mais encore, dit le duc de Guise, faut-il que je sache si en agissant comme je le désire je serai agréable à Votre Majesté.

— En vérité, mon cousin Henri, vous me plantez le couteau sur la gorge; mais je résisterai, mordieu! ne suis-je donc pas le roi?

— Non, pas encore, sire; mais, si vous le voulez, vous le serez demain.

— Ah çà! continua Charles IX, on tuerait donc aussi le roi de Navarre, le prince de Condé... dans mon Louvre... Ah!

Puis, il ajouta d'une voix à peine intelligible :

— Dehors, je ne dis pas.

— Sire, s'écria le duc, ils sortent ce soir pour faire débauche avec le duc d'Alençon votre frère.

— Tavannes, dit le roi avec une impatience admirablement bien jouée, ne voyez-vous pas que vous taquinez mon chien! Viens, Actéon, viens.

Et Charles IX sortit sans en vouloir écouter davantage.

Et Charles IX sortit sans en vouloir écouter davantage, et rentra chez lui laissant Tavannes et le
duc de Guise presque aussi incertains qu'auparavant.

Cependant une scène d'un autre genre se passait
chez Catherine, qui, après avoir donné au duc de
Guise le conseil de tenir bon, était rentrée dans
son appartement, où elle avait trouvé réunies les
personnes qui d'ordinaire assistaient à son coucher.

A son retour, Catherine avait la figure aussi
riante qu'elle était décomposée à son départ. Peu à
peu, elle congédia de son air le plus agréable ses
femmes et ses courtisans ; il ne resta bientôt près
d'elle que madame Marguerite, qui, assise sur un
coffre près de la fenêtre ouverte, regardait le ciel
absorbée dans ses pensées.

Deux ou trois fois, en se retrouvant seule avec sa
fille, la reine mère ouvrit la bouche pour parler,
mais chaque fois une sombre pensée refoula au fond
de sa poitrine les mots prêts à s'échapper de ses lèvres.

Sur ces entrefaites, la portière se souleva, et
Henri de Navarre parut.

— Madame, dit-elle, c'est René, le parfumeur. — Page 34.

La petite levrette, qui dormait sur le trône, bondit et courut à lui.

— Vous ici, mon fils! dit Catherine en tressaillant, est-ce que vous soupez au Louvre?

— Non, madame, répondit Henri, nous battons la ville ce soir avec MM. d'Alençon et de Condé. Je croyais presque les trouver ici occupés à vous faire leur cour.

Catherine sourit.

— Allez, messieurs, dit-elle, allez... Les hommes sont bien heureux de pouvoir courir ainsi... N'est-ce pas ma fille?

— C'est vrai, répondit Marguerite, c'est une si belle et une si douce chose que la liberté!

— Cela veut-il dire que j'enchaîne la vôtre, madame? dit Henri en s'inclinant devant sa femme.

— Non, monsieur; aussi n'est-ce pas moi que je plains, mais la condition des femmes en général.

— Vous allez peut-être voir M. l'amiral, mon fils? dit Catherine.

— Oui, peut-être.

— Allez-y; ce sera d'un bon exemple, et demain vous me donnerez de ses nouvelles.

5

Paris. — Imp. de BRY aîné, boulevard Montparnasse, 8 .

— J'irai donc, madame, puisque vous approuvez cette démarche.

— Moi, dit Catherine, je n'approuve rien... Mais qui va là ?... Renvoyez, renvoyez.

Henri fit un pas vers la porte pour exécuter l'ordre de Catherine ; mais, au même instant, la tapissière se souleva, et madame de Sauve montra sa tête blonde.

— Madame, dit-elle, c'est René, le parfumeur, que Votre Majesté a fait demander.

Catherine lança un regard aussi prompt que l'éclair sur Henri de Navarre. Le jeune prince rougit légèrement, puis presque aussitôt pâlit d'une manière effrayante. En effet, on venait de prononcer le nom de l'assassin de sa mère. Il sentit que son visage trahissait son émotion, et alla s'appuyer sur la barre de la fenêtre.

La petite levrette poussa un gémissement.

Au même instant deux personnes entraient, l'une annoncée, et l'autre qui n'avait pas besoin de l'être.

La première était René, le parfumeur, qui s'approcha de Catherine avec toutes les obséquieuses civilités des serviteurs florentins ; il tenait une boîte, qu'il ouvrit, et dont on vit tous les compartiments remplis de poudres et de flacons.

La seconde était madame de Lorraine, sœur aînée de Marguerite. Elle entra par une petite porte dérobée qui donnait dans le cabinet du roi, et toute pâle et toute tremblante, espérant n'être point aperçue de Catherine, qui examinait avec madame de Sauve le contenu de la boîte apportée par René, elle alla s'asseoir à côté de Marguerite, près de laquelle le roi de Navarre se tenait debout, la main sur le front, comme un homme qui cherche à se remettre d'un éblouissement.

En ce moment Catherine se retourna.

— Ma fille, dit-elle à Marguerite, vous pouvez vous retirer chez vous. Mon fils, dit-elle, vous pouvez aller vous amuser par la ville.

Marguerite se leva, et Henri se retourna à moitié.

Madame de Lorraine saisit la main de Marguerite.

— Ma sœur, lui dit-elle tout bas et avec volubilité, au nom de M. de Guise, qui vous sauve comme vous l'avez sauvé, ne sortez pas d'ici, n'allez pas chez vous !

— Hein ! que dites-vous, Claude ? demanda Catherine en se retournant.

— Rien, ma mère.

— Vous avez parlé tout bas à Marguerite.

— Pour lui souhaiter le bonsoir seulement, madame, et pour lui dire mille choses de la part de la duchesse de Nevers.

— Et où est-elle, cette belle duchesse ?

— Près de son beau-frère, M. de Guise.

Catherine regarda les deux femmes de son œil soupçonneux, et fronçant le sourcil :

— Venez çà, Claude ! dit la reine mère.

Claude obéit. Catherine lui saisit la main.

— Que lui avez-vous dit ? indiscrète que vous êtes ! murmura-t-elle en serrant le poignet de sa fille à la faire crier.

— Madame, dit à sa femme Henri, qui, sans entendre, n'avait rien perdu de la pantomime de la reine, de Claude et de Marguerite ; madame, me ferez-vous l'honneur de me donner votre main à baiser ?

Marguerite lui tendit une main tremblante.

— Que vous a-t-elle dit ? murmura Henri en se baissant pour rapprocher ses lèvres de cette main.

— De ne pas sortir. Au nom du ciel, ne sortez pas non plus !

Ce ne fut qu'un éclair ; mais à la lueur de cet éclair, si rapide qu'elle fût, Henri devina tout un complot.

— Ce n'est pas le tout, dit Marguerite ; voici une lettre qu'un gentilhomme provençal a apportée.

— M. de la Mole ?

— Oui.

— Merci, dit-il en prenant la lettre et en la serrant dans son pourpoint. Et, passant devant sa femme éperdue, il alla appuyer sa main sur l'épaule du Florentin.

— Eh bien ! maître René, dit-il, comment vont les affaires commerciales ?

— Mais assez bien, monseigneur, assez bien, répondit l'empoisonneur avec son perfide sourire.

— Je le crois bien, dit Henri, quand on est comme vous le fournisseur de toutes les têtes couronnées de France et de l'étranger.

— Excepté de celle du roi de Navarre, répondit effrontément le Florentin.

— Ventre-saint-gris, maître René ! dit Henri, vous avez raison ; et cependant ma pauvre mère, qui achetait aussi chez vous, vous a recommandé à moi, en mourant, maître René. Venez me voir demain ou après-demain en mon appartement, et apportez-moi vos meilleures parfumeries.

— Ce ne sera point mal vu, dit en souriant Catherine, car on dit...

— Que j'ai le gousset fin, reprit Henri en riant ; qui vous a dit cela, ma mère ? est-ce Margot ?

— Non, mon fils, dit Catherine, c'est madame de Sauve.

En ce moment, madame la duchesse de Lorraine, qui, malgré les efforts qu'elle faisait, ne pouvait se contenir, éclata en sanglots.

Henri ne se retourna même pas.

— Ma sœur, s'écria Marguerite en s'élançant vers Claude, qu'avez-vous ?

— Rien, dit Catherine en passant entre les deux jeunes femmes, rien : elle a cette fièvre nerveuse que Mazille lui recommande de traiter avec des aromates.

Et elle serra de nouveau et avec plus de vigueur encore que la première fois le bras de sa fille aînée ; puis se retournant vers la cadette :

— Çà, Margot, dit-elle, n'avez-vous pas entendu déjà que je vous ai invitée à vous retirer chez vous? Si cela ne suffit pas, je vous l'ordonne.

— Pardonnez-moi, madame, dit Marguerite tremblante et pâle, je souhaite une bonne nuit à Votre Majesté.

— Et j'espère que votre souhait sera exaucé. Bonsoir, bonsoir.

Marguerite se retira toute chancelante en cherchant vainement à rencontrer un regard de son mari, qui ne se retourna pas même de son côté.

Il se fit un instant de silence pendant lequel Catherine demeura les yeux fixés sur la duchesse de Lorraine, qui, de son côté, sans parler, regardait sa mère les mains jointes.

Henri tournait le dos, mais voyait la scène dans une glace tout en ayant l'air de friser sa moustache avec une pommade que venait de lui donner René.

— Et vous, Henri, dit Catherine, sortez-vous toujours?

— Ah! oui, c'est vrai, s'écria le roi de Navarre. Ah! par ma foi! j'oubliais que le duc d'Alençon et le prince de Condé m'attendent! Ce sont ces admirables parfums qui m'enivrent, et, je crois, me font perdre la mémoire. Au revoir, madame.

— Au revoir! Demain, vous m'apprendrez des nouvelles de l'amiral, n'est-ce pas?

— Je n'aurai garde d'y manquer. Eh bien! Phébé, qu'y a-t-il?

— Phébé? dit la reine mère avec impatience.

— Rappelez-la, madame, dit le Béarnais, car elle ne veut pas me laisser sortir.

La reine mère se leva, prit la petite chienne par son collier et la retint, tandis qu'Henri s'éloignait le visage aussi calme et aussi riant que s'il n'eût pas senti au fond de son cœur qu'il courait danger de mort.

Derrière lui, la petite chienne lâchée par Catherine de Médicis s'élança pour le rejoindre; mais la porte était refermée, et elle ne put que glisser son museau allongé sous la tapisserie en poussant un hurlement lugubre et prolongé.

— Maintenant, Charlotte, dit Catherine à madame de Sauve, va chercher M. de Guise et Tavannes, qui sont dans mon oratoire, et reviens avec eux pour tenir compagnie à la duchesse de Lorraine qui a ses vapeurs.

VII

LA NUIT DU 24 AOUT 1572.

Lorsque la Mole et Coconas eurent achevé leur maigre souper, car les volailles de l'hôtellerie de la Belle-Étoile ne flambaient que sur l'enseigne, Coconas fit pivoter sa chaise sur un de ses quatre pieds, étendit les jambes, appuya son coude sur la table, et dégustant un dernier verre de vin :

— Est-ce que vous allez vous coucher incontinent, monsieur de la Mole? demanda-t-il.

— Ma foi, j'en aurais grande envie, monsieur, car il est possible qu'on vienne me réveiller dans la nuit.

— Et moi aussi, dit Coconas; mais il me semble, en ce cas, qu'au lieu de nous coucher et de faire attendre ceux qui doivent nous envoyer chercher, nous ferions mieux de demander des cartes et de jouer. Cela fait que l'on nous trouverait tout préparés.

— J'accepterais volontiers la proposition, monsieur; mais, pour jouer, je possède bien peu d'argent; à peine si j'ai cent écus d'or dans ma valise; et encore, c'est tout mon trésor. Maintenant, c'est à moi de faire fortune avec cela.

— Cent écus d'or! s'écria Coconas, et vous vous plaignez! Mordi! mais moi, monsieur, je n'en ai que six.

— Allons donc! reprit la Mole, je vous ai vu tirer de votre poche une bourse qui m'a paru non-seulement fort ronde, mais on pourrait même dire quelque peu boursouflée.

— Ah! ceci, dit Coconas, c'est pour éteindre une ancienne dette que je suis obligé de payer à un vieil ami de mon père que je soupçonne d'être comme vous tant soit peu huguenot. Oui, il y a là cent nobles à la rose, continua Coconas en frappant sur sa poche, mais ces cent nobles à la rose appartiennent à maître Mercandon ; quant à mon patrimoine personnel, il se borne, comme je vous l'ai dit, à six écus.

— Comment jouer, alors?

— Et c'est justement à cause de cela que je voulais jouer. D'ailleurs, il m'était venu une idée.

— Laquelle?

— Nous venons tous deux à Paris dans un même but?

— Oui.

— Nous avons chacun un protecteur puissant!

— Oui.

— Vous comptez sur le vôtre comme je compte sur le mien?

— Oui.

— Eh bien! il m'était venu dans la pensée de jouer d'abord notre argent, puis la première faveur qui nous arrivera, soit de la cour, soit de notre maîtresse...

— En effet, c'est fort ingénieux! dit la Mole en souriant; mais j'avoue que je ne suis pas assez joueur pour risquer ma vie tout entière sur un coup de cartes ou un coup de dés, car de la première faveur qui vous arrivera à vous et à moi découlera probablement notre vie tout entière.

— Eh bien! laissons donc là la première faveur de la cour, et jouons la première faveur de notre maîtresse.

— Je n'y vois qu'un inconvénient, dit la Mole?

— Lequel?

— C'est que je n'ai point de maîtresse, moi.

— Ni moi non plus; mais je compte bien ne pas tarder à en avoir une! Dieu merci! on n'est point taillé de façon à manquer de femmes.

— Aussi, comme vous dites, n'en manquerez-vous point, monsieur de Coconas; mais, comme je n'ai point la même confiance dans mon étoile amoureuse, je crois que ce serait vous voler que de mettre mon enjeu contre le vôtre. Jouons donc jusqu'à concurrence de vos six écus, et si vous les perdiez par malheur, et que vous voulussiez continuer le jeu, eh bien! vous êtes gentilhomme, et votre parole vaut de l'or.

— A la bonne heure! s'écria Coconas, et voilà qui est parlé; vous avez raison, monsieur, la parole d'un gentilhomme vaut de l'or, surtout quand ce gentilhomme a du crédit à la cour. Aussi, croyez que je ne me hasarderais pas trop en jouant contre vous la première faveur que je devrais recevoir.

— Oui, sans doute, vous pouvez la perdre, mais moi je ne pourrais pas la gagner; car, étant au roi de Navarre, je ne puis rien tenir de M. le duc de Guise.

— Ah! parpaillot! murmura l'hôte tout en fourbissant son vieux casque, je t'avais donc bien flairé.

Et il s'interrompit pour faire le signe de la croix.

— Ah çà! décidément, reprit Coconas en battant les cartes que venait de lui apporter le garçon, vous en êtes donc?...

— De quoi?

— De la religion.

— Moi?

— Oui, vous.

— Eh bien! mettez que j'en sois! dit la Mole en souriant. Avez-vous quelque chose contre nous?

— Oh! Dieu merci, non. Cela m'est bien égal. Je hais profondément la huguenoterie, mais je ne déteste pas les huguenots, et puis c'est la mode.

— Oui, répliqua la Mole en riant, témoin l'arquebusade de M. l'amiral! Jouerons-nous aussi des arquebusades?

— Comme vous voudrez, dit Coconas; pourvu que je joue, peu m'importe quoi.

— Jouons donc, dit la Mole en ramassant ses cartes et en les rangeant dans sa main.

— Oui, jouez, et jouez de confiance; car dussé-je perdre cent écus d'or comme les vôtres, j'aurai demain matin de quoi les payer.

— La fortune vous viendra donc en dormant?

— Non, c'est moi qui irai la trouver.

— Où cela? dites-moi; j'irai avec vous!

— Au Louvre.

— Vous y retournez cette nuit?

— Oui, j'ai cette nuit une audience particulière du grand duc de Guise.

Depuis que Coconas avait parlé d'aller chercher fortune au Louvre, la Hurière s'était interrompu de fourbir sa salade et s'était venu placer derrière la chaise de la Mole, de manière que Coconas seul le pût voir, et de là il lui faisait des signes que le Piémontais tout à son jeu et à sa conversation ne remarquait pas.

— Eh bien! voilà qui est miraculeux! dit la Mole, et vous aviez raison de dire que nous étions nés sous une même étoile. Moi aussi j'ai rendez-vous au Louvre cette nuit, mais ce n'est pas avec le duc de Guise, moi, c'est avec le roi de Navarre.

— Avez-vous un mot d'ordre, vous?

— Oui.

— Un signe de ralliement?

— Non.

— Eh bien! j'en ai un, moi, mon mot d'ordre est...

A ces paroles du Piémontais, la Hurière fit un geste si expressif, juste au moment où l'indiscret gentilhomme relevait la tête, que Coconas s'arrêta pétrifié bien plus de ce geste encore que du coup par lequel il venait de perdre trois écus. En voyant l'étonnement qui se peignait sur le visage de son partenaire, la Mole se retourna; mais il ne vit pas autre chose que son hôte derrière lui, les bras croisés et coiffé de la salade qu'il lui avait vu fourbir l'instant d'auparavant.

— Qu'avez-vous donc? dit la Mole à Coconas.

Coconas regardait l'hôte et son compagnon sans

Coconas s'arrêta pétrifié. — PAGE 36.

répondre, car il ne comprenait rien aux gestes redoublés de maître la Hurière.

La Hurière vit qu'il devait venir à son secours.

— C'est que, dit-il rapidement, j'aime beaucoup le jeu aussi, moi ; et, comme je m'étais approché pour voir le coup sur lequel vous venez de gagner, monsieur m'aura vu coiffé en guerre et cela l'aura surpris de la part d'un pauvre bourgeois.

— Bonne figure, en effet ! s'écria la Mole en éclatant de rire.

— Eh ! monsieur, répliqua la Hurière avec une bonhomie admirablement jouée et un mouvement d'épaules plein du sentiment de son infériorité, nous ne sommes pas des vaillants, nous autres, et nous n'avons pas la tournure raffinée. C'est bon pour de braves gentilshommes comme vous de faire reluire les casques dorés et les fines rapières, et pourvu que nous montions exactement notre garde...

— Ah ! ah ! dit la Mole en battant les cartes à son tour, vous montez votre garde ?

— Eh ! mon Dieu oui, monsieur le comte, je suis sergent d'une compagnie de milice bourgeoise.

Et, cela dit, tandis que la Mole était occupé à donner les cartes, la Hurière se retira en posant un doigt sur ses lèvres pour recommander la discrétion à Coconas plus interdit que jamais.

Cette précaution fut cause sans doute qu'il perdit le second coup presque aussi rapidement qu'il venait de perdre le premier.

— Eh bien! dit la Mole, voilà qui fait juste vos six écus! Voulez-vous votre revanche sur votre fortune future?

— Volontiers, dit Coconas, volontiers.

— Mais, avant de vous engager plus avant, ne me disiez-vous pas que vous aviez rendez-vous avec M. de Guise?

Coconas tourna ses regards vers la cuisine et vit les gros yeux de la Hurière qui répétaient le même avertissement.

— Oui, dit-il; mais il n'est pas encore l'heure. D'ailleurs, parlons un peu de vous, monsieur de la Mole.

— Nous ferions mieux, je crois, de parler du jeu, mon cher monsieur de Coconas; car, ou je me trompe fort, ou me voilà encore en train de vous gagner six écus?

— Mordi! c'est la vérité... on me l'avait toujours dit, que les huguenots avaient du bonheur au jeu. J'ai envie de me faire huguenot, le diable m'emporte!

Les yeux de la Hurière étincelèrent comme deux charbons; mais Coconas, tout à son jeu, ne les aperçut pas.

— Faites, comte, faites, dit la Mole; et, quoique la façon dont la vocation vous est venue soit singulière, vous serez le bien reçu parmi nous.

Coconas se gratta l'oreille.

— Si j'étais sûr que votre bonheur vient de là, dit-il, je vous réponds bien... car, enfin, je ne tiens pas énormément à la messe, moi, et dès que le roi n'y tient pas non plus...

— Et puis, c'est une si belle religion, dit la Mole, si simple, si pure!

— Et puis elle est à la mode, dit Coconas; et puis elle porte bonheur au jeu, car, le diable m'emporte! il n'y a d'as que pour vous, et cependant je vous examine depuis que nous avons les cartes aux mains. Vous jouez franc jeu, vous ne trichez pas. Il faut que ce soit la religion...

— Vous me devez six écus de plus, dit tranquillement la Mole.

— Ah! comme vous me tentez! dit Coconas, et si cette nuit je ne suis pas content de M. de Guise...

— Eh bien?

— Eh bien! demain je vous demande de me présenter au roi de Navarre; et, soyez tranquille, si une fois je me fais huguenot, je serai plus huguenot que Luther, que Calvin, que Mélanchton et que tous les réformistes de la terre.

— Chut! dit la Mole, vous allez vous brouiller avec notre hôte.

— Oh! c'est vrai! dit Coconas en tournant les yeux vers la cuisine. Mais non, il ne nous écoute pas, il est trop occupé en ce moment.

— Que fait-il donc? demanda la Mole, qui de sa place ne pouvait l'apercevoir.

— Il cause avec... Le diable m'emporte! c'est lui!

— Qui, lui?

— Cette espèce d'oiseau de nuit avec lequel il causait déjà quand nous sommes arrivés, l'homme au pourpoint jaune et au manteau amadou. Mordi! quel feu il y met! Eh! dites donc, maître la Hurière! est-ce que vous faites de la politique, par hasard?

Mais cette fois la réponse de maître la Hurière fut un geste si énergique et si impérieux, que, malgré son amour pour le carton point, Coconas se leva et alla à lui.

— Qu'avez-vous donc? demanda la Mole.

— Vous demandez du vin, mon gentilhomme, dit la Hurière saisissant vivement la main de Coconas, on va vous en donner. Grégoire, du vin à ces messieurs!

Puis à l'oreille:

— Silence, lui glissa-t-il, silence, sur votre vie! et congédiez votre compagnon.

La Hurière était si pâle, l'homme jaune si lugubre, que Coconas ressentit comme un frisson, et se retournant vers la Mole:

— Mon cher monsieur de la Mole, lui dit-il, je vous prie de m'excuser. Voilà cinquante écus que je perds en un tour de main. Je suis en malheur ce soir, et je craindrais de m'embarrasser.

— Fort bien, monsieur, fort bien, dit la Mole; à votre aise. D'ailleurs, je ne suis point fâché de me jeter un instant sur mon lit. Maître la Hurière?...

— Monsieur le comte?

— Si l'on venait me chercher de la part du roi de Navarre, vous me réveilleriez. Je serai tout habillé, et par conséquent vite prêt.

— C'est comme moi, dit Coconas; pour ne pas faire attendre Son Altesse un seul instant, je vais préparer le signe. Maître la Hurière, donnez-moi des ciseaux et du papier blanc.

— Grégoire, cria la Hurière, du papier blanc pour écrire une lettre, des ciseaux pour en tailler l'enveloppe.

— Ah çà! décidément, se dit à lui-même le Piémontais, il se passe ici quelque chose d'extraordinaire.

— Bonsoir, monsieur de Coconas! dit la Mole. Et vous, mon hôte, faites-moi l'amitié de me montrer le chemin de ma chambre. Bonne chance, notre ami!

Et la Mole disparut dans l'escalier tournant suivi de la Hurière.

Alors l'homme mystérieux saisit à son tour le bras de Coconas; et, l'attirant à lui, il lui dit avec volubilité:

— Monsieur, vous avez failli révéler cent fois un secret duquel dépend le sort du royaume. Dieu a voulu que votre bouche fût fermée à temps. Un mot de plus, et j'allais vous abattre d'un coup d'arquebuse. Maintenant nous sommes seuls heureusement, écoutez.

— Mais qui êtes-vous, pour me parler avec ce ton de commandement? demanda Coconas.

— Avez-vous, par hasard, entendu parler du sire de Maurevel?

— Le meurtrier de l'amiral?

— Et du capitaine de Mouy.

— Oui, sans doute.

— Eh bien! le sire de Maurevel, c'est moi.

— Oh! oh! fit Coconas.

— Écoutez-moi donc.

— Mordi! je le crois bien, que je vous écoute.

— Chut! fit le sire de Maurevel en portant son doigt à sa bouche.

Coconas demeura l'oreille tendue.

On entendit en ce moment l'hôte refermer la porte d'une chambre, puis la porte du corridor, y mettre les verrous, et revenir précipitamment du côté des deux interlocuteurs. Il offrit alors un siége à Coconas, un siége à Maurevel, et en prenant un troisième pour lui:

— Tout est bien clos, dit-il, monsieur de Maurevel, vous pouvez parler.

Onze heures sonnaient à Saint-Germain l'Auxerrois. Maurevel compta l'un après l'autre chaque battement de marteau qui retentissait vibrant et lugubre dans la nuit, et quand le dernier se fut éteint dans l'espace:

— Monsieur, dit-il en se retournant vers Coconas tout hérissé à l'aspect des précautions que prenaient les deux hommes, monsieur, êtes-vous bon catholique?

— Mais je le crois, répondit Coconas.

— Monsieur, continua Maurevel, êtes-vous dévoué au roi?

— De cœur et d'âme. Je crois même que vous m'offensez, monsieur, en m'adressant une pareille question.

— Nous n'aurons pas de querelle là-dessus; seulement, vous allez nous suivre.

— Où cela?

— Peu vous importe. Laissez-vous conduire. Il y va de votre fortune et peut-être de votre vie.

— Je vous préviens, monsieur, qu'à minuit, j'ai affaire au Louvre.

— C'est justement là que nous allons.

— M. de Guise m'y attend.

— Nous aussi.

— Mais j'ai un mot de passe particulier, continua Coconas un peu mortifié de partager l'honneur de son audience avec le sire de Maurevel et maître la Hurière.

— Nous aussi.

— Mais j'ai un signe de reconnaissance

Maurevel sourit, tira de dessous son pourpoint une poignée de croix en étoffe blanche, en donna une à la Hurière, une à Coconas, et en prit une pour lui. La Hurière attacha la sienne à son casque, Maurevel en fit autant de la sienne à son chapeau.

— Oh çà! dit Coconas stupéfait, le rendez-vous, le mot d'ordre, le signe de ralliement, c'était donc pour tout le monde?

— Oui, monsieur; c'est-à-dire pour tous les bons catholiques.

— Il y a fête au Louvre alors, banquet royal, n'est-ce pas? s'écria Coconas, et l'on en veut exclure ces chiens de huguenots... Bon! bien! à merveille! Il y a assez longtemps qu'ils y paradent.

— Oui, il y a fête au Louvre, dit Maurevel, il y a banquet royal, et les huguenots y seront conviés... Il y a plus, ils seront les héros de la fête, ils payeront le banquet, et, si vous voulez bien être des nôtres, nous allons commencer par aller inviter leur principal champion, leur Gédéon, comme ils disent.

— M. l'amiral? s'écria Coconas.

— Oui, le vieux Gaspard, que j'ai manqué comme un imbécile, quoique j'aie tiré sur lui avec l'arquebuse même du roi.

— Et voilà pourquoi, mon gentilhomme, je fourbissais ma salade, j'affilais mon épée et repassais mes couteaux, dit d'une voix stridente maître la Hurière travesti en guerrier.

À ces mots, Coconas frissonna et devint fort pâle, car il commençait à comprendre.

— Quoi, vraiment! s'écria-t-il, cette fête, ce banquet... c'est... on va...

— Vous avez été bien long à deviner, monsieur, dit Maurevel, et l'on voit bien que vous n'êtes pas fatigué comme nous des insolences de ces hérétiques.

— Et vous prenez sur vous, dit-il, d'aller chez l'amiral, et de...?

Maurevel sourit, et attirant Coconas contre la fenêtre:

— Regardez, dit-il; voyez-vous sur la petite place, au bout de la rue, derrière l'église, cette troupe qui se range silencieusement dans l'ombre?

— Oui.

— Les hommes qui composent cette troupe ont, comme maître la Hurière, vous et moi, une croix au chapeau.

— Eh bien?

— Eh bien! ces hommes, c'est une compagnie des Suisses des petits cantons commandés par Toquenot; vous savez que messieurs des petits cantons sont les compères du roi.

— Oh! oh! fit Coconas.

— Maintenant, voyez cette troupe de cavaliers qui passe sur le quai; reconnaissez-vous son chef?

Maurevel.

— Comment voulez-vous que je le reconnaisse, dit Coconas tout frémissant, je suis à Paris de ce soir seulement !

— Eh bien ! c'est celui avec qui vous avez rendez-vous à minuit au Louvre. Voyez, il va vous y attendre.

— Le duc de Guise ?

— Lui-même. Ceux qui l'escortent sont Marcel, ex-prévôt des marchands, et J. Choron, prévôt actuel. Les deux derniers vont mettre sur pied leurs compagnies de bourgeois; et tenez, voici le capitaine du quartier qui entre dans la rue : regardez bien ce qu'il va faire.

— Il heurte à chaque porte. Mais qu'y a-t-il donc sur les portes auxquelles il heurte ?

— Une croix blanche, jeune homme ; une croix pareille à celle que nous avons à nos chapeaux. Autrefois on laissait à Dieu le soin de distinguer les siens. Aujourd'hui nous sommes plus civilisés, et nous lui épargnons cette besogne.

— Mais chaque maison à laquelle il frappe s'ouvre, et de chaque maison sortent des bourgeois armés.

— Il frappera à la nôtre comme aux autres, et nous sortirons à notre tour.

— Mais, dit Coconas, tout ce monde sur pied pour

— Jeune homme, dit Maurevel, si les vieux vous répugnent, vous pourrez en choisir de jeunes.

aller tuer un vieux huguenot! Mordi! c'est hon-teux! c'est une affaire d'égorgeurs et non de soldats.

— Jeune homme, dit Maurevel, si les vieux vous répugnent, vous pourrez en choisir de jeunes. Il y en aura pour tous les goûts. Si vous méprisez les poignards, vous pourrez vous servir de l'épée; car les huguenots ne sont pas gens à se laisser égorger sans se défendre, et, vous le savez, les huguenots jeunes ou vieux ont la vie dure.

— Mais on les tuera donc tous, alors? s'écria Co-conas.

— Tous.

— Par ordre du roi?

— Par ordre du roi et de M. de Guise.

— Et quand cela?

— Quand vous entendrez sonner la cloche de Saint-Germain l'Auxerrois.

— Ah! c'est donc pour cela que cet aimable Al-lemand, qui est à M. de Guise, comment l'appelez-vous donc?

— M. de Besme.

— Justement. C'est donc pour cela que M. de Besme me disait d'accourir au premier coup de toc-sin?

— Vous avez donc vu M. de Besme?

— Je l'ai vu et je lui ai parlé.

— Où cela?

— Au Louvre. C'est lui qui m'a fait entrer, qui m'a donné le mot d'ordre, qui m'a...

— Regardez.

— Mordi! c'est lui-même.

— Voulez-vous lui parler?

— Sur mon âme! je n'en serais pas fâché!

Maurevel ouvrit doucement la fenêtre. Besme, en effet, passait avec une vingtaine d'hommes.

— *Guise et Lorraine*, dit Maurevel.

Besme se retourna, et, comprenant que c'était à lui qu'on avait affaire, il s'approcha.

— Ah! ah! c'être fous, sire de Maurefel.

— Oui, c'est moi; que cherchez-vous?

— J'y cherche l'auperge de la Pelle-Étoile, pour brévenir un certain monsir Gogonas.

— Me voici, monsieur de Besme! dit le jeune homme.

— Ah! pon, ah! pien... Fous êtes brêt?

— Oui. Que faut-il faire?

— Ce que fous tira monsir de Maurefel. C'être un bon gatholique.

— Vous l'entendez? dit Maurevel.

— Oui, répondit Coconas. Mais vous, monsieur de Besme, où allez-vous?

— Moi! dit de Besme en riant...

— Oui, vous?

— Moi, che fa tire un betit mot à l'amiral.

— Dites-lui-en deux, s'il le faut, dit Maurevel, et que cette fois, s'il se relève du premier, il ne se relève pas du second.

— Soyez dranguille, monsir de Maurefel, soyez dranguille, et tressez-moi bien ce cheune homme-là.

— Oui, oui, n'ayez pas de crainte, les Coconas sont de fins limiers, et bons chiens chassent de race.

— Atieu!

— Allez.

— Et fous?

— Commencez toujours la chasse, nous arriverons pour la curée.

De Besme s'éloigna, et Maurevel ferma la fenêtre.

— Vous l'entendez, jeune homme! dit Maurevel; si vous avez quelque ennemi particulier, quand il ne serait pas tout à fait huguenot, mettez-le sur la liste, et il passera avec les autres.

Coconas, plus étourdi que jamais de tout ce qu'il voyait et de tout ce qu'il entendait, regardait tour à tour l'hôte, qui prenait des poses formidables, et Maurevel, qui tirait tranquillement un papier de sa poche.

— Quant à moi, voilà ma liste, dit-il. — Trois cents. — Que chaque bon catholique fasse, cette nuit, la dixième partie de la besogne que je ferai, et il n'y aura plus demain un seul hérétique dans le royaume.

— Chut! dit la Hurière.

— Quoi? répétèrent ensemble Coconas et Maurevel.

On entendit vibrer le premier coup de beffroi à Saint-Germain l'Auxerrois.

— Le signal! s'écria Maurevel. L'heure est donc avancée? Ce n'était que pour minuit, m'avait-on dit... Tant mieux! Quand il s'agit de la gloire de Dieu et du roi, mieux vaut les horloges qui avancent que les horloges qui retardent.

En effet, on entendait tinter lugubrement la cloche de l'église. Bientôt un premier coup de feu retentit, et presque aussitôt la lueur de plusieurs flambeaux illumina comme un éclair la rue de l'Arbre-Sec.

Coconas passa sur son front sa main humide de sueur.

— C'est commencé, s'écria Maurevel, en route!

— Un moment, un moment! dit l'hôte; avant de nous mettre en campagne, assurons-nous du logis, comme on dit à la guerre. Je ne veux pas qu'on égorge ma femme et mes enfants pendant que je serai dehors. Il y a un huguenot ici.

— M. de la Mole? s'écria Coconas avec un soubresaut.

— Oui! le parpaillot s'est jeté dans la gueule du loup.

— Comment! dit Coconas, vous vous attaqueriez à votre hôte?

— C'est à son intention surtout que j'ai repassé ma rapière.

— Oh! oh! fit le Piémontais en fronçant le sourcil.

— Je n'ai jamais tué personne que mes lapins, mes canards et mes poulets, répliqua le digne aubergiste; je ne sais donc trop comment m'y prendre pour tuer un homme. Eh bien! je vais m'exercer sur celui-là. Si je fais quelque gaucherie, au moins personne ne sera là pour se moquer de moi.

— Mordi, c'est dur! objecta Coconas; M. de la Mole est mon compagnon, M. de la Mole a soupé avec moi, M. de la Mole a joué avec moi...

— Oui, mais M. de la Mole est un hérétique, dit Maurevel, M. de la Mole est condamné; et, si nous ne le tuons pas, d'autres le tueront.

— Sans compter, dit l'hôte, qu'il vous a gagne cinquante écus.

— C'est vrai, dit Coconas, mais loyalement, j'en suis sûr.

— Loyalement ou non, il vous faudra toujours le payer; tandis que, si je le tue, vous êtes quitte.

— Allons, allons! dépêchons, messieurs, cria Maurevel: une arquebusade, un coup de rapière, un coup de marteau, un coup de chenet, un coup de tout ce que vous voudrez; mais finissons-en, si nous voulons arriver à temps, comme nous l'avons promis, pour aider M. de Guise chez l'amiral.

Coconas soupira.

— J'y cours! s'écria la Hurière, attendez-moi.

— Mordi! s'écria Coconas, il va faire souffrir ce pauvre garçon, et le voler peut-être. Je veux être là pour l'achever, s'il est besoin, et empêcher qu'on ne touche à son argent.

Et, mû par cette heureuse idée, Coconas monta l'escalier derrière maître la Hurière, qu'il eut bien tôt rejoint; car, à mesure qu'il montait, par un effet de la réflexion sans doute, la Hurière ralentissait le pas.

Au moment où il arrivait à la porte, toujours suivi de Coconas, plusieurs coups de feu retentirent dans la rue. Aussitôt on entendit la Mole sauter de son lit et le plancher crier sous ses pas.

— Diable! murmura la Hurière un peu troublé, il est réveillé, je crois!

— Ça m'en a l'air, dit Coconas.

— Et il va se défendre?

— Il en est capable. Dites donc, maître la Hurière, s'il allait vous tuer, ça serait drôle.

— Hum! hum! fit l'hôte.

Mais, se sentant armé d'une bonne arquebuse, il se rassura et enfonça la porte d'un vigoureux coup de pied.

On vit alors la Mole, sans chapeau, mais tout vêtu, retranché derrière son lit, son épée entre ses dents et ses pistolets à la main.

— Oh! oh! dit Coconas en ouvrant les narines en véritable bête fauve qui flaire le sang, voilà qui devient intéressant, maître la Hurière. Allons, allons! en avant!

— Ah! l'on veut m'assassiner, à ce qu'il paraît! cria la Mole, dont les yeux flamboyaient, et c'est toi, misérable!

Maître la Hurière ne répondit à cette apostrophe qu'en abaissant son arquebuse et qu'en mettant le jeune homme en joue. Mais la Mole avait vu la démonstration, et, au moment où le coup partit, il se jeta à genoux, et la balle passa par-dessus sa tête.

— A moi, cria la Mole, à moi, monsieur de Coconas!

— A moi! monsieur de Maurevel, à moi! cria la Hurière.

— Ma foi, monsieur de la Mole! dit Coconas, tout ce que je puis faire dans cette affaire est de ne point me mettre contre vous. Il paraît qu'on tue cette nuit les huguenots au nom du roi. Tirez-vous de là comme vous pourrez.

— Ah! traîtres! ah! assassins! c'est comme cela, eh bien! attendez

Et la Mole, visant à son tour, lâcha la détente d'un de ses pistolets. La Hurière, qui ne le perdait pas de vue, eut le temps de se jeter de côté; mais Coconas, qui ne s'attendait pas à cette riposte, resta à la place où il était, et la balle lui effleura l'épaule.

— Mordi! cria-t-il en grinçant des dents, j'en tiens; à nous deux donc! puisque tu le veux.

Et, tirant sa rapière, il s'élança vers la Mole.

Sans doute, s'il eût été seul, la Mole l'eût attendu; mais Coconas avait derrière lui maître la Hurière, qui rechargeait son arquebuse, sans compter Maurevel, qui, pour se rendre à l'invitation de l'aubergiste, montait les escaliers quatre à quatre. La Mole se jeta donc dans un cabinet, et verrouilla la porte derrière lui.

— Ah! schelme! s'écriait Coconas furieux, heurtant la porte du pommeau de sa rapière, attends, attends. Je veux te trouer le corps d'autant de coups d'épée que tu m'as gagné d'écus ce soir! Ah! je viens pour t'empêcher de souffrir! ah! je viens pour qu'on ne te vole pas! et tu me récompenses en m'envoyant une balle dans l'épaule! attends, birbone! attends!

Sur ces entrefaites, maître la Hurière s'approcha, et d'un coup de la crosse de son arquebuse fit voler la porte en éclats.

Coconas s'élança dans le cabinet, mais il alla donner du nez contre la muraille: le cabinet était vide et la fenêtre ouverte.

— Il se sera précipité, dit l'hôte; et, comme nous sommes au quatrième, il est mort.

— Ou il se sera sauvé par le toit de la maison voisine, dit Coconas en enjambant la barre de la fenêtre et en s'apprêtant à le suivre sur ce terrain glissant et escarpé.

Mais Maurevel et la Hurière se précipitèrent sur lui, et le ramenant dans la chambre:

— Êtes-vous fou? s'écrièrent-ils tous deux à la fois. Vous allez vous tuer.

— Bah! dit Coconas, je suis montagnard, moi, et habitué à courir dans les glaciers. D'ailleurs, quand un homme m'a insulté une fois, je monterais avec lui jusqu'au ciel, ou je descendrais avec lui jusqu'en enfer, quelque chemin qu'il prît pour y arriver. Laissez-moi faire.

— Allons donc! dit Maurevel, ou il est mort, ou il est loin maintenant. Venez avec nous; et, si celui-là vous échappe, vous en trouverez mille autres à sa place.

— Vous avez raison, hurla Coconas. Mort aux huguenots! J'ai besoin de me venger, et le plus tôt sera le mieux.

Et tous trois descendirent l'escalier comme une avalanche.

— Chez l'amiral! cria Maurevel.

— Chez l'amiral! répéta la Hurière.

— Chez l'amiral, donc, puisque vous le voulez! dit à son tour Coconas.

Et tous trois s'élancèrent de l'hôtel de la Belle-Étoile, laissé en garde à Grégoire et aux autres garçons, se dirigeant vers l'hôtel de l'amiral, situé rue de Béthisy; une flamme brillante et le bruit des arquebusades les guidaient de ce côté.

— Eh! qui vient là? s'écria Coconas. Un homme sans pourpoint et sans écharpe.

— C'en est un qui se sauve, dit Maurevel.

— A vous, à vous, à vous, qui avez des arquebuses ! s'écria Coconas

— Ma foi non, dit Maurevel ; je garde ma poudre pour meilleur gibier.

— A vous, la Hurière !

— Attendez, attendez ! dit l'aubergiste en ajustant.

— Ah ! oui, attendez, s'écria Coconas ; et en attendant il va se sauver.

Et il s'élança à la poursuite du malheureux qu'il
eut bientôt rejoint, car il était déjà blessé. Mais au
moment où, pour ne pas le frapper par derrière, il
lui criait : « Tourne, mais tourne donc ! » un coup
d'arquebuse retentit, une balle siffla aux oreilles de
Coconas, et le fugitif roula comme un lièvre atteint
dans sa course la plus rapide par le plomb du chasseur.

Un cri de triomphe se fit entendre derrière Coconas; le Piémontais se retourna, et vit la Hurière
agitant son arme.

— Ah ! cette fois, s'écria-t-il, j'ai étrenné au
moins.

— Oui, mais vous avez manqué me percer d'outre en outre, moi.

— Prenez garde, mon gentilhomme, prenez
garde, cria la Hurière.

Coconas fit un bond en arrière. Le blessé s'était
relevé sur un genou ; et, tout entier à la vengeance,
il allait percer Coconas de son poignard au moment
même où l'avertissement de son hôte avait prévenu
le Piémontais.

— Ah ! vipère, s'écria Coconas.

Et, se jetant sur le blessé, il lui enfonça trois fois
son épée jusqu'à la garde dans la poitrine.

— Et maintenant, s'écria Coconas, laissant le
huguenot se débattre dans les convulsions de l'a-
gonie : chez l'amiral ! chez l'amiral !

— Ah ! ah ! mon gentilhomme, dit Maurevel, il
paraît que vous y mordez.

— Ma foi oui, dit Coconas. Je ne sais pas si c'est
l'odeur de la poudre qui me grise ou la vue du sang
qui m'excite, mais, mordi ! je prends goût à la tuerie. C'est comme qui dirait une battue à l'homme.
Je n'ai encore fait que des battues à l'ours ou au
loup, et, sur mon honneur, la battue à l'homme
me paraît plus divertissante.

Et tous trois reprirent leur course.

On vit alors la Mole, son épéc entre ses dents et ses pistolets à la main. — Page 43

VIII

LES MASSACRÉS.

'hôtel qu'habitait l'amiral était, comme nous l'avons dit, situé rue de Béthisy. C'était une grande maison s'élevant au fond d'une cour avec deux ailes en retour sur la rue. Un mur ouvert par une grande porte et par deux petites grilles donnait entrée dans cette cour. Lorsque nos trois guisards atteignirent l'extrémité de la rue Béthisy qui fait suite à la rue des Fossés-Saint-Germain-l'Auxerrois, ils virent l'hôtel entouré de Suisses, de soldats et de bourgeois en armes ; tous tenaient à la main droite ou des épées, ou des piques, ou des arquebuses, et quelques-uns, à la main gauche, des flambeaux, qui répandaient sur cette scène un jour funèbre et vacillant, lequel, suivant le mouvement imprimé, s'épandait sur le pavé, montait le long des murailles ou flamboyait sur cette mer vivante où chaque arme jetait son éclair. Tout autour de l'hôtel et dans les rues Tirechape, Étienne et Bertin-Poirée. l'œuvre terrible s'accomplissait. De longs cris se faisaient entendre, la mousqueterie petillait, et de temps en temps quelque malheureux, à moitié nu, pâle, ensanglanté, passait, bondissant comme un daim poursuivi, dans un cercle de lumière funèbre où semblait s'agiter un monde de démons.

En un instant, Coconas, Maurevel et la Hurière, signalés de loin par leurs croix blanches et accueillis par les cris de bienvenue, furent au plus épais de cette foule haletante et pressée comme une meute. Sans doute ils n'eussent pas pu passer; mais quelques-uns reconnurent Maurevel et lui firent faire place. Coconas et la Hurière se glissèrent à sa suite; tous trois parvinrent donc à se glisser dans la cour.

Au centre de cette cour, dont les trois portes étaient enfoncées, un homme autour duquel les assassins laissaient un vide respectueux se tenait debout, appuyé sur une rapière nue, et les yeux fixés sur un balcon élevé de quinze pieds à peu près et s'étendant devant la fenêtre principale de l'hôtel. Cet homme frappait du pied avec impatience, et de temps en temps se retournait pour interroger ceux qui se trouvaient les plus proches de lui.

— Rien encore, murmura-t-il. Personne... Il aura été prévenu, il aura fui. Qu'en pensez-vous, du Gast?

— Impossible, monseigneur.

— Pourquoi pas? Ne m'avez-vous pas dit qu'un instant avant que nous n'arrivassions un homme sans chapeau, l'épée nue à la main, et courant comme s'il était poursuivi, était venu frapper à la porte et qu'on lui avait ouvert?

— Oui, monseigneur; mais presque aussitôt M. de Besme est arrivé, les portes ont été enfoncées, l'hôtel cerné. L'homme est bien entré, mais à coup sûr il n'a pu sortir.

— Eh! mais, dit Coconas à la Hurière, est-ce que je me trompe, ou n'est-ce pas M. de Guise que je vois là?

— Lui-même, mon gentilhomme. Oui, c'est le grand Henri de Guise en personne, qui attend sans doute que l'amiral sorte pour lui en faire autant que l'amiral en a fait à son père. Chacun son tour, mon gentilhomme, et, Dieu merci! c'est aujourd'hui le nôtre.

— Holà! Besme! holà! cria le duc de sa voix puissante, n'est-ce donc point encore fini?

Et de la pointe de son épée, impatiente comme lui, il faisait jaillir des étincelles du pavé.

En ce moment on entendit comme des cris dans l'hôtel, puis des coups de feu, puis un grand mouvement de pieds et un bruit d'armes heurtées, auquel succéda un nouveau silence.

Le duc fit un mouvement pour se précipiter dans la maison.

— Monseigneur, monseigneur, lui dit du Gast en se rapprochant de lui et en l'arrêtant, votre dignité vous commande de demeurer et d'attendre.

— Tu as raison, du Gast; merci! j'attendrai. Mais, en vérité, je meurs d'impatience et d'inquiétude. Ah! s'il m'échappait!

Tout à coup le bruit des pas se rapprocha... les vitres du premier étage s'illuminèrent de reflets pareils à ceux d'un incendie. La fenêtre sur laquelle le duc avait tant de fois levé les yeux s'ouvrit, ou plutôt vola en éclats; et un homme au visage pâle et au col blanc tout souillé de sang apparut sur le balcon.

— Besme! cria le duc. Enfin, c'est toi! Eh bien? eh bien?

— Foilà! foilà! répondit froidement l'Allemand, qui, se baissant, se releva presque aussitôt en paraissant soulever un poids considérable.

— Mais les autres, demanda impatiemment le duc, les autres, où sont-ils?

— Les autres, ils achèfent les autres.

— Et toi, toi! qu'as-tu fait?

— Moi, fous allez foir, regulez-vous un beu.

Le duc fit un pas en arrière.

En ce moment on put distinguer l'objet que Besme attirait à lui d'un si puissant effort. C'était le cadavre d'un vieillard. Il le souleva au-dessus du balcon, le balança un instant dans le vide, et le jeta aux pieds de son maître.

Le bruit sourd de la chute, les flots de sang qui jaillirent du corps et diaprèrent au loin le pavé, frappèrent d'épouvante jusqu'au duc lui-même; mais ce sentiment dura peu, et la curiosité fit que chacun s'avança de quelques pas, et que la lueur d'un flambeau vint trembler sur la victime.

On distingua alors une barbe blanche, un visage vénérable, et des mains roidies par la mort.

— L'amiral! s'écrièrent ensemble vingt voix qui ensemble se turent aussitôt.

— Oui, l'amiral. C'est bien lui, dit le duc en se rapprochant du cadavre pour le contempler avec une joie silencieuse.

— L'amiral! l'amiral! répétèrent à demi-voix tous les témoins de cette horrible scène, se serrant les uns contre les autres, et se rapprochant timidement de ce grand vieillard abattu.

— Ah! te voilà donc, Gaspard! dit le duc de Guise triomphant; tu as fait assassiner mon père, je le venge!

Et il posa le pied sur la poitrine du héros protestant. Mais aussitôt les yeux du mourant s'ouvrirent avec effort, sa main sanglante et mutilée se crispa une dernière fois, et l'amiral, sans sortir de son immobilité, dit au sacrilége d'une voix sépulcrale:

— Henri de Guise, un jour aussi tu sentiras sur

ta poitrine le pied d'un assassin. Je n'ai pas tué ton père. Sois maudit!

Le duc, pâle et tremblant malgré lui, sentit un frisson de glace courir par tout son corps, il passa la main sur son front comme pour en chasser la vision lugubre; puis, quand il la laissa retomber, quand il osa reporter la vue sur l'amiral, ses yeux s'étaient refermés, sa main était redevenue inerte, et un sang noir épanché de sa bouche sur sa barbe blanche avait succédé aux terribles paroles que cette bouche venait de prononcer.

Le duc releva son épée avec un geste de résolution désespérée.

— Eh pien! montsir, lui dit Besme, êtes-fous gontant?

— Oui, mon brave, oui, répliqua Henri, car tu as vengé...

— Le dugue François, n'est-ce bas?

— La religion, reprit Henri d'une voix sourde. Et maintenant, continua-t-il en se retournant vers les Suisses, les soldats et les bourgeois qui encombraient la cour et la rue, à l'œuvre! mes amis, à l'œuvre!

— Eh! bonjour, monsieur de Besme! dit alors Coconas s'approchant avec une sorte d'admiration de l'Allemand, qui, toujours sur le balcon, essuyait tranquillement son épée.

— C'est donc vous qui l'avez expédié? cria la Hurière en extase; comment avez-vous fait cela, mon digne gentilhomme?

— Oh! pien zimblement, pien zimblement. Il avre entendu tu pruit, il avre oufert son borte, et moi ly avre passé mon rapir tans le corps à lui. Mais ce n'est bas le dout, che grois que le Teligny en dient, che l'endents grier.

En ce moment, en effet, quelques cris de détresse qui semblaient poussés par une voix de femme se firent entendre; des reflets rougeâtres illuminèrent une des deux ailes formant galerie. On aperçut deux hommes qui fuyaient poursuivis par une longue file de massacreurs. Une arquebusade tua l'un; l'autre trouva sur son chemin une fenêtre ouverte et, sans mesurer la hauteur, sans s'inquiéter des ennemis qui l'attendaient en bas, il sauta intrépidement dans la cour.

— Tuez, tuez! crièrent les assassins en voyant leur victime prête à leur échapper.

L'homme se releva en ramassant son épée, qui dans sa chute lui était échappée des mains, prit sa course tête baissée à travers les assistants, en culbuta trois ou quatre, en perça un de son épée, et, au milieu du feu des pistolades, au milieu des imprécations des soldats furieux de l'avoir manqué, il passa comme l'éclair devant Coconas, qui l'attendait à la porte le poignard à la main.

— Touché, cria le Piémontais en lui traversant le bras de la lame fine et aiguë.

— Lâche! répondit le fugitif en fouettant le visage de son ennemi avec la lame de son épée faute d'espace pour lui donner un coup de pointe.

— Oh! mille démons! s'écria Coconas, c'est M. de la Mole!

— M. de la Mole! répétèrent la Hurière et Maurevel.

— C'est celui qui a prévenu l'amiral, crièrent plusieurs soldats.

— Tue, tue!... hurla-t-on de tous côtés.

Coconas, la Hurière et dix soldats s'élancèrent à la poursuite de la Mole, qui, couvert de sang et arrivé à ce degré d'exaltation qui est la dernière réserve de la vigueur humaine, bondissait par les rues, sans autre guide que l'instinct. — Derrière lui, les pas et les cris de ses ennemis l'éperonnaient et semblaient lui donner des ailes. Parfois une balle sifflait à son oreille et imprimait tout à coup à sa course, près de se ralentir, une nouvelle rapidité. Ce n'était plus une respiration, ce n'était plus une haleine qui sortait de sa poitrine, mais un râle sourd, mais un rauque hurlement. La sueur et le sang dégouttaient de ses cheveux et coulaient confondus sur son visage.

Bientôt son pourpoint devint trop serré pour les battements de son cœur, et il l'arracha. Bientôt son épée devint trop lourde pour sa main, et il la jeta loin de lui. Parfois il lui semblait que les pas s'éloignaient et qu'il était près d'échapper à ses bourreaux; mais, aux cris de ceux-ci, d'autres massacreurs, qui se trouvaient sur son chemin et plus rapprochés, quittaient leur besogne sanglante et accouraient. Tout à coup il aperçut la rivière coulant silencieusement à sa gauche; il lui sembla qu'il éprouverait, comme le cerf aux abois, un indicible plaisir à s'y précipiter, et la force suprême de la raison put seule le retenir. A sa droite était le Louvre, sombre, immobile, mais plein de bruits sourds et sinistres. Sur le pont-levis entraient et sortaient des casques, des cuirasses qui renvoyaient en froids éclairs les rayons de la lune. La Mole songea au roi de Navarre, comme il avait songé à Coligny. C'étaient ses deux seuls protecteurs. Il réunit toutes ses forces, regarda le ciel en faisant tout bas le vœu d'abjurer s'il échappait au massacre, fit perdre, par un détour, une trentaine de pas à la meute qui le poursuivait, piqua droit sur le Louvre, s'élança sur le pont pêle-mêle avec les soldats, reçut un nouveau coup de poignard, qui glissa le long des côtes, et, malgré les cris de: *Tue! tue!* qui retentissaient derrière lui et autour de lui, — malgré l'attitude offensive que prenaient les sentinelles, il se précipita comme une flèche dans la cour, bondit jusqu'au vestibule, franchit l'escalier, monta deux étages, reconnut une porte et s'y appuya en frappant des pieds et des mains.

— Qui est là? murmura une voix de femme.

— Oh! mon Dieu! mon Dieu! murmura la Mole.

A leur tête était Coconas. — Page 49.

ils viennent... je les entends... les voilà !... je les vois... C'est moi ! moi !...

— Qui vous? reprit la voix.

La Mole se rappela le mot d'ordre.

— Navarre ! Navarre ! cria-t-il.

Aussitôt la porte s'ouvrit : la Mole, sans voir, sans remercier Gillonne, fit irruption dans un vestibule, traversa un corridor, deux ou trois appartements, et parvint enfin dans une chambre éclairée par une lampe suspendue au plafond.

Sous des rideaux de velours fleurdelisé d'or, dans un lit de chêne sculpté, une femme à moitié nue,

appuyée sur son bras, ouvrait des yeux fixes d'épouvante.

La Mole se précipita vers elle.

— Madame ! s'écria-t-il, on tue, on égorge mes frères ; on veut me tuer, on veut m'égorger aussi. Ah ! vous êtes la reine... sauvez-moi !

Et il se précipita à ses pieds, laissant sur le tapis une large trace de sang.

En voyant cet homme pâle, défait, agenouillé devant elle, la reine de Navarre se dressa épouvantée, cachant son visage entre ses mains et criant au secours.

Il se précipita vers elle et l'enveloppa dans ses bras. — Page 50.

— Madame, dit la Mole en faisant un effort pour se relever, au nom du ciel, n'appelez pas, car, si l'on vous entend, je suis perdu ! Des assassins me poursuivent, ils montaient les degrés derrière moi. Je les entends... les voilà ! les voilà !...

— Au secours ! répéta la reine de Navarre hors d'elle ; au secours !...

— Ah ! c'est vous qui m'avez tué ! dit la Mole au désespoir. Mourir par une si douce voix, mourir par une si belle main. Ah ! j'aurais cru cela impossible !

Au même instant la porte s'ouvrit, et une meute d'hommes haletants, furieux, le visage taché de sang et de poudre, arquebuses, hallebardes et épées en arrêt, se précipita dans la chambre.

A leur tête était Coconas, ses cheveux roux hérissés, son œil bleu pâle démesurément dilaté, la joue toute meurtrie par l'épée de la Mole, qui avait tracé sur les chairs son sillon sanglant : ainsi défiguré, le Piémontais était terrible à voir.

— Mordi ! cria-t-il, le voilà, le voilà ! Ah ! cette fois, nous le tenons, enfin !

De la Mole chercha autour de lui une arme et n'en trouva point. Il jeta les yeux sur la reine et vit la plus profonde pitié peinte sur son visage. Alors il comprit qu'elle seule pouvait le sauver, se précipita vers elle et l'enveloppa dans ses bras.

Coconas fit trois pas en avant, et de la pointe de sa longue rapière troua encore une fois l'épaule de son ennemi, et quelques gouttes de sang tiède et vermeil diaprèrent comme une rosée les draps blancs et parfumés de Marguerite.

Marguerite vit couler le sang. Marguerite sentit frissonner ce corps enlacé au sien, elle se jeta avec lui dans la ruelle. Il était temps. De la Mole, au bout de sa force, était incapable de faire un mouvement ni pour fuir, ni pour se défendre. Il appuya sa tête livide sur l'épaule de la jeune femme, et ses doigts crispés se cramponnèrent, en la déchirant, à la fine batiste brodée qui couvrait d'un flot de gaze le corps de Marguerite.

— Ah! madame! murmura-t-il d'une voix mourante, sauvez-moi! Ce fut tout ce qu'il put dire. Son œil, voilé par un nuage pareil à la nuit de la mort, s'obscurcit; sa tête alourdie retomba en arrière, ses bras se détendirent, ses reins plièrent, et il glissa sur le plancher dans son propre sang, entraînant la reine avec lui.

En ce moment, Coconas, exalté par les cris, enivré par l'odeur du sang, exaspéré par la course ardente qu'il venait de faire, allongea le bras vers l'alcôve royale. Un instant encore, et son épée perçait le cœur de la Mole, et peut-être en même temps celui de Marguerite.

A l'aspect de ce fer nu, et peut-être plutôt encore à la vue de cette insolence brutale, la fille des rois se releva de toute sa taille et poussa un cri tellement empreint d'épouvante, d'indignation et de rage, que le Piémontais demeura pétrifié par un sentiment inconnu : il est vrai que, si cette scène se fût prolongée, renfermée entre les mêmes acteurs, ce sentiment se fondre comme une neige matinale au soleil d'avril.

Mais tout à coup, par une porte cachée dans la muraille, s'élança un jeune homme de seize à dix-sept ans, vêtu de noir, pâle et les cheveux en désordre.

—Attends, ma sœur, attends, cria-t-il, me voilà! me voilà!

— François! François! à mon secours! dit Marguerite.

— Le duc d'Alençon! murmura la Hurière en baissant son arquebuse.

— Mordi! un fils de France! grommela Coconas en reculant d'un pas.

Le duc d'Alençon jeta un regard autour de lui. Il vit Marguerite échevelée, plus belle que jamais, appuyée à la muraille, entourée d'hommes la fureur dans les yeux, la sueur au front, et l'écume à la bouche.

— Misérables! s'écria-t-il.

— Sauvez-moi, mon frère! dit Marguerite épuisée. Ils veulent m'assassiner.

Une flamme passa sur le visage pâle du duc.

Quoiqu'il fût sans armes, soutenu sans doute par la conscience de son nom, il s'avança, les poings crispés, contre Coconas et ses compagnons, qui reculèrent épouvantés devant les éclairs qui jaillissaient de ses yeux.

— Assassinerez-vous aussi un fils de France voyons! dit-il.

Puis, comme ils continuaient de reculer devant lui :

— Çà, mon capitaine des gardes, venez ici, et qu'on me pende tous ces brigands!

Plus effrayé à la vue de ce jeune homme sans armes qu'il ne l'eût été à l'aspect d'une compagnie de reîtres ou de lansquenets, Coconas avait déjà gagné la porte. La Hurière redescendait les degrés avec des jambes de cerf, les soldats s'entrechoquaient et se culbutaient dans le vestibule pour fuir au plus tôt, trouvant la porte trop étroite comparée au grand désir qu'ils avaient d'être dehors.

Pendant ce temps, Marguerite avait instinctivement jeté sur le jeune homme évanoui sa couverture de damas, et s'était éloignée de lui.

Quand le dernier meurtrier eut disparu, le duc d'Alençon se retourna.

— Ma sœur, s'écria-t-il en voyant Marguerite toute marbrée de sang, serais-tu blessée?

Et il s'élança vers sa sœur avec une inquiétude qui eût fait honneur à sa tendresse, si cette tendresse n'eût pas été accusée d'être plus grande qu'il ne convenait à un frère.

—Non, dit-elle, je ne le crois pas, ou, si je le suis, c'est légèrement.

— Mais ce sang, dit le duc en parcourant de ses mains tremblantes tout le corps de Marguerite; ce sang, d'où vient-il?

— Je ne sais, dit la jeune femme. Un de ces misérables a porté la main sur moi, peut-être était-il blessé.

— Porté la main sur ma sœur! s'écria le duc. Oh! si tu me l'avais seulement montré du doigt, si tu m'avais dit lequel, si je savais où le retrouver!...

— Chut! dit Marguerite.

— Et pourquoi cela? dit François.

— Parce que si l'on vous voyait à cette heure dans ma chambre...

— Un frère ne peut-il pas visiter sa sœur, Marguerite?

La reine arrêta sur le duc d'Alençon un regard si fixe et cependant si menaçant, que le jeune homme recula.

— Oui, oui, Marguerite, dit-il, tu as raison, — oui, je rentre chez moi. Mais tu ne peux rester seule pendant cette nuit terrible. Veux-tu que j'appelle Gillonne?

— Non, non, personne; va-t'en, François, va-t'en par où tu es venu.

Le jeune prince obéit; et à peine eut-il disparu, que Marguerite, entendant un soupir qui venait de derrière son lit, s'élança vers la porte du passage secret, la ferma au verrou, puis courut à l'autre porte, qu'elle ferma de même, juste au moment où un gros d'archers et de soldats qui poursuivaient d'autres huguenots logés dans le Louvre passaient comme un ouragan à l'extrémité du corridor.

Alors, après avoir regardé avec attention autour d'elle pour voir si elle était bien seule, elle revint vers la ruelle de son lit, souleva la couverture de damas qui avait dérobé le corps de la Mole aux regards du duc d'Alençon, tira avec effort la masse inerte dans la chambre, et, voyant que le malheureux respirait encore, elle s'assit, appuya sa tête sur ses genoux, et lui jeta de l'eau au visage pour le faire revenir.

Ce fut alors seulement que, l'eau écartant le voile de poussière, de poudre et de sang qui couvrait la figure du blessé, Marguerite reconnut en lui ce beau gentilhomme qui, plein d'existence et d'espoir, était trois ou quatre heures auparavant venu lui demander sa protection près du roi de Navarre, et l'avait, en la laissant rêveuse elle-même, quittée ébloui de sa beauté.

Marguerite jeta un cri d'effroi, car, maintenant, ce qu'elle ressentait pour le blessé, c'était plus que de la pitié, c'était de l'intérêt; en effet, le blessé pour elle n'était plus un simple étranger, c'était presque une connaissance. Sous sa main le beau visage de la Mole reparut bientôt tout entier, mais pâle, alangui par la douleur; elle mit avec un frisson mortel et presque aussi pâle que lui la main sur son cœur, son cœur battait encore. Alors elle étendit cette main vers un flacon de sels qui se trouvait sur une table voisine et le lui fit respirer.

La Mole ouvrit les yeux.

— O mon Dieu! murmura-t-il, où suis-je?

— Sauvé! Rassurez-vous. Sauvé! dit Marguerite.

La Mole tourna avec effort son regard vers la reine, la dévora un instant des yeux et balbutia:

— Oh! que vous êtes belle!

Et, comme ébloui, il referma aussitôt la paupière en poussant un soupir.

Marguerite jeta un léger cri. Le jeune homme avait pâli encore, si c'était possible, et elle crut un instant que ce soupir était le dernier.

— O mon Dieu, mon Dieu! dit-elle, ayez pitié de lui!

En ce moment on heurta violemment à la porte du corridor.

Marguerite se leva à moitié, soutenant la Mole par-dessous l'épaule.

— Qui va là? cria-t-elle.

— Madame, madame, c'est moi, moi! cria une voix de femme. — Moi, la duchesse de Nevers.

— Henriette! s'écria Marguerite. — Oh! il n'y a pas de danger, c'est une amie, entendez-vous, monsieur?

La Mole fit un effort et se souleva sur un genou.

— Tâchez de vous soutenir tandis que je vais ouvrir la porte, dit la reine.

La Mole appuya sa main à terre, et parvint à garder l'équilibre.

Marguerite fit un pas vers la porte; mais elle s'arrêta tout à coup, frémissant d'effroi.

— Ah! tu n'es pas seule? s'écria-t-elle en entendant un bruit d'armes.

— Non, je suis accompagnée de douze gardes que m'a laissés mon beau-frère M. de Guise.

— M. de Guise! murmura la Mole. Oh! l'assassin! l'assassin!

— Silence! dit Marguerite, pas un mot.

Et elle regarda tout autour d'elle pour voir où elle pourrait cacher le blessé.

— Une épée, un poignard? murmurait la Mole.

— Pour vous défendre? inutile; n'avez-vous pas entendu? ils sont douze et vous êtes seul.

— Non pas pour me défendre, mais pour ne pas tomber vivant entre leurs mains.

— Non, non, dit Marguerite, non, je vous sauverai. — Ah! ce cabinet! venez, venez.

La Mole fit un effort, et, soutenu par Marguerite, il se traîna jusqu'au cabinet. Marguerite referma la porte derrière lui, et serrant la clef dans son aumônière:

— Pas un cri, pas une plainte, pas un soupir, lui glissa-t-elle à travers le lambris, et vous êtes sauvé.

Puis, jetant un manteau de nuit sur ses épaules, elle alla ouvrir à son amie, qui se précipita dans ses bras.

— Ah! dit-elle, il ne vous est rien arrivé, n'est-pas, madame?

— Non, rien, dit Marguerite, croisant son manteau pour qu'on ne vît point les taches de sang qui maculaient son peignoir.

— Tant mieux; mais en tout cas, comme M. le duc de Guise m'a donné douze gardes pour me reconduire à son hôtel, et que je n'ai pas besoin d'un si grand cortége, j'en laisse six à Votre Majesté. Six gardes du duc de Guise valent mieux cette nuit qu'un régiment entier des gardes du roi.

Marguerite n'osa refuser; elle installa ses six gardes dans le corridor, et embrassa la duchesse, qui, avec les six autres, regagna l'hôtel du duc de Guise, qu'elle habitait en l'absence de son mari.

IX

LES MASSACREURS.

oconas n'avait pas fui, il avait fait retraite. La Hurière n'avait pas fui, il s'était précipité. L'un avait disparu à la manière du tigre, l'autre à celle du loup.

Il en résulta que la Hurière se trouvait déjà sur la place Saint-Germain-l'Auxerrois, que Coconas ne faisait encore que sortir du Louvre.

La Hurière, se voyant seul avec son arquebuse au milieu des passants qui couraient, des balles qui sifflaient et des cadavres qui tombaient des fenêtres, les uns entiers, les autres par morceaux, commença à avoir peur et à chercher prudemment à regagner son hôtellerie; mais, comme il débouchait dans la rue de l'Arbre-Sec par la rue d'Averon, il tomba dans une troupe de Suisses et de chevau-légers : c'était celle que commandait Maurevel.

— Eh bien! s'écria celui qui s'était baptisé lui-même du nom de Tueur de roi, vous avez déjà fini? Vous rentrez, mon hôte? et que diable avez-vous fait de notre gentilhomme piémontais? il ne lui est pas arrivé malheur? Ce serait dommage, car il allait bien.

— Non pas, que je pense, reprit la Hurière, et j'espère qu'il va nous rejoindre.

— D'où venez-vous?

— Du Louvre, où je dois dire qu'on nous a reçus assez rudement.

— Et qui cela?

— M. le duc d'Alençon. Est-ce qu'il n'en est pas, lui?

— Monseigneur le duc d'Alençon n'est de rien vue de ce qui le touche personnellement; proposez-lui de traiter ses deux frères aînés en huguenots, et il en sera : pourvu toutefois que la besogne se fasse sans le compromettre. — Mais n'allez-vous point avec ces braves gens, maître la Hurière?

— Et où vont-ils?

— Oh! mon Dieu! rue Montorgueil, il y a là un ministre huguenot de ma connaissance; il a une femme et six enfants. Ces hérétiques engendrent énormément. Ce sera curieux.

— Et vous, où allez-vous?

— Oh! moi! je vais à une affaire particulière.

— Dites donc, n'y allez pas sans moi, dit une voix qui fit tressaillir Maurevel, vous connaissez les bons endroits et je veux en être.

— Ah! c'est notre Piémontais! dit Maurevel.

— C'est M. de Coconas, dit la Hurière. Je croyais que vous me suiviez.

— Peste! vous détalez trop vite pour cela ; et puis, je me suis un peu détourné de la ligne droite pour aller jeter à la rivière un affreux enfant qui criait : — A bas les papistes! vive l'amiral! Malheureusement, je crois que le drôle savait nager. Ces misérables parpaillots, si on veut les noyer, il faudrait les jeter à l'eau comme les chats, avant qu'ils ne voient clair.

— Ah çà! vous dites que vous venez du Louvre. Votre huguenot s'y était donc réfugié? demanda Maurevel.

— Oh! mon Dieu, oui!

— Je lui ai envoyé un coup de pistolet au moment où il ramassait son épée dans la cour de l'amiral; mais je ne sais comment cela s'est fait, je l'ai manqué.

— Oh! moi, dit Coconas, je ne l'ai pas manqué : je lui ai donné de mon épée dans le dos, que la lame en était humide à cinq pouces de la pointe. D'ailleurs, je l'ai vu tomber dans les bras de madame Marguerite; jolie femme, mordi! Cependant, je ne serais pas fâché d'être tout à fait sûr qu'il est mort : ce gaillard-là m'avait l'air d'être d'un caractère fort rancunier, et il serait capable de m'en vouloir toute sa vie. Mais ne disiez-vous pas que vous alliez quelque part?

— Vous tenez donc à venir avec moi?

— Je tiens à ne pas rester en place, mordi! Je n'en ai encore tué que trois ou quatre, et, quand je me refroidis, mon épaule me fait mal. En route! en route!

— Capitaine, dit Maurevel au chef de la troupe, donnez-moi trois hommes, et allez expédier votre ministre avec le reste.

Trois Suisses se détachèrent et vinrent se joindre à Maurevel. Les deux troupes cependant marchèrent côte à côte jusqu'à la hauteur de la rue Tirechappe;

— Mais où diable nous conduisez vous? dit Coconas. —

là les chevau-légers et les Suisses prirent la rue de la Tonnellerie, tandis que Maurevel, Coconas, la Hurière et ses trois hommes suivaient la rue de la Ferronnerie, prenaient la rue Trousse-Vache et gagnaient la rue Sainte-Avoie.

— Mais où diable nous conduisez-vous? dit Coconas, que cette longue marche sans résultat commençait à ennuyer.

— Je vous conduis à une expédition brillante et utile à la fois. Après l'amiral, après Téligny, après les princes huguenots, je ne pouvais rien vous offrir de mieux. Prenez donc patience. C'est rue du Chaume où nous avons affaire, et dans un instant nous allons y être.

— Dites-moi, demanda Coconas, la rue du Chaume n'est-elle pas proche du Temple?

— Oui, pourquoi?

— Ah! c'est qu'il y a là un vieux créancier de notre famille, un certain Lambert Mercandon, auquel mon père m'a recommandé de rendre cent nobles à la rose que j'ai là à cet effet dans ma poche.

— Eh bien! dit Maurevel, voilà une belle occasion de vous acquitter envers lui.

— Comment cela?

— C'est aujourd'hui le jour où l'on règle ses vieux comptes. Votre Mercandon est-il huguenot?

— Oh! oh! fit Coconas, je comprends, il doit l'être.

— Chut! nous sommes arrivés.

— Quel est ce grand hôtel avec son pavillon sur la rue?

— L'hôtel de Guise.

— En vérité, dit Coconas, je ne pouvais pas manquer de venir ici, puisque j'arrive à Paris sous le patronage du grand Henri. Mais, mordi! tout est bien tranquille dans ce quartier-ci, mon cher, c'est tout au plus si on y entend le bruit des arquebusades, on se croirait en province; tout le monde dort, ou que le diable m'emporte!

En effet, l'hôtel de Guise lui-même semblait aussi tranquille que dans les temps ordinaires. Toutes les fenêtres en étaient fermées, et une seule lumière brillait derrière la jalousie de la fenêtre principale du pavillon qui avait, lorsqu'il était entré dans la rue, attiré l'attention de Coconas.

Un peu au delà de l'hôtel de Guise, c'est-à-dire au coin de la rue du Petit-Chantier et de celle des Quatre-Fils, Maurevel s'arrêta.

— Voici le logis de celui que nous cherchons, dit-il.

— De celui que vous cherchez, c'est-à-dire? fit la Hurière.

— Puisque vous m'accompagnez, nous le cherchons.

— Comment! cette maison qui semble dormir d'un si bon sommeil...

— Justement! Vous, la Hurière, vous allez utiliser l'honnête figure que le ciel vous a donnée par erreur, en frappant à cette maison. Passez votre arquebuse à M. de Coconas, il y a une heure que je vois qu'il la lorgne. Si vous êtes introduit, vous demanderez à parler au seigneur de Mouy.

— Ah! ah! fit Coconas, je comprends : vous avez aussi un créancier dans le quartier du Temple, à ce qu'il paraît.

— Justement, continua Maurevel. Vous monterez donc en jouant le huguenot, vous avertirez de Mouy de tout ce qui se passe; il est brave, il descendra...

— Et une fois descendu? demanda la Hurière.

— Une fois descendu, je le prierai d'aligner son épée avec la mienne.

— Sur mon âme, c'est d'un brave gentilhomme, dit Coconas, et je compte faire exactement la même chose avec Lambert Mercandon; et, s'il est trop vieux pour accepter, ce sera avec quelqu'un de ses fils ou de ses neveux.

La Hurière alla sans répliquer frapper à la porte; ses coups, retentissant dans le silence de la nuit, firent ouvrir les portes de l'hôtel de Guise, et sortir quelques têtes par ses ouvertures : on vit alors que l'hôtel était calme à la manière des citadelles, c'est-à-dire parce qu'il était plein de soldats.

Ces têtes rentrèrent presque aussitôt, devinant sans doute de quoi il était question.

— Il loge donc là, votre M. de Mouy? dit Coconas montrant la maison où la Hurière continuait de frapper.

— Non; c'est le logis de sa maîtresse.

— Mordi! quelle galanterie vous lui faites! lui fournir l'occasion de tirer l'épée sous les yeux de sa belle! Alors, nous serons les juges du camp. Cependant, j'aimerais assez à me battre moi-même. Mon épaule me brûle.

— Et votre figure? demanda Maurevel, elle est aussi fort endommagée.

Coconas poussa une espèce de rugissement.

— Mordi! dit-il, j'espère qu'il est mort; ou, sans cela, je crois que je retournerais au Louvre pour l'achever.

La Hurière frappait toujours.

Bientôt une fenêtre du premier étage s'ouvrit, et un homme parut sur le balcon en bonnet de nuit, en caleçon et sans armes.

— Qui va là? cria cet homme.

Maurevel fit un signe à ses Suisses, qui se rangèrent sous une encoignure, tandis que Coconas s'aplatissait de lui-même contre la muraille.

— Ah! monsieur de Mouy, dit l'aubergiste de sa voix câline, est-ce vous?

— Oui, c'est moi; après?

— C'est bien lui, murmura Maurevel en frémissant de joie.

— Eh! monsieur, continua la Hurière, ne savez-vous point ce qui se passe! On égorge M. l'amiral, on tue les religionnaires nos frères. Venez vite à leur aide, venez.

— Ah! s'écria de Mouy, je me doutais bien qu'il se tramait quelque chose pour cette nuit. Ah! je n'aurais pas dû quitter mes braves camarades. Me voici, mon ami, me voici, attendez-moi!

Et, sans refermer la fenêtre, par laquelle sortirent quelques cris de femme effrayée, quelques supplications tendres, M. de Mouy chercha son pourpoint, son manteau et ses armes.

— Il descend, il descend! murmura Maurevel pâle de joie. Attention, vous autres! glissa-t-il dans l'oreille des Suisses; puis, retirant l'arquebuse des mains de Coconas et soufflant sur la mèche pour s'assurer qu'elle était toujours bien allumée: Tiens, la Hurière, ajouta-t-il à l'aubergiste, qui avait fait retraite vers le gros de la troupe, reprends ton arquebuse.

— Mordi! s'écria Coconas, voici la lune qui sort d'un nuage pour être témoin de cette belle rencontre. Je donnerais beaucoup pour que Lambert Mercandon fût ici et servît de second à M. de Mouy.

— Attendez, attendez! dit Maurevel. M. de Mouy vaut dix hommes à lui tout seul, et nous en aurons peut-être assez à nous six à nous débarrasser de lui. Avancez, vous autres, continua Maurevel en faisant signe aux Suisses de se glisser contre la porte, afin de le frapper quand il sortira.

— Oh! oh! dit Coconas en regardant ces préparatifs, il paraît que cela ne se passera point tout à fait comme je m'y attendais.

Déjà on entendait le bruit de la barre que tirait de Mouy. Les Suisses étaient sortis de leur cachette pour prendre leur place près de la porte. Maurevel et la Hurière s'avançaient sur la pointe du pied, tandis que, par un reste de gentilhommerie, Coconas restait à sa place, lorsque la jeune femme, à laquelle on ne pensait plus, parut à son tour au balcon et poussa un cri terrible en apercevant les Suisses, Maurevel et la Hurière.

De Mouy, qui avait déjà entr'ouvert la porte, s'arrêta.

— Remonte, remonte, cria la jeune femme; je vois reluire les épées, je vois briller la mèche d'une arquebuse. C'est un guet-apens.

— Oh! oh! reprit en grondant la voix du jeune homme; voyons un peu ce que veut dire tout ceci.

Et il referma la porte, remit la barre, repoussa le verrou et remonta.

L'ordre de bataille de Maurevel fut changé dès qu'il vit que de Mouy ne sortirait point. Les Suisses allèrent se poster de l'autre côté de la rue, et la Hurière, son arquebuse au poing, attendit que l'ennemi reparût à la fenêtre. Il n'attendit pas longtemps. De Mouy s'avança précédé de deux pistolets d'une longueur si respectable, que la Hurière, qui le couchait déjà en joue, réfléchit soudain que les balles du huguenot n'avaient pas plus de chemin à faire pour arriver dans la rue que sa balle à lui n'en avait pour arriver au balcon. — Certes, se dit-il, je puis tuer ce gentilhomme, mais aussi ce gentilhomme peut me tuer du même coup.

Or, comme, au bout du compte, maître la Hurière, aubergiste de son état, n'était soldat que par circonstance, cette réflexion le détermina à faire retraite et à chercher un abri à l'angle de la rue de Braque, assez éloignée pour qu'il eût quelque difficulté à trouver de là avec une certaine certitude, surtout la nuit, la ligne que devait suivre sa balle pour arriver jusqu'à de Mouy.

De Mouy jeta un coup d'œil autour de lui et s'avança en s'effaçant comme un homme qui se prépare à un duel; mais voyant que rien ne venait :

— Çà, dit-il, il paraît, monsieur le donneur d'avis, que vous avez oublié votre arquebuse à ma porte. Me voilà, que me voulez-vous?

— Ah! ah! se dit Coconas, voici en effet un brave.

— Eh bien! continua de Mouy, amis ou ennemis, qui que vous soyez, ne voyez-vous pas que j'attends?

La Hurière garda le silence. Maurevel ne répondit point, et les trois Suisses demeurèrent cois.

Coconas attendit un instant; puis, voyant que

personne ne soutenait la conversation entamée par la Hurière et continuée par de Mouy, il quitta son poste, s'avança jusqu'au milieu de la rue, et mettant le chapeau à la main :

— Monsieur, dit-il, nous ne sommes point ici pour un assassinat, comme vous pourriez le croire, mais pour un duel... J'accompagne un de vos ennemis qui voudrait avoir affaire à vous pour terminer galamment une vieille discussion. Eh! mordi! avancez donc, monsieur de Maurevel, au lieu de tourner le dos, monsieur accepte.

— Maurevel! s'écria de Mouy. Maurevel, l'assassin de mon père! Maurevel, le tueur du roi! Ah! pardieu oui, j'accepte!

Et, ajustant Maurevel, qui allait frapper à l'hôtel de Guise pour y chercher du renfort, il perça son chapeau d'une balle.

Au bruit de l'explosion, aux cris de Maurevel, les gardes qui avaient ramené la duchesse de Nevers sortirent accompagnés de trois ou quatre gentilshommes suivis de leurs pages, et s'avancèrent vers la maison de la maîtresse du jeune de Mouy.

Un second coup de pistolet tiré au milieu de la troupe fit tomber mort le soldat qui se trouvait le plus proche de Maurevel, après quoi de Mouy, se trouvant sans armes, ou du moins avec des armes inutiles, puisque ses pistolets étaient déchargés, et que ses adversaires étaient hors de la portée de l'épée, s'abrita derrière la galerie du balcon.

Cependant, çà et là les fenêtres commençaient de s'ouvrir aux environs, et, selon l'humeur pacifique ou belliqueuse de leurs habitants, se refermaient ou se hérissaient de mousquets ou d'arquebuses.

— A moi, mon brave Mercandon! s'écria de Mouy en faisant signe à un homme déjà vieux, qui, d'une fenêtre qui venait de s'ouvrir en face de l'hôtel de Guise, cherchait à voir quelque chose dans cette confusion.

— Vous appelez, sire de Mouy! cria le vieillard; est-ce à vous qu'on en veut?

— C'est à moi, c'est à vous, c'est à tous les protestants; et, tenez, en voilà la preuve.

En effet, en ce moment, de Mouy avait vu se diriger contre lui l'arquebuse de la Hurière. Le coup partit; mais le jeune homme eut le temps de se baisser, et la balle alla briser une vitre au-dessus de sa tête.

— Mercandon! s'écria Coconas, qui, à la vue de cette bagarre, tressaillait de plaisir et avait oublié son créancier, mais à qui cette apostrophe de de Mouy le rappelait; Mercandon, rue du Chaume, c'est bien cela! Ah! il demeure là, c'est bon; nous allons avoir affaire chacun à notre homme.

Et, tandis que les gens de l'hôtel de Guise enfonçaient les portes de la maison où était de Mouy; tandis que Maurevel, un flambeau à la main, essayait d'incendier la maison; tandis que, les portes une fois brisées, un combat terrible s'engageait con-

Coconas essayait, à l'aide d'un pavé, d'enfoncer la porte de Mercandon.

tre un seul homme qui à chaque coup de pistolet ou à chaque coup de rapière abattait son ennemi, Coconas essayait, à l'aide d'un pavé, d'enfoncer la porte de Mercandon, qui, sans s'inquiéter de cet effort solitaire, arquebusait de son mieux à sa fenêtre.

Alors tout ce quartier désert et obscur se trouva illuminé comme en plein jour, peuplé comme l'intérieur d'une fourmilière; car, de l'hôtel de Montmorency, six ou huit gentilshommes huguenots, avec leurs serviteurs et leurs amis, venaient de faire une charge furieuse, et commençaient, soute-

nus par le feu des fenêtres, à faire reculer les gens de Maurevel et ceux de l'hôtel de Guise, qu'ils finirent par acculer à l'hôtel d'où ils étaient sortis.

Coconas, qui n'avait point encore achevé d'enfoncer la porte de Mercandon, quoiqu'il s'escrimât de tout son cœur, fut pris dans ce brusque refoulement. S'adossant alors à la muraille et mettant l'épée à la main, il commença non-seulement à se défendre, mais encore à attaquer avec des cris si terribles, qu'il dominait toute cette mêlée. Il ferrailla ainsi de droite à gauche, frappant amis et ennemis jusqu'à ce qu'un large vide se fût opéré autour de

Il apparut enfin dans la rue, soutenant d'un bras sa maîtresse.

lui. A mesure que sa rapière trouait une poitrine et que le sang tiède éclaboussait ses mains et son visage, lui, l'œil dilaté, les narines ouvertes, les dents serrées, regagnait le terrain perdu et se rapprochait de la maison assiégée.

De Mouy, après un combat terrible livré dans l'escalier et le vestibule, avait fini par sortir en véritable héros de sa maison brûlante. Au milieu de toute cette lutte, il n'avait pas cessé de crier : A moi, Maurevel ! Maurevel, où es-tu ? l'insultant par les épithètes les plus injurieuses. Il apparut enfin dans la rue, soutenant d'un bras sa maîtresse, à moitié

nue et presque évanouie, et tenant un poignard entre ses dents. Son épée, flamboyante par le mouvement de rotation qu'il lui imprimait, traçait des cercles blancs ou rouges selon que la lune en argentait la lame ou qu'un flambeau en faisait reluire l'humidité sanglante. Maurevel avait fui. La Hurière, repoussé par de Mouy jusqu'à Coconas, qui ne le reconnaissait pas et le recevait à la pointe de son épée, demandait grâce des deux côtés. En ce moment, Mercandon l'aperçut, le reconnut à son écharpe blanche pour un massacreur. Le coup partit. La Hurière jeta un cri, étendit les bras, laissa

8

échapper son arquebuse, et, après avoir essayé de gagner la muraille pour se retenir à quelque chose, tomba la face contre terre.

De Mouy profita de cette circonstance, se jeta dans la rue de Paradis et disparut.

La résistance des huguenots avait été telle, que les gens de l'hôtel de Guise, repoussés, étaient rentrés et avaient fermé les portes de l'hôtel dans la crainte d'être assiégés et pris chez eux.

Coconnas, ivre de sang et de bruit, arrivé à cette exaltation où, pour les gens du Midi surtout, le courage se change en folie, n'avait rien vu, rien entendu. Il remarqua seulement que ses oreilles tintaient moins fort, que ses mains et son visage se séchaient un peu, et, abaissant la pointe de son épée, il ne vit plus près de lui qu'un homme couché, la face noyée dans un ruisseau rouge, et autour de lui que des maisons qui brûlaient.

Ce fut une bien courte trêve, car, au moment où il allait s'approcher de cet homme, qu'il croyait reconnaître pour la Hurière, la porte de la maison, qu'il avait vainement essayé de briser à coups de pavés, s'ouvrit, et le vieux Mercandon, suivi de son fils et de ses deux neveux, fondit sur le Piémontais occupé à reprendre haleine.

— Le voilà, le voilà! s'écrièrent-ils tout d'une voix.

Coconnas se trouvait au milieu de la rue, et, craignant d'être entouré par ces quatre hommes qui l'attaquaient à la fois, il fit, avec la vigueur d'un de ces chamois qu'il avait si souvent poursuivis dans les montagnes, un bond en arrière et se trouva adossé à la muraille de l'hôtel de Guise. Une fois tranquillisé sur les surprises, il se remit en garde et redevint railleur.

— Ah! ah! père Mercandon! dit-il, vous ne me reconnaissez pas?

— Oh! misérable! s'écria le vieux huguenot, je te reconnais bien au contraire; tu m'en veux! à moi, l'ami, le compagnon de ton père!

— Et son créancier, n'est-ce pas?

— Oui, son créancier, puisque c'est toi qui le dis.

— Eh bien! justement, répondit Coconnas, je viens régler nos comptes.

— Saisissons-le, lions-le, dit le vieillard aux jeunes gens qui l'accompagnaient, et qui à sa voix s'élancèrent contre la muraille.

— Un instant, un instant! dit en riant Coconnas. Pour arrêter les gens il vous faut une prise de corps, et vous avez négligé de la demander au prévôt.

Et, à ces paroles, il engagea l'épée avec celui des jeunes gens qui se trouvait le plus proche de lui, et au premier dégagement lui abattit le poignet avec sa rapière.

Le malheureux se recula en hurlant.

— Et d'un! dit Coconnas.

Au même instant, la fenêtre sous laquelle Coco-

nas avait cherché un abri s'ouvrit en grinçant. Coconnas fit un soubresaut, craignant une attaque de ce côté; mais, au lieu d'un ennemi, ce fut une femme qu'il aperçut; au lieu de l'arme meurtrière qu'il s'apprêtait à combattre, ce fut un bouquet qui tomba à ses pieds.

— Tiens, une femme! dit-il.

Il salua la dame de son épée et se baissa pour ramasser le bouquet.

— Prenez garde, brave catholique, prenez garde, s'écria la dame.

Coconnas se releva, mais pas si rapidement que le poignard du second neveu ne fendît son manteau et n'entamât l'autre épaule.

La dame jeta un cri perçant.

Coconnas la remercia et la rassura d'un même geste, s'élança sur le second neveu, qui rompit; mais, au second appel, son pied de derrière glissa dans le sang. Coconnas s'élança sur lui avec la rapidité d'un chat-tigre, et lui traversa la poitrine de son épée.

— Bien, bien, brave cavalier! cria la dame de l'hôtel de Guise, bien! je vous envoie du secours.

— Ce n'est point la peine de vous déranger pour cela, madame! dit Coconnas. Regardez plutôt jusqu'au bout, si la chose vous intéresse, et vous allez voir comment le comte Annibal de Coconnas accommode les huguenots.

En ce moment, le fils du vieux Mercandon tira presque à bout portant un coup de pistolet à Coconnas, qui tomba sur un genou. La dame de la fenêtre poussa un cri, mais Coconnas se releva; il ne s'était agenouillé que pour éviter la balle, qui alla trouer le mur à deux pieds de la belle spectatrice.

Presque en même temps, de la fenêtre du logis de Mercandon partit un cri de rage, et une vieille femme, qui à sa croix et à son écharpe blanche reconnut Coconnas pour un catholique, lui lança un pot de fleurs qui l'atteignit au-dessus du genou.

— Bon! dit Coconnas; l'une me jette les fleurs, l'autre les pots. Si cela continue, on va démolir les maisons.

— Merci, ma mère, merci! cria le jeune homme.

— Va, femme, va! dit le vieux Mercandon, mais prends garde à nous!

— Attendez, monsieur de Coconnas, attendez, dit la jeune dame de l'hôtel de Guise; je vais faire tirer aux fenêtres.

— Ah çà! c'est donc un enfer de femmes, dont les unes sont pour moi et les autres contre moi! dit Coconnas. Mordi! finissons-en.

La scène, en effet, était bien changée, et tirait évidemment à son dénoûment. En face de Coconnas, blessé il est vrai, mais dans toute la vigueur de ses vingt-quatre ans, mais habitué aux armes, mais irrité plutôt qu'affaibli par les trois ou quatre égratignures qu'il avait reçues, il ne restait plus que Mercandon et son fils: Mercandon, vieillard de soixante à soixante-dix ans; son fils, enfant de seize à dix-huit ans : ce dernier, pâle, blond et frêle, avait jeté son pistolet déchargé, et, par conséquent, devenu inutile, et agitait en tremblant une épée de moitié moins longue que celle du Piémontais; le père, armé seulement d'un poignard et d'une arquebuse vide, appelait au secours. Une vieille femme, à la fenêtre en face, la mère du jeune homme, tenait à la main un morceau de marbre et s'apprêtait à le lancer. Enfin Coconnas, excité d'un côté par les menaces, de l'autre par les encouragements, fier de sa double victoire, enivré de poudre et de sang, éclairé par la réverbération d'une maison en flammes, exalté par l'idée qu'il combattait sous les yeux d'une femme dont la beauté lui avait semblé si supérieure que son rang lui paraissait incontestable; Coconnas, comme le dernier des Horaces, avait senti doubler ses forces, et, voyant le jeune homme hésiter, il courut à lui et croisa sur sa petite épée sa terrible et sanglante rapière. Deux coups suffirent pour la lui faire sauter des mains. Alors Mercandon chercha à repousser Coconnas, pour que les projectiles lancés de la fenêtre l'atteignissent plus sûrement. Mais Coconnas, au contraire, pour paralyser la double attaque du vieux Mercandon, qui essayait de le percer de son poignard, et de la mère du jeune homme, qui tentait de lui briser la tête avec la pierre qu'elle s'apprêtait à lui lancer, saisit son adversaire à bras-le-corps, le présentant à tous les coups comme un bouclier, et l'étouffant dans son étreinte herculéenne.

— A moi! à moi! s'écria le jeune homme, il me brise la poitrine! à moi, à moi!

Et sa voix commença de se perdre dans un râle sourd et étranglé.

Alors Mercandon cessa de menacer, il supplia.

— Grâce, grâce, dit-il, monsieur de Coconnas! grâce! c'est mon unique enfant!

— C'est mon fils, c'est mon fils, cria la mère, l'espoir de notre vieillesse! ne le tuez pas, monsieur! ne le tuez pas!

— Ah! vraiment! cria Coconnas en éclatant de rire, que je ne le tue pas! et que voulait-il donc me faire avec son épée et son pistolet?

— Monsieur, continua Mercandon en joignant les mains, j'ai chez moi l'obligation souscrite par votre père, je vous la rendrai; j'ai dix mille écus d'or, je vous les donnerai; j'ai les pierreries de notre famille, et elles seront à vous; mais ne le tuez pas, ne le tuez pas!

— Et moi, j'ai mon amour, dit à demi-voix la femme de l'hôtel de Guise, et je vous le promets.

Coconnas réfléchit une seconde, et soudain :

— Êtes-vous huguenot? demanda-t-il au jeune homme.

— Je le suis, murmura l'enfant.

— En ce cas, il faut mourir! répondit Coconnas en fronçant les sourcils et en approchant de la poitrine de son adversaire la miséricorde acérée et tranchante.

— Mourir! s'écria le vieillard, mon pauvre enfant! mourir!

Et un cri de mère retentit si douloureux et si profond, qu'il ébranla pour un moment la sauvage résolution du Piémontais.

— Oh! madame la duchesse! s'écria le père se tournant vers la femme de l'hôtel de Guise, intercédez pour nous, et tous les matins et tous les soirs votre nom sera dans nos prières.

— Alors, qu'il se convertisse! dit la dame de l'hôtel de Guise.

— Je suis protestant, dit l'enfant.

— Meurs donc, dit Coconnas en levant sa dague, meurs donc, puisque tu ne veux pas de la vie que cette belle bouche t'offrait.

Mercandon et sa femme virent la lame terrible luire comme un éclair au-dessus de la tête de leur fils.

— Mon fils, mon Olivier, hurla la mère, abjure... abjure.

— Abjure, cher enfant, cria Mercandon se roulant aux pieds de Coconnas, ne nous laisse pas seuls sur la terre.

— Abjurez tous ensemble, cria Coconnas; pour un Credo, trois âmes et une vie!

— Je le veux bien, dit le jeune homme.

— Nous le voulons bien, crièrent Mercandon et sa femme.

— A genoux, alors! dit Coconnas, et que ton fils récite mot à mot la prière que je vais te dire.

Le père obéit le premier.

— Je suis prêt, dit l'enfant; et il s'agenouilla à son tour.

Coconnas commença alors à lui dicter en latin les paroles du Credo. Mais, soit hasard, soit calcul, le jeune Olivier s'était agenouillé près de l'endroit où avait volé son épée. A peine vit-il cette arme à la portée de sa main, que, sans cesser de répéter les paroles de Coconnas, il étendit le bras pour la saisir. Coconnas aperçut le mouvement tout en faisant semblant de ne pas le voir. Mais, au moment où le jeune homme touchait du bout de ses doigts crispés la poignée de l'arme, il s'élança sur lui, et le renversant :

— Ah! traître! dit-il.

Et il lui plongea sa dague dans la gorge.

Le jeune homme jeta un cri, se releva convulsivement sur un genou et retomba mort.

— Ah! bourreau, hurla Mercandon, tu nous égorges pour nous voler les cent nobles à la rose que tu nous dois...

— Ma foi non, dit Coconnas, et la preuve...

En disant ces mots, Coconnas jeta aux pieds du vieillard la bourse qu'avant son départ son père lui avait remise pour acquitter sa dette envers son créancier.

— Et la preuve, continua-t-il, c'est que voilà votre argent.

— Et toi, voici ta mort! cria la mère de la fenêtre.

— Prenez garde, monsieur de Coconas, prenez garde, dit la dame de l'hôtel de Guise.

Mais, avant que Coconas eût pu tourner la tête pour se rendre à ce dernier avis ou pour se soustraire à la première menace, une masse pesante fendit l'air en sifflant, s'abattit à plat sur le chapeau du Piémontais, lui brisa son épée dans la main et le coucha sur le pavé surpris, étourdi, assommé, sans qu'il eût pu entendre le double cri de joie et de détresse qui se répondit de droite à gauche.

Mercandon s'élança aussitôt, le poignard à la main, sur Coconas évanoui; mais en ce moment la porte de l'hôtel de Guise s'ouvrit, et le vieillard, voyant luire les pertuisanes et les épées, s'enfuit, tandis que celle qu'il avait appelée madame la duchesse, belle d'une beauté terrible à la lueur de l'incendie, éblouissante de pierreries et de diamants, se penchait à moitié hors de la fenêtre pour crier aux nouveaux venus, le bras tendu vers Coconas :

— Là! là! en face de moi; un gentilhomme vêtu d'un pourpoint rouge. Celui-là, oui, oui, celui-là!...

X

MORT, MESSE OU BASTILLE.

arguerite, comme nous l'avons dit, avait refermé sa porte et était rentrée dans sa chambre. Mais, comme elle y entrait toute palpitante, elle aperçut Gillonne, qui, penchée avec terreur vers la porte du cabinet, contemplait des traces de sang éparses sur le lit, sur les meubles et sur le tapis.

— Ah! madame, s'écria-t-elle en apercevant la reine. Oh! madame, est-il donc mort?

— Silence! Gillonne, dit Marguerite de ce ton de voix qui indique l'importance suprême de la recommandation.

Gillonne se tut.

Marguerite tira alors de son aumônière une petite clef dorée, ouvrit la porte du cabinet, et montra du doigt le jeune homme à sa suivante.

La Mole avait réussi à se soulever et à s'approcher de la fenêtre. Un petit poignard, de ceux que les femmes portaient à cette époque, s'était rencontré sous sa main, et le jeune gentilhomme l'avait saisi en entendant ouvrir la porte.

— Ne craignez rien, monsieur, dit Marguerite, car, sur mon âme! vous êtes en sûreté.

La Mole se laissa retomber sur ses genoux.

— Oh! madame, s'écria-t-il, vous êtes pour moi plus qu'une reine, vous êtes une divinité.

— Ne vous agitez pas ainsi, monsieur, s'écria

Marguerite, votre sang coule encore... Oh! regarde, Gillonne, comme il est pâle... Voyons, où êtes-vous blessé?

— Madame, dit la Mole en essayant de fixer sur des points principaux la douleur errante par tout son corps, je crois avoir reçu un premier coup de dague à l'épaule et un second dans la poitrine, les autres blessures ne valent point la peine qu'on s'en occupe.

— Nous allons voir cela, dit Marguerite; Gillonne, apporte ma cassette de baumes.

Gillonne obéit, et rentra tenant d'une main la cassette et de l'autre une aiguière de vermeil et du linge de fine toile de Hollande.

— Aide-moi à le soulever, Gillonne, dit la reine Marguerite, car, en se soulevant lui-même, le malheureux a achevé de perdre ses forces.

— Mais, madame, dit la Mole, je suis tout confus; je ne puis souffrir en vérité...

— Mais, monsieur, vous allez vous laisser faire, que je pense, dit Marguerite; quand nous pouvons vous sauver, ce serait un crime de vous laisser mourir.

— Oh! s'écria la Mole, j'aime mieux mourir que de vous voir, vous, la reine, souiller vos mains d'un sang indigne comme le mien... Oh! jamais! jamais!

Et il se recula respectueusement.

— Votre sang, mon gentilhomme, reprit en sou-

— Ah! madame, s'écria-t-il, vous êtes pour moi plus qu'une reine, vous êtes une divinité. — PAGE 60.

riant Gillonne, eh! vous en avez déjà souillé tout à votre aise le lit et la chambre de Sa Majesté.

Marguerite croisa son manteau sur son peignoir de batiste tout éclaboussé de petites taches vermeilles. Ce geste, plein de pudeur féminine, rappela à la Mole qu'il avait tenu dans ses bras et serré contre sa poitrine cette reine si enviée, si belle, si aimée, et, à ce souvenir, une rougeur fugitive passa sur ses joues blêmies.

— Madame, balbutia-t-il, ne pouvez-vous m'abandonner aux soins d'un chirurgien?

— D'un chirurgien catholique, n'est-ce pas? demanda la reine avec une expression que comprit la Mole, et qui le fit tressaillir.

— Ignorez-vous donc, continua la reine avec une voix et un sourire d'une douceur inouïe, que, nous autres filles de France, nous sommes élevées à connaître la valeur des plantes et à composer des baumes; car notre devoir, comme femmes et comme reines, a été de tout temps d'adoucir les douleurs! Aussi valons-nous les meilleurs chirurgiens du monde, à ce que disent nos flatteurs du moins. Ma réputation, sous ce rapport, n'est-elle pas venue à votre oreille? Allons, Gillonne, à l'ouvrage!

La Mole voulait essayer de résister encore; il répéta de nouveau qu'il aimait mieux mourir que d'occasionner à la reine ce labeur, qui pouvait commencer par la pitié et finir par le dégoût. Cette lutte ne servit qu'à épuiser complétement ses forces. Il chancela, ferma les yeux, et laissa retomber sa tête en arrière, évanoui pour la seconde fois.

Alors Marguerite, saisissant le poignard qu'il avait laissé échapper, coupa rapidement le lacet qui fermait son pourpoint, tandis que Gillonne, avec une autre lame, décousait ou plutôt tranchait les manches de la Mole.

Gillonne, avec un linge imbibé d'eau fraîche, étancha le sang qui s'échappait de l'épaule et de la poitrine du jeune homme, tandis que Marguerite, d'une aiguille d'or à la pointe arrondie, sondait les plaies avec toute la délicatesse et l'habileté que maître Ambroise Paré eût pu déployer en pareille circonstance.

Celle de l'épaule était profonde, celle de la poitrine avait glissé sur les côtes et traversait seulement les chairs; aucune des deux ne pénétrait dans les cavités de cette forteresse naturelle qui protége le cœur et les poumons.

— Plaie douloureuse et non mortelle, *acerrimum humeri vulnus, non autem lethale*, murmura la belle et savante chirurgienne; passe-moi du baume et prépare de la charpie, Gillonne.

Cependant Gillonne, à qui la reine venait de donner ce nouvel ordre, avait déjà essuyé et parfumé la poitrine du jeune homme et en avait fait autant de ses bras modelés sur un dessin antique, de ses épaules gracieusement rejetées en arrière, de son cou ombragé de boucles épaisses et qui appartenait bien plutôt à une statue de marbre de Paros qu'au corps mutilé d'un homme expirant.

— Pauvre jeune homme! murmura Gillonne en regardant non pas tant son ouvrage que celui qui venait d'en être l'objet.

— N'est-ce pas qu'il est beau? dit Marguerite avec une franchise toute royale.

— Oui, madame. Mais il me semble qu'au lieu de le laisser ainsi couché à terre nous devrions le soulever et l'étendre sur ce lit de repos contre lequel il est seulement appuyé.

— Oui, dit Marguerite, tu as raison.

Et les deux femmes, s'inclinant et réunissant leurs forces, soulevèrent la Mole et le déposèrent sur une espèce de grand sofa à dossier sculpté qui s'étendait devant la fenêtre, qu'elles entr'ouvrirent pour lui donner de l'air.

Le mouvement réveilla la Mole, qui poussa un soupir, et, rouvrant les yeux, commença d'éprouver cet incroyable bien-être qui accompagne toutes les sensations du blessé, alors qu'à son retour à la vie il retrouve la fraîcheur au lieu des flammes dévorantes, et les parfums du baume au lieu de la tiède et nauséabonde odeur du sang.

Il murmura quelques mots sans suite, auxquels Marguerite répondit par un sourire en posant le doigt sur sa bouche.

En ce moment, le bruit de plusieurs coups frappés à une porte retentit.

— On heurte au passage secret, dit Marguerite.

— Qui donc peut venir, madame? demanda Gillonne effrayée.

— Je vais voir, dit Marguerite. Toi, reste auprès de lui et ne le quitte pas d'un seul instant.

Marguerite rentra dans sa chambre, et, fermant la porte du cabinet, alla ouvrir celle du passage qui donnait chez le roi et chez la reine mère.

— Madame de Sauve! s'écria-t-elle en reculant vivement et avec une expression qui ressemblait, sinon à la terreur, du moins à la haine, tant il est vrai qu'une femme ne pardonne jamais à une autre femme de lui enlever même un homme qu'elle n'aime pas. Madame de Sauve!

— Oui, Votre Majesté! dit celle-ci en joignant les mains.

— Ici! vous, madame! continua Marguerite de plus en plus étonnée, mais aussi d'une voix plus impérative.

Charlotte tomba à genoux.

— Madame, dit-elle, pardonnez-moi, je reconnais à quel point je suis coupable envers vous; mais, si vous saviez! la faute n'est pas tout entière à moi, et un ordre exprès de la reine mère...

— Relevez-vous, dit Marguerite, et, comme je ne pense pas que vous soyez venue dans l'espérance de vous justifier vis-à-vis de moi, dites-moi pourquoi vous êtes venue.

— Je suis venue, madame, dit Charlotte toujours à genoux et avec un regard presque égaré, je suis venue pour vous demander s'il n'était pas ici.

— Ici, qui? de qui parlez-vous, madame?... car, en vérité, je ne comprends pas?

— Du roi!

— Du roi! Vous le poursuivez jusque chez moi: Vous savez bien qu'il n'y vient pas, cependant!

— Ah! madame, continua la baronne de Sauve sans répondre à toutes ces attaques et sans même paraître les sentir, ah! plût à Dieu qu'il y fût!

— Et pourquoi cela?

— Eh! mon Dieu! madame, parce qu'on égorge les huguenots, et que le roi de Navarre est le chef des huguenots.

— Oh! s'écria Marguerite en saisissant madame de Sauve par la main et en la forçant de se relever, oh! je l'avais oublié! D'ailleurs, je n'avais pas cru qu'un roi pût courir les mêmes dangers que les autres hommes.

— Plus, madame, mille fois plus! s'écria Charlotte.

— En effet, madame de Lorraine m'avait prévenue. Je lui avais dit de ne pas sortir. Serait-il sorti?

— Non, non, il est dans le Louvre. Il ne se retrouve pas. Et s'il n'est pas ici...

— Il n'y est pas.

— Oh! s'écria madame de Sauve avec une explosion de douleur; c'en est fait de lui, car la reine
mère a juré sa mort.

— Sa mort! Ah! dit Marguerite, vous m'épou-
vantez. Impossible!

— Madame, reprit madame de Sauve avec cette
énergie que donne seule la passion, je vous dis
qu'on ne sait pas où est le roi de Navarre.

— Et la reine mère, où est-elle?

— La reine mère m'a envoyée chercher M. de
Guise et M. de Tavannes, qui étaient dans son oratoire, puis elle m'a congédiée. Alors, pardonnez-
moi, madame! je suis remontée chez moi, et, comme
d'habitude, j'ai attendu.

— Mon mari, n'est-ce pas? dit Marguerite.

— Il n'est pas venu, madame. Alors, je l'ai cherché de tous côtés; je l'ai demandé à tout le monde.
Un seul soldat m'a répondu qu'il croyait l'avoir
aperçu au milieu de gardes qui l'accompagnaient
l'épée nue quelque temps avant que le massacre
commençât, et le massacre est commencé depuis
une heure.

— Merci, madame! dit Marguerite, et quoique
peut-être le sentiment qui vous fait agir soit une
nouvelle offense pour moi, merci!

— Oh! alors, pardonnez-moi, madame! dit-elle,
et je rentrerai chez moi plus forte de votre pardon;
car je n'ose vous suivre, même de loin.

Marguerite lui tendit la main.

— Je vais trouver la reine Catherine, dit-elle;
rentrez chez vous. Le roi de Navarre est sous ma
sauvegarde, je lui ai promis alliance, et je serai
fidèle à ma promesse.

— Mais si vous ne pouvez pénétrer jusqu'à la
reine mère? madame.

— Alors je me tournerai du côté de mon frère,
et il faudra bien qu'il me parle.

— Allez, allez, madame, dit Charlotte en laissant le passage libre à Marguerite, et que Dieu con-
duise Votre Majesté!

Marguerite s'élança par le couloir. Mais, arrivée
à l'extrémité, elle se retourna pour s'assurer que
madame de Sauve ne demeurait pas en arrière.
Madame de Sauve la suivait.

La reine de Navarre lui vit prendre l'escalier
qui conduisait à son appartement, et poursuivit son
chemin vers la chambre de la reine.

Tout était changé; au lieu de cette foule de courtisans empressés, qui d'ordinaire ouvrait ses rangs
devant la reine en la saluant respectueusement,
Marguerite ne rencontrait que des gardes avec des
pertuisanes rougies et des vêtements souillés de
sang, ou des gentilshommes aux manteaux déchirés, à la figure noircie par la poudre, porteurs
d'ordres et de dépêches, les uns entrant et les au-

tres sortant : toutes ces allées et venues faisaient un
fourmillement terrible et immense dans les galeries.

Marguerite n'en continua pas moins d'aller en
avant, et parvint jusqu'à l'antichambre de la reine
mère. Mais cette antichambre était gardée par deux
haies de soldats, qui ne laissaient pénétrer que
ceux qui étaient porteurs d'un certain mot d'ordre. Marguerite essaya vainement de franchir cette
barrière vivante. Elle vit plusieurs fois s'ouvrir et
se fermer la porte, et, à chaque fois, par l'entre-
bâillement, elle aperçut Catherine rajeunie par
l'action, active comme si elle n'avait que vingt ans,
écrivant, recevant des lettres, les décachetant, donnant des ordres, adressant à ceux-ci un mot, à
ceux-là un sourire, et ceux auxquels elle souriait
le plus amicalement étaient ceux qui étaient plus
couverts de poussière et de sang.

Au milieu de ce grand tumulte qui bruissait
dans le Louvre, qu'il emplissait d'effrayantes ru-
meurs, on entendait éclater les arquebusades de la
rue de plus en plus répétées.

— Jamais je n'arriverai jusqu'à elle, se dit Marguerite après avoir fait près des hallebardiers trois
tentatives inutiles. Plutôt que de perdre mon temps
ici, allons donc trouver mon frère.

En ce moment passa M. de Guise; il venait d'annoncer à la reine la mort de l'amiral, et retournait
à la boucherie.

— Oh! Henri! s'écria Marguerite, où est le roi
de Navarre?

Le duc la regarda avec un sourire étonné, s'inclina, et, sans répondre, sortit avec ses gardes.

Marguerite courut à un capitaine qui allait sortir du Louvre, et qui, avant de partir, faisait charger les arquebuses de ses soldats.

— Le roi de Navarre, demanda-t-elle, monsieur,
où est le roi de Navarre?

— Je ne sais, madame, répondit celui-ci, je ne
suis point des gardes de Sa Majesté.

— Ah! mon cher René! s'écria Marguerite en
reconnaissant le parfumeur de Catherine..... c'est
vous... vous sortez de chez ma mère... Savez-vous
ce qu'est devenu mon mari?

— Sa Majesté le roi de Navarre n'est point mon
ami, madame... vous devez vous en souvenir. On
dit même, ajouta-t-il avec une contraction qui ressemblait plus à un grincement qu'à un sourire, on
dit même qu'il ose m'accuser d'avoir, de compli-
cité avec madame Catherine, empoisonné sa mère.

— Non! non! s'écria Marguerite, ne croyez pas
cela, mon bon René!

— Oh! peu m'importe, madame, dit le parfumeur, ni le roi de Navarre ni les siens ne sont plus
guère à craindre en ce moment.

Et il tourna le dos à Marguerite.

— Oh! monsieur de Tavannes! monsieur de Ta-

— On n'entre point chez le roi! dit l'officier.

vannes! s'écria Marguerite, un mot, un seul, je vous prie!

Tavannes qui passait s'arrêta.

— Où est Henri de Navarre? demanda Marguerite.

— Ma foi! dit-il tout haut, je crois qu'il court la ville avec MM. d'Alençon et de Condé.

Puis, si bas que Marguerite seule put l'entendre :

— Belle Majesté, dit-il, si vous voulez voir celui pour être à la place duquel je donnerais ma vie, allez frapper au cabinet des armes du roi.

— Oh! merci, Tavannes, dit Marguerite, qui, de

tout ce que lui avait dit Tavannes, n'avait entendu que l'indication principale; merci! j'y vais.

Et elle reprit sa course tout en murmurant :

— Oh! après ce que je lui ai promis, après la façon dont il s'est conduit envers moi quand cet ingrat Henri était caché dans le cabinet, je ne puis le laisser périr!

Et elle vint heurter à la porte des appartements du roi; mais ils étaient ceints intérieurement par deux compagnies des gardes.

— On n'entre point chez le roi! dit l'officier en s'avançant vivement.

— Cette nuit, monsieur, dit Charles IX, on me débarrasse de tous les huguenots. — Page 66.

— Mais moi? dit Marguerite

— L'ordre est général.

— Moi, la reine de Navarre; moi, sa sœur.

— Ma consigne n'admet point d'exception, madame; recevez donc mes excuses

Et l'officier referma la porte.

— Oh! il est perdu! s'écria Marguerite alarmée par la vue de toutes ces figures sinistres, qui, lorsqu'elles ne respiraient pas la vengeance, exprimaient l'inflexibilité. — Oui, oui, je comprends tout... on s'est servi de moi comme d'un appât... je suis le piége où l'on prend et égorge les huguenots... Oh! j'entrerai, dussé-je me faire tuer.

Et Marguerite courait comme une folle par les corridors et par les galeries lorsque tout à coup, en passant devant une petite porte, elle entendit un chant doux, presque lugubre, tant il était monotone. C'était un psaume calviniste que chantait une voix tremblante dans la chambre voisine.

— La nourrice du roi mon frère, la bonne Madelon... elle est là! s'écria Marguerite en se frappant le front, éclairée par une pensée subite; elle est là!... Dieu des chrétiens, aide-moi!

Et Marguerite, pleine d'espérance, heurta doucement à la petite porte.

En effet, après l'avis qui lui avait été donné par

Marguerite, après son entretien avec René, après sa sortie de chez la reine mère, à laquelle, comme un bon génie, avait voulu s'opposer la pauvre petite Thisbé, Henri de Navarre avait rencontré quelques gentilshommes catholiques qui, sous prétexte de lui faire honneur, l'avaient reconduit chez lui où l'attendaient une vingtaine de huguenots, lesquels s'étaient réunis chez le jeune prince, et, une fois réunis, ne voulaient plus le quitter, tant, depuis quelques heures, le pressentiment de cette nuit fatale avait plané sur le Louvre. Ils étaient donc restés ainsi sans qu'on eût tenté de les troubler. Enfin, au premier coup de la cloche de Saint-Germain l'Auxerrois, qui retentit dans tous ces cœurs comme un glas funèbre, Tavannes entra, et, au milieu d'un silence de mort, annonça à Henri que le roi Charles IX voulait lui parler.

Il n'y avait point de résistance à tenter, personne n'en eût eu même la pensée. On entendait les plafonds, les galeries et les corridors du Louvre craquer sous les pieds des soldats réunis, tant dans les cours que dans les appartements, au nombre de près de deux mille. Henri, après avoir pris congé de ses amis, qu'il ne devait plus revoir, suivit donc Tavannes, qui le conduisit dans une petite galerie contiguë au logis du roi, où il le laissa seul, sans armes et le cœur gonflé de toutes les défiances.

Le roi de Navarre compta ainsi, minute par minute, deux mortelles heures, écoutant avec une terreur croissante le bruit du tocsin et le retentissement des arquebusades ; voyant par un guichet vitré passer, à la lueur de l'incendie, au flamboiement des torches, les fuyards et les assassins, ne comprenant rien à ces clameurs de meurtre et à ces cris de détresse ; ne pouvant soupçonner enfin, malgré la connaissance qu'il avait de Charles IX, de la reine mère et du duc de Guise, l'horrible drame qui s'accomplissait en ce moment.

Henri n'avait pas que le courage physique ; il avait mieux que cela, il avait la puissance morale : craignant le danger, il l'affrontait en souriant : mais le danger du champ de bataille, le danger en plein air et en plein jour, le danger aux yeux de tous, qu'accompagnent la stridente harmonie des trompettes et la voix sourde et vibrante des tambours... Mais là, il était sans armes, seul, enfermé, perdu dans une demi-obscurité, suffisante à peine pour voir l'ennemi qui pouvait se glisser jusqu'à lui et le fer qui le voulait percer. Ces deux heures furent donc pour lui les deux heures peut-être les plus cruelles de sa vie.

Au plus fort du tumulte, et comme Henri commençait à comprendre que, selon toute probabilité, il s'agissait d'un massacre organisé, un capitaine vint chercher le prince et le conduisit par un corridor à l'appartement du roi. A leur approche la porte s'ouvrit, derrière eux la porte se referma — le tout comme par enchantement. — Puis le capitaine introduisit Henri près de Charles IX, alors dans son cabinet des Armes.

Lorsqu'ils entrèrent, le roi était assis dans un grand fauteuil, ses deux mains posées sur les deux bras de son siège et sa tête retombant sur sa poitrine. Au bruit que firent les nouveaux venus, Charles IX releva son front, sur lequel Henri vit couler la sueur par grosses gouttes.

— Bonsoir, Henriot ! dit brutalement le jeune roi ; vous, la Chastre, laissez-nous.

Le capitaine obéit.

Il se fit un moment de sombre silence.

Pendant ce moment, Henri regarda autour de lui avec inquiétude et vit qu'il était seul avec le roi.

Charles IX se leva tout à coup.

— Par la mordieu ! dit-il en retroussant d'un geste rapide ses cheveux blonds et en essuyant son front en même temps, vous êtes content de vous voir près de moi, n'est-ce pas, Henriot?

— Mais sans doute, sire, répondit le roi de Navarre, et c'est toujours avec bonheur que je me retrouve près de Votre Majesté.

— Plus content que d'être là-bas, hein? reprit Charles IX continuant à suivre sa propre pensée plutôt qu'il ne répondait au compliment de Henri.

— Sire, je ne comprends pas, dit Henri.

— Regardez et vous comprendrez.

D'un mouvement rapide, Charles IX marcha ou plutôt bondit vers la fenêtre. Et, attirant à lui son beau-frère de plus en plus épouvanté, il lui montra l'horrible silhouette des assassins, qui, sur le plancher d'un bateau, égorgeaient ou noyaient les victimes qu'on leur amenait à chaque instant.

— Mais, au nom du ciel, s'écria Henri tout pâle, que se passe-t-il donc cette nuit ?

— Cette nuit, monsieur, dit Charles IX, on me débarrasse de tous les huguenots. Voyez-vous là-bas, au-dessus de l'hôtel de Bourbon, cette fumée et cette flamme ; c'est la fumée et la flamme de la maison de l'amiral, qui brûle. Voyez-vous ce corps que de bons catholiques traînent sur une paillasse déchirée, c'est le corps du gendre de l'amiral, le cadavre de votre ami Téligny.

— Oh ! que veut dire cela ? s'écria le roi de Navarre en cherchant inutilement à son côté la poignée de sa dague et tremblant à la fois de honte et de colère, car il sentait que, à tout à la fois, on le raillait et on le menaçait.

— Cela veut dire, s'écria Charles IX furieux, sans transition et blêmissant d'une manière effrayante, cela veut dire que je ne veux plus de huguenots autour de moi, entendez-vous, Henri ? suis-je le roi ? suis-je le maître ?

— Mais, Votre Majesté...

— Ma Majesté tue et massacre à cette heure tout ce qui n'est pas catholique, c'est son plaisir. Etes-vous catholique ? s'écria Charles, dont la colère montait incessamment comme une marée terrible.

— Sire, dit Henri, rappelez-vous vos paroles : Qu'importe la religion de quiconque me sert bien !

— Ah ! ah ! ah ! s'écria Charles en éclatant d'un rire sinistre ; que je me rappelle mes paroles, dis-tu, Henri ! *Verba volant*, comme dit ma sœur Margot. Et tous ceux-là, regarde, ajouta-t-il en montrant du doigt la ville, ceux-là ne m'avaient-ils pas bien servi aussi ? n'étaient-ils pas braves au combat, sages au conseil, dévoués toujours ? Tous étaient des sujets utiles ; mais ils étaient huguenots, et je ne veux que des catholiques.

Henri resta muet.

— Çà, comprenez-moi donc, Henriot ! s'écria Charles IX.

— J'ai compris, sire.

— Eh bien ?

— Eh bien ! sire, je ne vois pas pourquoi le roi de Navarre ferait ce que tant de gentilshommes ou de pauvres gens n'ont pas fait. Car enfin, s'ils meurent tous, ces malheureux, c'est aussi parce qu'on leur a proposé ce que Votre Majesté me propose, et qu'ils ont refusé comme je refuse.

Charles saisit le bras du jeune prince, et, fixant sur lui un regard dont l'atonie se changeait peu à peu en un fauve rayonnement.

— Ah ! tu crois, dit-il, que j'ai pris la peine d'offrir la messe à ceux qu'on égorge là-bas !

— Sire, dit Henri en dégageant son bras, ne mourrez-vous point dans la religion de vos pères ?

— Oui, par la mordieu ! et toi ?

— Eh bien ! moi aussi, sire ! répondit Henri.

Charles poussa un rugissement de rage, et saisit d'une main tremblante son arquebuse placée sur une table. Henri, collé contre la tapisserie, la sueur de l'angoisse au front, mais, grâce à cette puissance qu'il conservait sur lui-même, calme en apparence, suivait tous les mouvements du terrible monarque avec l'avide stupeur de l'oiseau fasciné par le serpent.

Charles arma son arquebuse, et frappant du pied avec une fureur aveugle :

— Veux-tu la messe ? s'écria-t-il en éblouissant Henri du miroitement de l'arme fatale.

Henri resta muet.

Charles IX ébranla les voûtes du Louvre du plus terrible juron qui soit jamais sorti des lèvres d'un homme, et, de pâle qu'il était, il devint livide.

— Mort, messe ou Bastille ! s'écria-t-il en mettant le roi de Navarre en joue.

— O sire ! s'écria Henri, me tuerez-vous, moi votre beau-frère ?

Henri venait d'éluder, avec cet esprit incomparable qui était une des plus puissantes facultés de son organisation, la réponse que lui demandait Charles IX ; car, sans aucun doute, si cette réponse eût été négative, Henri était mort.

Aussi, comme après les derniers paroxysmes de la rage, se trouve immédiatement le commencement de la réaction, Charles IX ne réitéra pas la question qu'il venait d'adresser au prince de Navarre, et, après un moment d'hésitation, pendant lequel il fit entendre un rugissement sourd, il se retourna vers la fenêtre ouverte, et coucha en joue un homme qui courait sur le quai opposé.

— Il faut cependant bien que je tue quelqu'un ! s'écria Charles IX, livide comme un cadavre, et dont les yeux s'injectaient de sang ; et, lâchant le coup, il abattit l'homme qui courait.

Henri poussa un gémissement.

Alors, animé par une effrayante ardeur, Charles chargea et tira sans relâche son arquebuse, poussant des cris de joie chaque fois que le coup avait porté.

— C'est fait de moi, se dit le roi de Navarre ; quand il ne trouvera plus personne à tuer, il me tuera.

— Eh bien ! dit tout à coup une voix derrière les princes, est-ce fait ?

C'était Catherine de Médicis, qui, pendant la dernière détonation de l'arme, venait d'entrer sans être entendue.

— Non, mille tonnerres d'enfer ! hurla Charles en jetant son arquebuse par la chambre... Non, l'entêté... Il ne veut pas !...

Catherine ne répondit point. Elle tourna lentement son regard vers la partie de la chambre où se tenait Henri, aussi immobile qu'une des figures de la tapisserie contre laquelle il était appuyé. Alors elle ramena sur Charles un œil qui voulait dire :

— Alors, pourquoi vit-il ?

— Il vit... il vit... murmura Charles IX, qui comprenait parfaitement ce regard et qui y répondait, comme on le voit, sans hésitation ; il vit, parce qu'il... est mon parent.

Catherine sourit.

Henri vit ce sourire et reconnut que c'était Catherine surtout qu'il lui fallait combattre.

— Madame, lui dit-il, tout vient de vous, je le vois bien, et rien de mon beau-frère Charles ; c'est vous qui avez eu l'idée de m'attirer dans un piège ; c'est vous qui avez pensé à faire de votre fille l'appât qui devait nous perdre tous ; c'est vous qui m'avez séparé de ma femme, pour qu'elle n'eût pas l'ennui de me voir tuer sous ses yeux.

— Oui, mais cela ne sera pas ! s'écria une autre voix haletante et passionnée que Henri reconnut à l'instant et qui fit tressaillir Charles IX de surprise et Catherine de fureur.

— Marguerite ! s'écria Henri.

— Margot ! dit Charles IX.

— Ma fille ! murmura Catherine.

— Monsieur, dit Marguerite à Henri, vos dernières paroles m'accusaient, et vous aviez à la fois tort et raison. Raison, car, en effet, je suis bien l'instrument dont on s'est servi pour vous perdre tous ;

tort, car j'ignorais que vous marchiez à votre perte. Moi-même, monsieur, telle que vous me voyez, je dois la vie au hasard, à l'oubli de ma mère, peut-être ; mais, sitôt que j'ai appris votre danger, je me suis souvenue de mon devoir. Or, le devoir d'une femme est de partager la fortune de son mari. Vous exile-t-on, monsieur, je vous suis dans l'exil ; vous emprisonne-t-on, je me fais captive ; vous tue-t-on, je meurs.

Et elle tendit à son mari une main que Henri saisit, sinon avec amour, du moins avec reconnaissance.

— Ah ! ma pauvre Margot, dit Charles IX, tu ferais bien mieux de lui dire de se faire catholique !

— Sire, répondit Marguerite avec cette haute dignité qui lui était si naturelle, sire, croyez-moi, pour vous-même, ne demandez pas une lâcheté à un prince de votre maison.

Catherine lança un regard significatif à Charles.

— Mon frère, s'écria Marguerite, qui, aussi bien que Charles IX, comprenait la terrible pantomime de Catherine, mon frère, songez-y, vous avez fait de lui mon époux.

Charles IX, pris entre le regard impératif de Catherine et le regard suppliant de Marguerite, comme entre deux principes opposés, resta un instant indécis ; enfin, Oromase l'emporta.

— Au fait, madame, dit-il en se penchant à l'oreille de Catherine, Margot a raison, et Henriot est mon beau-frère.

— Oui, répondit Catherine en s'approchant à son tour de l'oreille de son fils, oui... mais s'il ne l'était pas !

XI

L'AUBÉPINE DU CIMETIÈRE DES INNOCENTS

entrée chez elle, Marguerite chercha vainement à deviner le mot que Catherine de Médicis avait dit tout bas à Charles IX, et qui avait arrêté court le terrible conseil de vie et de mort qui se tenait en ce moment.

Une partie de la matinée fut employée par elle à soigner la Mole, l'autre à chercher l'énigme que son esprit se refusait à comprendre.

Le roi de Navarre était resté prisonnier au Louvre. Les huguenots étaient plus que jamais poursuivis. A la nuit terrible avait succédé un jour de massacre plus hideux encore. Ce n'était plus le tocsin que les cloches sonnaient, c'étaient des *Te Deum* ; et les accents de ce bronze joyeux, retentissant au milieu du meurtre et des incendies, étaient peut-être plus tristes à la lumière du soleil que ne l'avait été pendant l'obscurité le glas de la nuit précédente. Ce n'était pas le tout : une chose étrange était arrivée ; une aubépine, qui avait fleuri au printemps, et qui, comme d'habitude, avait perdu son odorante parure au mois de juin, venait de refleurir pendant la nuit, et les catholiques, qui voyaient dans cet événement un miracle, et qui, par la popularisation de ce miracle, faisaient Dieu leur complice, allaient en procession, croix et bannière en tête, au cimetière des Innocents, où cette aubépine fleurissait. Cette espèce d'assentiment donné par le ciel au massacre qui s'exécutait avait redoublé l'ardeur des assassins. Et, tandis que la ville continuait à offrir dans chaque rue, dans chaque carrefour, sur chaque place, une scène de désolation, le Louvre avait servi de tombeau commun à tous les protestants qui s'y étaient trouvés enfermés au moment du signal. Le roi de Navarre, le prince de Condé et la Mole y étaient seuls demeurés vivants.

Rassurée sur la Mole, dont les plaies, comme elle l'avait dit la veille, étaient dangereuses, mais non mortelles, Marguerite n'était donc plus préoccupée que d'une chose : sauver la vie de son mari, qui continuait d'être menacée. Sans doute le premier sentiment qui s'était emparé de l'épouse était un sentiment de loyale pitié pour un homme auquel elle venait, comme l'avait dit lui-même le Béarnais, de jurer, sinon amour, du moins alliance. Mais, à la suite de ce sentiment, un autre moins pur avait pénétré dans le cœur de la reine.

Marguerite était ambitieuse, Marguerite avait vu presque une certitude de royauté dans son mariage avec Henri de Bourbon. La Navarre, tiraillée d'un côté par les rois de France, de l'autre par les rois d'Espagne, qui, lambeau à lambeau, avaient fini par emporter la moitié de son territoire, pouvait, si Henri de Bourbon réalisait les espérances de courage qu'il avait données dans les rares occasions qu'il avait eues de tirer l'épée, devenir un royaume réel, avec les huguenots de France pour sujets. Grâce à son esprit si fin et si élevé, Marguerite avait entrevu et calculé tout cela. En perdant Henri, ce n'était donc pas seulement un mari qu'elle perdait, c'était un trône.

Elle en était au plus intime de ses réflexions, lorsqu'elle entendit frapper à la porte du corridor secret; elle tressaillit, car trois personnes seulement venaient par cette porte : le roi, la reine mère et le duc d'Alençon. Elle entr'ouvrit la porte du cabinet, recommanda du doigt le silence à Gillonne et à la Mole, et alla ouvrir au visiteur.

Ce visiteur était le duc d'Alençon.

Le jeune homme avait disparu depuis la veille. Un instant Marguerite avait eu l'idée de réclamer son intercession en faveur du roi de Navarre, mais une idée terrible l'avait arrêtée. Le mariage s'était fait contre son gré, François détestait Henri et n'avait conservé la neutralité en faveur du Béarnais que parce qu'il était convaincu que Henri et sa femme étaient restés étrangers l'un à l'autre. Une marque d'intérêt donnée par Marguerite à son époux pouvait en conséquence, au lieu de l'écarter, rapprocher de sa poitrine un des trois poignards qui le menaçaient.

Marguerite trissonna donc en apercevant le jeune prince plus qu'elle n'eût frissonné en apercevant le roi Charles IX ou la reine mère elle-même. On n'eût point dit d'ailleurs, en le voyant, qu'il se passât quelque chose d'insolite par la ville, ni au Louvre : il était vêtu avec son élégance ordinaire. Ses habits et son linge exhalaient ces parfums que méprisait Charles IX, mais dont le duc d'Anjou et lui faisaient un si continuel usage. Seulement un œil exercé comme l'était celui de Marguerite pouvait remarquer que, malgré sa pâleur plus grande que d'habitude, et malgré le léger tremblement qui agitait l'extrémité de ses mains aussi belles et aussi soignées que des mains de femme, il renfermait au fond de son cœur quelque sentiment joyeux.

Son entrée fut ce qu'elle avait l'habitude d'être. Il s'approcha de sa sœur pour l'embrasser. Mais, au lieu de lui tendre ses joues, comme elle eût fait au roi Charles ou au duc d'Anjou, Marguerite s'inclina, et lui offrit le front.

Le duc d'Alençon poussa un soupir, et posa ses lèvres blêmissantes sur ce front que lui présentait Marguerite.

Alors, s'asseyant, il se mit à raconter à sa sœur les nouvelles sanglantes de la nuit : la mort lente et terrible de l'amiral : la mort instantanée de Téligny, qui, percé d'une balle, rendit à l'instant même le dernier soupir. Il s'arrêta, s'appesantit, se

complut sur les détails sanglants de cette nuit avec cet amour du sang particulier à lui et à ses deux frères. Marguerite le laissa dire.

Enfin, ayant tout dit, il se tut.

— Ce n'est pas pour me faire ce récit seulement que vous êtes venu me rendre visite, n'est-ce pas, mon frère? demanda Marguerite.

Le duc d'Alençon sourit.

— Vous avez encore autre chose à me dire?

— Non, répondit le duc, j'attends.

— Qu'attendez-vous?

— Ne m'avez-vous pas dit, chère Marguerite bien-aimée, reprit le duc en rapprochant son fauteuil de celui de sa sœur, que ce mariage avec le roi de Navarre se faisait contre votre gré?

— Oui, sans doute. Je ne connaissais point le prince de Béarn lorsqu'on me l'a proposé pour époux.

— Et, depuis que vous le connaissez, ne m'avez-vous pas affirmé que vous n'éprouviez aucun amour pour lui?

— Je vous l'ai dit, il est vrai.

— Votre opinion n'était-elle pas que ce mariage devait faire votre malheur?

— Mon cher François, dit Marguerite, quand un mariage n'est pas la suprême félicité, c'est presque toujours la suprême douleur.

— Eh bien! ma chère Marguerite, comme je vous le disais, j'attends.

— Mais qu'attendez-vous? dites.

— Que vous témoigniez votre joie.

— De quoi donc ai-je à me réjouir?

— Mais de cette occasion inattendue qui se présente de reprendre votre liberté.

— Ma liberté! reprit Marguerite, qui voulait forcer le prince à aller jusqu'au bout de sa pensée.

— Sans doute, votre liberté! vous allez être séparée du roi de Navarre.

— Séparée! dit Marguerite en fixant ses yeux sur le jeune prince.

Le duc d'Alençon essaya de soutenir le regard de sa sœur : mais bientôt ses yeux s'écartèrent d'elle avec embarras.

— Séparée! répéta Marguerite; voyons cela, mon frère! car je suis bien aise que vous me mettiez à même d'approfondir la question; et comment compte-t-on nous séparer?

— Mais, murmura le duc, Henri est huguenot.

— Sans doute; mais il n'avait pas fait mystère de sa religion, et l'on savait cela quand on nous a mariés.

— Oui, mais depuis votre mariage, ma sœur, dit le duc laissant malgré lui un rayon de joie illuminer son visage, qu'a fait Henri?

— Mais vous le savez mieux que personne, François! puisqu'il a passé ses journées presque toujours en votre compagnie, tantôt à la chasse, tantôt au mail, tantôt à la paume.

— Oui, ses journées, sans doute, reprit le duc ; ses journées, mais ses nuits?

Marguerite se tut, et ce fut à son tour de baisser les yeux.

— Ses nuits, continua le duc d'Alençon, ses nuits?

— Eh bien? demanda Marguerite sentant qu'il fallait bien répondre quelque chose.

— Eh bien! il les a passées chez madame de Sauve!

— Comment le savez-vous? s'écria Marguerite.

— Je le sais parce que j'avais intérêt à le savoir, répondit le jeune prince en pâlissant et en déchiquetant la broderie de ses manches.

Marguerite commençait à comprendre ce que Catherine avait dit tout bas à Charles IX; mais elle fit semblant de demeurer dans son ignorance.

— Pourquoi me dites-vous cela, mon frère? répondit-elle avec un air de mélancolie parfaitement joué; est-ce pour me rappeler que personne ici ne m'aime et ne tient à moi : pas plus ceux que la nature m'a donnés pour protecteurs, que celui que l'Église m'a donné pour époux?

— Vous êtes injuste, dit vivement le duc d'Alençon en rapprochant encore son fauteuil de celui de sa sœur, je vous aime et je vous protége, moi!

— Mon frère, dit Marguerite en le regardant fixement, vous avez quelque chose à me dire de la part de la reine mère.

— Moi! vous vous trompez, ma sœur, je vous jure! qui peut vous faire croire cela?

— Ce qui peut me le faire croire, c'est que vous rompez l'amitié qui vous attachait à mon mari; c'est que vous abandonnez la cause du roi de Navarre.

— La cause du roi de Navarre! reprit le duc d'Alençon tout interdit.

— Oui, sans doute. Tenez, François! parlons franc. Vous en êtes convenu vingt fois, vous ne pouvez vous élever et même vous soutenir que l'un par l'autre... Cette alliance...

— Est devenue impossible, ma sœur, interrompit le duc d'Alençon.

— Et pourquoi cela?

— Parce que le roi a des desseins sur votre mari. Pardon! en disant votre mari; je me trompe : c'est sur Henri de Navarre que je devais dire. Notre mère a deviné tout. Je m'alliais aux huguenots parce que je croyais les huguenots en faveur. Mais voilà qu'on tue les huguenots, et que dans huit jours il n'en restera pas cinquante dans tout le royaume. Je tendais la main au roi de Navarre, parce qu'il était... votre mari. Mais voilà qu'il n'est plus votre mari. Qu'avez-vous à dire à cela, vous qui êtes non-seulement la plus belle femme de France, mais encore la plus forte tête du royaume?

— J'ai à dire, reprit Marguerite, que je connais notre frère Charles. Je l'ai vu hier dans un de ces accès de frénésie dont chacun abrége sa vie de dix ans; j'ai à dire que ces accès se renouvellent, par malheur, bien souvent maintenant, ce qui fait que, selon toute probabilité, notre frère Charles n'a pas longtemps à vivre; j'ai à dire enfin que le roi de Pologne vient de mourir, et qu'il est fort question d'élire en sa place un prince de la maison de France ; j'ai à dire enfin que, lorsque les circonstances se présentent ainsi, ce n'est point le moment d'abandonner des alliés qui, au moment du combat, peuvent nous soutenir avec le concours d'un peuple et l'appui d'un royaume.

— Et vous, s'écria le duc, ne me faites-vous pas une trahison bien plus grande de préférer un étranger à votre frère?

— Expliquez-vous, François! en quoi et comment vous ai-je trahi?

— Vous avez demandé hier au roi la vie du roi de Navarre.

— Eh bien? demanda Marguerite avec une feinte naïveté.

Le duc se leva précipitamment, fit deux ou trois fois le tour de la chambre d'un air égaré, puis revint prendre la main de Marguerite.

Cette main était roide et glacée.

— Adieu, ma sœur! dit-il; vous n'avez pas voulu me comprendre, ne vous en prenez donc qu'à vous des malheurs qui pourront vous arriver.

Marguerite pâlit, mais demeura immobile à sa place. Elle vit sortir le duc d'Alençon sans faire un signe pour le rappeler; mais à peine l'avait-elle perdu de vue dans le corridor qu'il revint sur ses pas.

— Écoutez, Marguerite, dit-il, j'ai oublié de vous dire une chose; c'est que demain, à pareille heure, le roi de Navarre sera mort.

Marguerite poussa un cri ; car cette idée qu'elle était l'instrument d'un assassinat lui causait une épouvante qu'elle ne pouvait surmonter.

— Et vous n'empêcherez pas cette mort? dit-elle; vous ne sauverez pas votre meilleur et votre plus fidèle allié?

— Depuis hier, mon allié n'est plus le roi de Navarre.

— Et qui est-ce donc, alors?

— C'est M. de Guise. En détruisant les huguenots, on a fait M. de Guise roi des catholiques.

— Et c'est le fils de Henri II qui reconnaît pour son roi un duc de Lorraine!...

— Vous êtes dans un mauvais jour, Marguerite, et vous ne comprenez rien.

— J'avoue que je cherche en vain à lire dans votre pensée.

— Ma sœur, vous êtes d'aussi bonne maison que madame la princesse de Porcian, et Guise n'est pas plus immortel que le roi de Navarre; eh bien! Marguerite, supposez maintenant trois choses, toutes trois possibles : la première, c'est que Monsieur soit élu roi de Pologne; la seconde, c'est que vous m'ai-

miez comme je vous aime ; eh bien ! je suis roi de
France, et vous... et vous... reine des catholiques.

Marguerite cacha sa tête dans ses mains, éblouie
de la profondeur des vues de cet adolescent, que
personne à la cour n'osait appeler une intelligence.

— Mais, demanda-t-elle après un moment de silence, vous n'êtes donc pas jaloux de M. le duc de
Guise comme vous l'êtes du roi de Navarre?

— Ce qui est fait est fait, dit le duc d'Alençon
d'un voix sourde ; et, si j'ai eu à être jaloux du duc
de Guise, eh bien ! je l'ai été.

— Il n'y a qu'une seule chose qui puisse empêcher ce beau plan de réussir, mon frère ! dit Marguerite en se levant.

— Laquelle?

— C'est que je n'aime plus le duc de Guise.

— Et qui donc aimez-vous, alors ?

— Personne.

Le duc d'Alençon regarda Marguerite avec l'étonnement d'un homme qui, à son tour, ne comprend
plus, et sortit de l'appartement en poussant un soupir et en pressant de sa main glacée son front prêt
à se fendre.

Marguerite demeura seule et pensive. La situation commençait à se dessiner claire et précise à ses
yeux ; le roi avait laissé faire la Saint-Barthélemy,
la reine Catherine et le duc de Guise l'avaient faite.
Le duc de Guise et le duc d'Alençon allaient se réu-
nir pour en tirer le meilleur parti possible. La
mort du roi de Navarre était une conséquence naturelle de cette grande catastrophe. Le roi de Navarre mort, on s'emparerait de son royaume. Marguerite restait donc veuve, sans trône, sans puissance, et n'ayant d'autre perspective qu'un cloître,
où elle n'aurait pas même la triste douleur de pleu-
rer un époux qui n'avait jamais été son mari.

Elle en était là lorsque la reine Catherine lui fit
demander si elle ne voulait pas venir faire avec
toute la cour un pèlerinage à l'aubépine du cimetière des Innocents.

Le premier mouvement de Marguerite fut de refuser de faire partie de cette cavalcade. Mais la
pensée que cette sortie lui fournirait peut-être l'occasion d'apprendre quelque chose de nouveau sur
le sort du roi de Navarre la décida. Elle fit donc
réponse que, si on voulait lui tenir un cheval prêt,
elle accompagnerait très-volontiers Leurs Majestés.

Cinq minutes après, un page vint lui annoncer
que, si elle voulait descendre, le cortége allait se
mettre en marche. Marguerite fit de la main à Gillonne un signe pour lui recommander le blessé, et
descendit.

Le roi, la reine mère, Tavannes et les principaux
catholiques étaient déjà à cheval ; Marguerite jeta
un coup d'œil rapide sur ce groupe, qui se composait d'une vingtaine de personnes à peu près : le
roi de Navarre n'y était point.

Mais madame de Sauve y était ; elle échangea

un regard avec elle, et Marguerite comprit que la
maîtresse de son mari avait quelque chose à lui
dire.

On se mit en route en gagnant la rue Saint-Honoré par la rue de Lastruce. A la vue du roi, de la
reine Catherine et des principaux catholiques, le
peuple s'était amassé, suivant le cortége comme un
flot qui monte, criant: Vive le roi ! vive la messe !
mort aux huguenots !

Ces cris étaient accompagnés de brandissements
d'épées rougies et d'arquebuses fumantes, qui indi-
quaient la part que chacun avait prise au sinistre
événement qui venait de s'accomplir.

En arrivant à la hauteur de la rue des Prouvelles, on rencontra des hommes qui traînaient un cadavre sans tête. C'était celui de l'amiral. Ces hommes allaient le pendre par les pieds à Montfaucon.

On entra dans le cimetière des Saints-Innocents
par la porte qui s'ouvrait en face de la rue des
Chaps, aujourd'hui celle des Déchargeurs. Le clergé,
prévenu de la visite du roi et de celle de la reine
mère, attendaient Leurs Majestés pour les haran-
guer.

Madame de Sauve profita du moment où Catherine écoutait le discours qu'on lui faisait pour s'approcher de la reine de Navarre, et lui demander la
permission de baiser sa main. Marguerite étendit le
bras vers elle, madame de Sauve approcha ses lèvres de la main de la reine, et, en la baisant, lui
glissa un petit papier roulé dans la manche.

Si rapide et si dissimulée qu'eût été la retraite
de madame de Sauve, Catherine s'en était aperçue,
elle se retourna au moment où sa dame d'honneur
baisait la main de la reine.

Les deux femmes virent ce regard qui pénétrait
jusqu'à elles comme un éclair, mais toutes deux
restèrent impassibles. Seulement madame de Sauve
s'éloigna de Marguerite, et alla reprendre sa place
près de Catherine.

Lorsqu'elle eut répondu au discours qui venait
de lui être adressé, Catherine fit du doigt et en
souriant signe à la reine de Navarre de s'approcher
d'elle.

Marguerite obéit.

— Eh ! ma fille, dit la reine mère dans son pa-
tois italien, vous avez donc de grandes amitiés avec
madame de Sauve?

Marguerite sourit, en donnant à son beau visage
l'expression la plus amère qu'elle put trouver.

— Oui, ma mère, répondit-elle, le serpent est
venu me mordre à la main.

— Ah ! ah ! dit Catherine en souriant, vous êtes
jalouse, je crois !

— Vous vous trompez, madame ! répondit Marguerite. Je ne suis pas plus jalouse du roi de Navarre que le roi de Navarre n'est amoureux de moi.
Seulement je sais distinguer mes amis de mes en-

nemis. J'aime qui m'aime et déteste qui me hait.
Sans cela, madame, serais-je votre fille?

Catherine sourit de manière à faire comprendre
à Marguerite que, si elle avait eu quelque soupçon,
ce soupçon était évanoui.

D'ailleurs, en ce moment. de nouveaux pèlerins
attirèrent l'attention de l'auguste assemblée. Le duc
de Guise arrivait escorté d'une troupe de gentilshommes tout échauffés encore d'un carnage récent.
Ils escortaient une litière richement tapissée, qui
s'arrêta en face du roi.

— La duchesse de Nevers! s'écria Charles IX. Çà,
voyons! qu'elle vienne recevoir nos compliments,
cette belle et rude catholique. Que m'a-t-on dit,
ma cousine! Que, de votre fenêtre, vous avez gi-
boyé aux huguenots? et que vous en avez tué un
d'un coup de pierre?

La duchesse de Nevers rougit extrêmement.

— Sire, dit-elle à voix basse en venant s'agenouiller devant le roi, c'est, au contraire, un catholique blessé que j'ai eu le bonheur de recueillir.

— Bien, bien, ma cousine, il y a deux façons de
me servir : l'une en exterminant mes ennemis,
l'autre en secourant mes amis. On fait ce qu'on
peut, et je suis sûr que, si vous eussiez pu davantage, vous l'eussiez fait.

Pendant ce temps, le peuple, qui voyait la bonne
harmonie qui régnait entre la maison de Lorraine
et Charles IX, criait à tue-tête : Vive le roi! Vive
le duc de Guise! Vive la messe!

— Revenez-vous au Louvre avec nous, Henriette?
dit la reine mère à la belle duchesse.

Marguerite toucha du coude son amie, qui comprit aussitôt ce signe, et qui répondit :

— Non pas, madame, à moins que Votre Majesté
ne me l'ordonne, car j'ai affaire en ville avec Sa
Majesté la reine de Navarre.

— Et qu'allez-vous faire ensemble? demanda Catherine.

— Voir des livres grecs très-rares et très-curieux
qu'on a trouvés chez un vieux pasteur protestant,
et qu'on a transportés à la tour Saint-Jacques-la-
Boucherie, répondit Marguerite.

— Vous feriez bien mieux d'allez voir jeter les
derniers huguenots du haut du Pont-aux-Meuniers
dans la Seine, dit Charles IX. C'est la place des
bons Français.

— Nous irons, s'il plaît à Votre Majesté, répondit la duchesse de Nevers.

Catherine jeta un regard de défiance sur les deux
jeunes femmes. Marguerite, aux aguets, l'inter-
cepta, et, se tournant et se retournant aussitôt d'un
air fort préoccupé, elle regarda avec inquiétude autour d'elle.

Cette inquiétude feinte ou réelle n'échappa point
à Catherine.

— Que cherchez-vous?

— Je cherche... Je ne vois plus, dit-elle.

— Qui cherchez-vous, qui ne voyez-vous plus?

— La Sauve, dit Marguerite. Serait-elle retournée au Louvre?

— Quand je te disais que tu étais jalouse? dit
Catherine à l'oreille de sa fille. O *bestia !*... Allons,
allons, Henriette! continua-t-elle en haussant les
épaules, emmenez la reine de Navarre.

Marguerite feignit encore de regarder autour
d'elle, puis, se penchant à son tour à l'oreille de
son amie :

— Emmène-moi vite, lui dit-elle. J'ai des choses
de la plus haute importance à te dire.

La duchesse fit une révérence à Charles IX et à
Catherine, puis, s'inclinant devant la reine de Navarre :

— Votre Majesté daignera-t-elle monter dans ma
litière? dit-elle.

— Volontiers. Seulement vous serez obligée de
me faire reconduire au Louvre.

— Ma litière, comme mes gens, comme moi-
même, répondit la duchesse, sont aux ordres de Votre Majesté.

La reine Marguerite monta dans la litière, et, sur
un signe qu'elle lui fit, la duchesse de Nevers
monta à son tour, et prit respectueusement place
sur le devant.

Catherine et ses gentilshommes retournèrent au
Louvre en suivant le même chemin qu'ils avaient
pris pour venir. Seulement, pendant toute la route
on vit la reine mère parler sans relâche à l'oreille
du roi, en lui désignant plusieurs fois madame de
Sauve.

Et, à chaque fois, le roi riait, comme riait Charles IX; c'est-à-dire d'un rire plus sinistre qu'une
menace.

Quant à Marguerite, une fois qu'elle eut senti la
litière se mettre en mouvement, et qu'elle n'eut
plus à craindre la perçante investigation de Catherine, elle tira vivement de sa manche le billet de
madame de Sauve, et lut les mots suivants :

« J'ai reçu l'ordre de faire remettre ce soir au roi
de Navarre deux clefs : l'une est celle de la chambre
dans laquelle il est enfermé ; l'autre est celle de la
mienne. Une fois qu'il sera entré chez moi, il m'est
enjoint de l'y garder jusqu'à six heures du matin.

« Que Votre Majesté réfléchisse, que Votre Majesté décide, que Votre Majesté ne compte ma vie
pour rien. »

— Il n'y a plus de doute, murmura Marguerite,
et la pauvre femme est l'instrument dont on veut se
servir pour nous perdre tous. Mais nous verrons si
de la reine Margot, comme dit mon frère Charles,
on fait si facilement une religieuse.

— De qui donc est cette lettre? demanda la du-

On rencontra des hommes qui traînaient un cadavre sans tête. C'était celui de l'amiral. — PAGE 71.

chesse de Nevers en montrant le papier que Marguerite venait de lire et de relire avec une si grande attention.

— Ah! duchesse! j'ai bien des choses à te dire, répondit Marguerite en déchirant le billet en mille mille morceaux.

XII

LES CONFIDENCES.

E t, d'abord, où allons-nous? demanda Marguerite. Ce n'est pas au pont des Meuniers, j'imagine?.. J'ai vu assez de tueries comme cela depuis hier, ma pauvre Henriette!

— J'ai pris la liberté de conduire Votre Majesté..

— D'abord, et avant toute chose, Ma Majesté te prie d'oublier Sa Majesté..... Tu me conduisais donc...

— A l'hôtel de Guise, à moins que vous n'en décidiez autrement.

— Non pas, non pas, Henriette! allons chez toi; le duc de Guise n'y est pas; ton mari n'y est pas?

— Oh non! s'écria la duchesse avec une joie qui fit étinceler ses beaux yeux couleur d'émeraude; non! ni mon beau-frère, ni mon mari, ni personne! Je suis libre, libre comme l'air, comme l'oiseau, comme le nuage... Libre, ma reine, entendez-vous? Comprenez-vous ce qu'il y a de bonheur dans ce mot: Libre?... Je vais, je viens, je commande! Ah! pauvre reine! vous n'êtes pas libre, vous! aussi vous soupirez...

— Tu vas, tu viens, tu commandes! Est-ce donc tout? Et ta liberté, ne te sert-elle qu'à cela! Voyons, tu es bien joyeuse pour n'être que libre?

— Votre Majesté m'a promis d'entamer les confidences.

— Encore Ma Majesté; voyons, nous nous fâcherons, Henriette; as-tu donc oublié nos conventions?

— Non, votre respectueuse servante devant le monde, ta folle confidente dans le tête-à-tête. N'est-ce pas cela, madame? n'est-ce pas cela, Marguerite?

— Oui, oui, dit la reine en souriant.

— Ni rivalités de maisons, ni perfidies d'amour; tout bien, tout bon, tout franc; une alliance enfin offensive et défensive, dans le seul but de rencontrer et de saisir au vol, si nous le rencontrons, cet éphémère qu'on nomme le bonheur.

— Bien! ma duchesse, c'est cela; et, pour renouveler le pacte, embrasse-moi.

Et les deux charmantes têtes, l'une pâle et voilée de mélancolie, l'autre rosée, blonde et rieuse, se rapprochèrent gracieusement et unirent leurs lèvres comme elles avaient uni leurs pensées

— Donc il y a du nouveau? demanda la duchesse en fixant sur Marguerite un regard avide et curieux.

— Tout n'est-il pas nouveau depuis deux jours?

— Oh! je parle d'amour et non de politique, moi. Quand nous aurons l'âge de dame Catherine ta mère, nous en ferons, de la politique. Mais nous avons vingt ans, ma belle reine, parlons d'autre chose. Voyons, serais-tu mariée pour tout de bon?

— A qui? dit Marguerite en riant.

— Ah! tu me rassures, en vérité.

— Eh bien! Henriette, ce qui te rassure m'épouvante. Duchesse, il faut que je sois mariée.

— Quand cela?

— Demain.

— Ah bah! vraiment! Pauvre amie! Et c'est nécessaire?

— Absolument.

— Mordi! comme dit quelqu'un de ma connaissance, voilà qui est fort triste.

— Tu connais quelqu'un qui dit: Mordi? demanda en riant Marguerite.

— Oui.

— Et quel est ce quelqu'un?

— Tu m'interroges toujours quand c'est à toi de parler. Achève, et je commencerai.

— En deux mots, voici: le roi de Navarre est amoureux et ne veut pas de moi. Je ne suis pas amoureuse; mais je ne veux pas de lui. Cependant il faudrait que nous changeassions d'idée l'un et l'autre ou que nous eussions l'air d'en changer d'ici à demain.

— Eh bien! change, toi! et tu peux être sûre qu'il changera, lui.

— Justement, voilà l'impossible; car je suis moins disposée à changer que jamais.

— A l'égard de ton mari seulement, j'espère?

— Henriette, j'ai un scrupule.

— Un scrupule de quoi?

— De religion. Fais-tu une différence entre les huguenots et les catholiques?

— En politique?

— Oui.

— Sans doute.

— Mais en amour?

— Ma chère amie, nous autres femmes, nous sommes tellement païennes, que, en fait de sectes, nous les admettons toutes; que, en fait de dieux, nous en reconnaissons plusieurs.

— En un seul, n'est-ce pas?

— Oui, dit la duchesse avec un regard étincelant de paganisme; oui, celui qui s'appelle Éros — Cupido — Amor; oui, celui qui a un carquois, un bandeau et des ailes. — Mordi! vive la dévotion!

— Cependant, tu as une manière de prier qui est exclusive; tu jettes des pierres sur la tête des huguenots.

— Faisons bien et laissons dire... — Ah! Marguerite! comme les meilleures idées, comme les plus belles actions se travestissent en passant par la bouche du vulgaire.

— Le vulgaire... Mais c'est mon frère Charles qui te félicitait, ce me semble?

— Ton frère Charles, Marguerite, est un grand chasseur qui sonne du cor toute la journée, ce qui le rend fort maigre... Je récuse donc jusqu'à ses compliments. D'ailleurs, je lui ai répondu, à ton frère Charles... N'as-tu pas entendu ma réponse?

— Non, tu parlais si bas!

— Tant mieux, j'aurai plus de nouveau à t'apprendre. Ça! la fin de la confidence, Marguerite?

— C'est que... c'est que...

— Eh bien?

— C'est que, dit la reine en riant, si la pierre dont parlait mon frère Charles était historique, je m'abstiendrais.

— Bon! s'écria Henriette, tu as choisi un huguenot. Eh bien! sois tranquille! pour rassurer ta conscience, je te promets d'en choisir un à la première occasion.

— Ah! il paraît que cette fois tu as pris un catholique?

— Mordi! reprit la duchesse.

— Bien, bien! je comprends.

— Et comment est-il, notre huguenot?

— Je ne l'ai pas choisi; ce jeune homme ne m'est rien, et ne me sera probablement jamais rien.

— Mais enfin, comment est-il? cela ne t'empêche pas de me le dire, tu sais combien je suis curieuse.

— Un pauvre jeune homme beau comme le Nisus de Benvenuto Cellini... et qui s'est venu réfugier dans mon appartement.

— Oh! oh! et tu ne l'avais pas un peu convoqué?

— Pauvre garçon! Ne ris donc pas ainsi, Henriette, car en ce moment il est encore entre la vie et la mort.

— Il est donc malade?

— Il est grièvement blessé.

— Mais c'est très-gênant, un huguenot blessé! surtout dans des jours comme ceux où nous nous trouvons; et qu'en fais-tu, de ce huguenot blessé qui ne t'est rien et ne te sera jamais rien?

— Il est dans mon cabinet; je le cache, je veux le sauver.

— Il est beau, il est jeune, il est blessé. Tu le caches dans ton cabinet, tu veux le sauver; ce huguenot-là sera bien ingrat s'il n'est pas trop reconnaissant!

— Il l'est déjà, j'en ai bien peur... plus que je ne le désirerais.

— Et il t'intéresse... ce pauvre jeune homme?

— Par humanité... seulement.

— Ah! l'humanité, ma pauvre reine! c'est toujours cette vertu-là qui nous perd, nous autres femmes!

— Oui, et tu comprends: comme d'un moment à l'autre, le roi, le duc d'Alençon, ma mère, mon mari même... peuvent entrer dans mon appartement...

— Tu veux me prier de te garder ton petit huguenot, n'est-ce pas, tant qu'il sera malade, à la condition de te le rendre quand il sera guéri?

— Rieuse! dit Marguerite. Non, je te jure que je ne prépare pas les choses de si loin. Seulement, si tu pouvais trouver un moyen de cacher le pauvre garçon; si tu pouvais lui conserver la vie que je lui ai sauvée; eh bien! je t'avoue que je t'en serais véritablement reconnaissante! Tu es libre à l'hôtel de Guise, tu n'as ni beau-frère, ni mari qui t'espionne ou qui te contraigne, et, de plus, derrière ta chambre, où personne, chère Henriette, n'a heureusement pour toi le droit d'entrer, un grand cabinet pareil au mien. Eh bien! prête-moi ce cabinet pour mon huguenot; quand il sera guéri tu lui ouvriras la cage, et l'oiseau s'envolera.

— Il n'y a qu'une difficulté, chère reine, c'est que la cage est occupée.

— Comment! tu as donc aussi sauvé quelqu'un, toi?

— C'est justement ce que j'ai répondu à ton frère.

— Ah! je comprends; voilà pourquoi tu parlais si bas que je ne t'ai pas entendue.

— Écoute, Marguerite, c'est une histoire admirable, non moins belle, non moins poétique que la tienne. Après t'avoir laissé six de mes gardes, j'étais montée avec les six autres à l'hôtel de Guise, et je regardais piller et brûler une maison qui n'est séparée de l'hôtel de mon frère que par la rue des Quatre-Fils, quand tout à coup j'entends crier des femmes et jurer des hommes. Je m'avance sur le balcon et je vois d'abord une épée dont le feu semblait éclairer toute la scène à elle seule. J'admire cette lame furieuse: j'aime les belles choses, moi!... puis je cherche naturellement à distinguer le bras qui la faisait mouvoir et le corps auquel ce bras appartenait. Au milieu des coups, des cris, je distingue enfin l'homme, et je vois... un héros, un Ajax Télamon. J'entends une voix, une voix de Stentor. Je m'enthousiasme, je demeure toute palpitante, tressaillant à chaque coup dont il était menacé, à chaque botte qu'il portait; ça été une émotion d'un quart d'heure, vois-tu, ma reine, comme je n'en avais jamais éprouvé, comme j'avais cru qu'il n'en existait pas. Aussi j'étais là, haletante, suspendue, muette, quand tout à coup mon héros a disparu.

— Comment cela?

— Sous une pierre que lui a jetée une vieille femme; alors, comme Cyrus, j'ai retrouvé la voix, j'ai crié : A l'aide, au secours ! Nos gardes sont venus, l'ont pris, l'ont relevé, et enfin l'ont transporté dans la chambre que tu me demandes pour ton protégé.

— Hélas! je comprends d'autant mieux cette histoire, chère Henriette, dit Marguerite, que cette histoire est presque la mienne.

— Avec cette différence, ma reine, que, servant mon roi et ma religion, je n'ai point besoin de renvoyer M. Annibal de Coconas.

— Il s'appelle Annibal de Coconas! reprit Marguerite en éclatant de rire.

— C'est un terrible nom, n'est-ce pas? dit Henriette. Eh bien! celui qui le porte en est digne. Quel champion, mordi ! et que de sang il a fait couler ! Mets ton masque, ma reine! nous voici à l'hôtel.

— Pourquoi donc mettre mon masque?

— Parce que je veux te montrer mon héros.

— Il est beau?

— Il m'a semblé magnifique pendant ses batailles. Il est vrai que c'était la nuit à la lueur des flammes. Ce matin, à la lumière du jour, il m'a paru perdre un peu, je l'avoue. Cependant je crois que tu en seras contente.

— Alors, mon protégé est refusé à l'hôtel de Guise; j'en suis fâchée, car c'est le dernier endroit où l'on viendrait chercher un huguenot.

— Pas le moins du monde : je le ferai apporter ici ce soir; l'un couchera dans le coin à droite, l'autre dans le coin à gauche.

— Mais, s'ils se reconnaissent, l'un pour protestant, l'autre pour catholique, ils vont se dévorer.

— Oh ! il n'y a pas de danger, M. de Coconas a reçu dans la figure un coup qui fait qu'il n'y voit presque pas clair, ton huguenot a reçu dans la poitrine un coup qui fait qu'il ne peut presque pas remuer, et puis, d'ailleurs, tu lui recommanderas de garder le silence à l'endroit de la religion, et tout ira à merveille.

— Allons, soit!

— Entrons, c'est conclu.

— Merci, dit Marguerite en serrant la main de son amie.

— Ici, madame, vous redevenez Majesté, dit la duchesse de Nevers : permettez-moi donc de vous faire les honneurs de l'hôtel de Guise comme ils doivent être faits à la reine de Navarre.

Et la duchesse, descendant de sa litière, mit presque un genou en terre pour aider Marguerite à descendre à son tour; puis, lui montrant de la main la porte de l'hôtel gardée par deux sentinelles, arquebuse à la main, elle suivit à quelques pas la reine qui marcha majestueusement précédant la duchesse, qui garda son humble attitude tant qu'elle put être vue. Arrivée à sa chambre, la duchesse ferma sa porte; et, appelant sa camérière, Sicilienne des plus alertes :

— Mica, lui dit-elle en italien, comment va M. le comte?

— Mais de mieux en mieux, répondit celle-ci.

— Et que fait-il?

— En ce moment, je crois, madame, qu'il prend quelque chose.

— Bien! dit Marguerite, si l'appétit revient, c'est bon signe. .

— Ah! c'est vrai! j'oubliais que tu es une élève d'Ambroise Paré. Allez, Mica.

— Tu la renvoies?

— Oui, pour qu'elle veille sur nous.

Mica sortit.

— Maintenant, dit la duchesse, veux-tu entrer chez lui, veux-tu que je le fasse venir?

— Ni l'un, ni l'autre; je voudrais le voir sans être vue.

— Que t'importe, puisque tu as ton masque?

— Il peut me reconnaître à mes cheveux, à mes mains, à un bijou.

— Oh! comme elle est prudente depuis qu'elle est mariée, ma belle reine !

Marguerite sourit.

— Eh bien ! mais je ne vois qu'un moyen, continua la duchesse.

— Lequel?

— C'est de le regarder par le trou de la serrure.

— Soit! conduis-moi.

La duchesse prit Marguerite par la main, la conduisit à une porte sur laquelle retombait une tapisserie, s'inclina sur un genou, et approcha son œil de l'ouverture que laissait la clef absente.

— Justement, dit-elle, il est à la table et a le visage tourné de notre côté. Viens.

La reine Marguerite prit la place de son amie et approcha à son tour son œil du trou de la serrure. Coconas, comme l'avait dit la duchesse, était assis à une table admirablement servie, et à laquelle ses blessures ne l'empêchaient pas de faire honneur.

— Ah ! mon Dieu ! s'écria Marguerite en se reculant.

— Quoi donc? demanda la duchesse étonnée.

— Impossible! Non! Si! Oh! sur mon âme! c'est lui-même !

— Qui, lui-même?

— Chut! dit Marguerite en se relevant et en saisissant la main de la duchesse, celui qui voulait tuer mon huguenot, qui l'a poursuivi jusque dans ma chambre, qui l'a frappé jusque dans mes bras!

Oh! Henriette, quel bonheur qu'il ne m'ait pas aperçue!

— Eh bien! alors, puisque tu l'as vu à l'œuvre, n'est-ce pas qu'il était beau?

— Je ne sais, dit Marguerite, car je regardais celui qu'il poursuivait.

— Et celui qu'il poursuivait s'appelle?

— Tu ne prononceras pas son nom devant lui?

— Non, je te le promets.

— Lerac de la Mole.

— Et comment le trouves-tu maintenant?

— M. de la Mole?

— Non, M. de Coconas?

— Ma foi, dit Marguerite, j'avoue que je lui trouve...

Elle s'arrêta.

— Allons, allons, dit la duchesse, je vois que tu lui en veux de la blessure qu'il a faite à ton huguenot.

— Mais il me semble, reprit Marguerite en riant, que mon huguenot ne lui doit rien, et que la balafre avec laquelle il lui a souligné l'œil...

— Ils sont quittes alors, et nous pouvons les raccommoder. Envoie-moi ton blessé.

— Non, pas encore; plus tard.

— Quand cela?

— Quand tu auras prêté au tien une autre chambre.

— Laquelle donc?

Marguerite regarda son amie, qui, après un moment de silence, la regarda aussi et se mit à rire.

— Eh bien! soit, dit la duchesse. Ainsi donc, alliance plus que jamais!

— Amitié sincère toujours, répondit la reine.

— Et le mot d'ordre, le signe de reconnaissance, si nous avons besoin l'une de l'autre?

— Le triple nom de ton triple dieu: *Eros-Cupido-Amor.*

Et les deux femmes se quittèrent après s'être embrassées pour la seconde fois et s'être serré la main pour la vingtième fois.

XIII

COMME IL Y A DES CLEFS QUI OUVRENT LES PORTES AUXQUELLES ELLES NE SONT PAS DESTINÉES.

a reine de Navarre, en rentrant au Louvre, trouva Gillonne dans une grande émotion. Madame de Sauve était venue en son absence. Elle avait apporté une clef que lui avait fait passer la reine mère. Cette clef était celle de la chambre où était renfermé Henri. Il était évident que la reine mère avait besoin, pour un dessein quelconque, que le Béarnais passât cette nuit chez madame de Sauve.

Marguerite prit la clef, la tourna et la retourna entre ses mains. Elle se fit rendre compte des moindres paroles de madame de Sauve, les pesa lettre par lettre dans son esprit, et crut avoir compris le projet de Catherine.

Elle prit une plume, de l'encre, et écrivit sur un papier:

« Au lieu d'aller ce soir chez madame de Sauve, « venez chez la reine de Navarre.

« MARGUERITE. »

Puis elle roula le papier, l'introduisit dans le trou de la clef, et ordonna à Gillonne, dès que la nuit serait venue, d'aller glisser cette clef sous la porte du prisonnier.

Ce premier soin accompli, Marguerite pensa au pauvre blessé; elle ferma toutes les portes, entra dans le cabinet, et, à son grand étonnement, elle trouva la Mole revêtu de ses habits encore tout déchirés et tout tachés de sang.

En la voyant, il essaya de se lever; mais, chancelant encore, il ne put se tenir debout et retomba sur le canapé dont on avait fait un lit.

— Mais qu'arrive-t-il donc, monsieur, demanda Marguerite, et pourquoi suivez-vous si mal les ordonnances de votre médecin? Je vous avais recommandé le repos, et voilà qu'au lieu de m'obéir vous faites tout le contraire de ce que j'ai ordonné!

— Oh! madame, dit Gillonne, ce n'est point ma faute. J'ai prié, supplié M. le comte de ne point faire cette folie; mais il m'a déclaré que rien ne le retiendrait plus longtemps au Louvre.

— Quitter le Louvre! dit Marguerite en regardant avec étonnement le jeune homme, qui baissaît les yeux; mais c'est impossible! Vous ne pouvez pas marcher; vous êtes pâle et sans force, on voit trembler vos genoux. Ce matın votre blessure de l'épaule a saigné encore.

— Madame, répondit le jeune homme, autant j'ai rendu grâce à Votre Majesté de m'avoir donné asile hier soir, autant je la supplie de vouloir bien me permettre de partir aujourd'hui.

— Mais, dit Marguerite étonnée, je ne sais comment qualifier une si folle résolution; c'est pire que de l'ingratitude!

— Oh! madame! s'écria la Mole en joignant les mains, croyez que, loin d'être ingrat, il y a dans mon cœur un sentiment de reconnaissance qui durera toute ma vie.

— Il ne durera pas longtemps, alors! dit Marguerite émue à cet accent, qui ne laissait pas de doute sur la sincérité des paroles; car, ou vos blessures se rouvriront, et vous mourrez de la perte du sang, ou l'on vous reconnaîtra comme huguenot, et vous ne ferez pas cent pas dans la rue sans qu'on vous achève.

— Il faut pourtant que je quitte le Louvre, murmura la Mole.

— Il faut! dit Marguerite en le regardant de son regard limpide et profond; puis, pâlissant légèrement: — Oh! oui, je comprends! dit-elle, pardon, monsieur! Il y a sans doute, hors du Louvre, une personne à qui votre absence donne de cruelles inquiétudes. C'est juste, monsieur de la Mole, c'est naturel, et je comprends cela. Que ne l'avez-vous dit tout de suite, ou, plutôt, comment n'y ai-je pas songé moi-même! C'est un devoir, quand on exerce l'hospitalité, de protéger les affections de son hôte comme on panse ses blessures, et de soigner l'âme comme on soigne le corps.

— Hélas! madame, répondit la Mole, vous vous trompez étrangement. Je suis presque seul au monde et tout à fait seul à Paris, où personne ne me connaît. Mon assassin est le premier homme à qui j'aie parlé dans cette ville, et Votre Majesté est la première femme qui m'y ait adressé la parole.

— Alors, dit Marguerite surprise, pourquoi voulez-vous donc vous en aller?

— Parce que, dit la Mole, la nuit passée Votre Majesté n'a pris aucun repos, et que cette nuit...

Marguerite rougit.

— Gillonne, dit-elle, voici la nuit venue, je crois qu'il est temps que tu ailles porter la clef.

Gillonne sourit et se retira.

— Mais, continua Marguerite, si vous êtes seul à Paris, sans amis, comment ferez-vous?

— Madame, j'en aurai bientôt; car, tandis que j'étais poursuivi, j'ai pensé à ma mère, qui était catholique; il m'a semblé que je la voyais glisser devant moi sur le chemin du Louvre, une croix à la main, et j'ai fait vœu, si Dieu me conservait la vie, d'embrasser la religion de ma mère. Dieu a fait

plus que de me conserver la vie, madame; il m'a envoyé un de ses anges pour me la faire aimer.

— Mais vous ne pourrez marcher: avant d'avoir fait cent pas vous tomberez évanoui.

— Madame, je me suis essayé aujourd'hui dans le cabinet; je marche lentement et avec souffrance, c'est vrai; mais que j'aille seulement jusqu'à la place du Louvre; une fois dehors, il arrivera ce qu'il pourra.

Marguerite appuya sa tête sur sa main et réfléchit profondément.

— Et le roi de Navarre, dit-elle avec intention, vous ne m'en parlez plus. En changeant de religion, avez-vous donc perdu le désir d'entrer à son service?

— Madame, répondit la Mole en pâlissant, vous venez de toucher à la véritable cause de mon départ... Je sais que le roi de Navarre court les plus grands dangers, et que tout le crédit de Votre Majesté comme fille de France suffira à peine à sauver sa tête.

— Comment, monsieur! demanda Marguerite; que voulez-vous dire, et de quels dangers me parlez-vous?

— Madame, répondit la Mole en hésitant, on entend tout du cabinet où je suis placé.

— C'est vrai, murmura Marguerite pour elle seule, M. de Guise me l'avait déjà dit.

Puis tout haut:

— Eh bien! ajouta-t-elle, qu'avez-vous donc entendu?

— Mais d'abord la conversation que Votre Majesté a eue ce matin avec son frère.

— Avec François? s'écria Marguerite en rougissant.

— Avec le duc d'Alençon, oui, madame, puis ensuite, après votre départ, celle de mademoiselle Gillonne avec madame de Sauve.

— Et ce sont ces deux conversations?...

— Oui, madame. Mariée depuis huit jours à peine, vous aimez votre époux. Votre époux viendra à son tour comme sont venus M. le duc d'Alençon et madame de Sauve. Il vous entretiendra de ses secrets. Eh bien! je ne dois pas les entendre; je serais indiscret... et je ne puis pas... je ne dois pas... surtout je ne veux pas l'être!

Au ton que la Mole mit à prononcer ces derniers mots, au trouble de sa voix, à l'embarras de sa contenance, Marguerite fut illuminée d'une révélation subite.

— Ah! dit-elle, vous avez entendu de ce cabinet tout ce qui a été dit dans cette chambre jusqu'à présent.

— Oui, madame.

Ces mots furent soupirés à peine.

— Et vous voulez partir cette nuit, ce soir, pour n'en pas entendre davantage?

— A l'instant même, madame! s'il plaît à Votre Majesté de me le permettre.

— Pauvre enfant! dit Marguerite avec un singulier accent de douce pitié.

Étonné d'une réponse si douce lorsqu'il s'attendait à quelque brusque riposte, la Mole leva timidement la tête; son regard rencontra celui de Marguerite et demeura rivé comme par une puissance magnétique sur le limpide et profond regard de la reine.

— Vous vous sentez donc incapable de garder un secret, monsieur de la Mole? dit doucement Marguerite, qui, penchée sur le dossier de son siége, à moitié cachée par l'ombre d'une tapisserie épaisse, jouissait du bonheur de lire couramment dans cette âme en restant impénétrable elle-même.

— Madame, dit la Mole, je suis d'une misérable nature, je me défie de moi-même, et le bonheur d'autrui me fait mal.

— Le bonheur de qui? dit Marguerite en souriant; ah! oui, le bonheur du roi de Navarre! Pauvre Henri!

— Vous voyez bien qu'il est heureux, madame! s'écria vivement la Mole.

— Heureux?...

— Oui, puisque Votre Majesté le plaint.

Marguerite chiffonnait la soie de son aumônière et en effilait les torsades d'or.

— Ainsi, vous refusez de voir le roi de Navarre, dit-elle, c'est arrêté, c'est décidé dans votre esprit?

— Je crains d'importuner Sa Majesté en ce moment.

— Mais le duc d'Alençon, mon frère?

— Oh! madame! s'écria la Mole, M. le duc d'Alençon, non, non, moins encore M. le duc d'Alençon que le roi de Navarre.

— Parce que?... demanda Marguerite émue au point de trembler en parlant.

— Parce que, quoique déjà trop mauvais huguenot pour être serviteur bien dévoué de Sa Majesté le roi de Navarre, je ne suis pas encore assez bon catholique pour être des amis de M. d'Alençon et de M. de Guise.

Cette fois ce fut Marguerite qui baissa les yeux et qui sentit le coup vibrer au plus profond de son cœur, elle n'eût pas su dire si le mot de la Mole était pour elle caressant ou douloureux.

En ce moment Gillonne rentra, Marguerite l'interrogea d'un coup d'œil. La réponse de Gillonne, renfermée aussi dans un regard, fut affirmative. Elle était parvenue à faire passer la clef au roi de Navarre.

Marguerite ramena ses yeux sur la Mole, qui demeurait devant elle indécis, la tête penchée sur sa poitrine, et pâle comme l'est un homme qui souffre à la fois du corps et de l'âme

— Monsieur de la Mole est fier, dit-elle et i'hé-

site à lui faire une proposition qu'il refusera sans doute.

La Mole se leva, fit un pas vers Marguerite et voulut s'incliner devant elle en signe qu'il était à ses ordres; mais une douleur profonde, aiguë, brûlante, vint tirer des larmes de ses yeux, et, sentant qu'il allait tomber, il saisit une tapisserie, à laquelle il se soutint.

— Voyez-vous, s'écria Marguerite en courant à lui et en le retenant dans ses bras, voyez-vous, monsieur, que vous avez encore besoin de moi!

Un mouvement à peine sensible agita les lèvres de la Mole.

— Oh! oui! murmura-t-il, comme de l'air que je respire, comme du jour que je vois!

En ce moment trois coups retentirent, frappés à la porte de Marguerite.

— Entendez-vous, madame? dit Gillonne effrayée.

— Déjà, murmura Marguerite.

— Faut-il ouvrir?

— Attends. C'est le roi de Navarre peut-être.

— Oh! madame! s'écria la Mole rendu fort par ces quelques mots, que la reine avait cependant prononcés à voix si basse qu'elle espérait que Gillonne seule les aurait entendus; madame, je vous en supplie à genoux, faites-moi sortir! — oui, — mort ou vif, madame! — Ayez pitié de moi! — Oh! vous ne me répondez pas. Eh bien! je vais parler! et, quand j'aurai parlé, vous me chasserez, je l'espère.

— Taisez-vous, malheureux! dit Marguerite, qui ressentait un charme infini à écouter les reproches du jeune homme; taisez-vous donc!

— Madame, reprit la Mole, qui ne trouvait pas sans doute dans l'accent de Marguerite cette rigueur à laquelle il s'attendait; madame, je vous le répète, on entend tout de ce cabinet. Oh! ne me faites pas mourir d'une mort que les bourreaux les plus cruels n'oseraient inventer.

— Silence! silence! dit Marguerite.

— Oh! madame, vous êtes sans pitié; vous ne voulez rien écouter, vous ne voulez rien entendre. Mais comprenez donc que je vous aime...

— Silence donc, puisque je vous le dis! interrompit Marguerite en appuyant sa main tiède et parfumée sur la bouche du jeune homme, qui la saisit entre ses deux mains et l'appuya contre ses lèvres.

— Mais... murmura la Mole.

— Mais taisez-vous donc, enfant! Qu'est-ce donc que ce rebelle qui ne veut pas obéir à sa reine?

Puis, s'élançant hors du cabinet, elle referma la porte, et, s'adossant à la muraille en comprimant avec sa main tremblante les battements de son cœur;

— Ouvre, Gillonne! dit-elle.

Gillonne.

Gillonne sortit de la chambre, et, un instant après, la tête fine, spirituelle et un peu inquiète du roi de Navarre souleva la tapisserie.

— Vous m'avez mandé, madame? dit le roi de Navarre à Marguerite.

— Oui, monsieur, Votre Majesté a reçu ma lettre?

— Et non sans quelque étonnement, je l'avoue! dit Henri en regardant autour de lui avec une défiance bientôt évanouie.

— Et non sans quelque inquiétude, n'est-ce pas, monsieur? ajouta Marguerite.

— Je vous l'avouerai, madame. Cependant, tout entouré que je suis d'ennemis acharnés et d'amis plus dangereux encore, peut-être, que mes ennemis, je me suis rappelé qu'un soir j'avais vu rayonner dans vos yeux le sentiment de la générosité, c'était le soir de nos noces; qu'un autre jour j'y avais vu briller l'étoile du courage, et, cet autre jour, c'était hier, jour fixé pour ma mort.

— Eh bien! monsieur? dit Marguerite en souriant, tandis que Henri semblait vouloir lire jusqu'au fond de son cœur.

— Eh bien! madame, en songeant à tout cela, je

— Mais, cependant, madame, dit Henri, c'est vous qui m'avez fait tenir cette clef.

me suis dit à l'instant même en lisant votre billet qui me disait de venir : — Sans amis, comme il est, prisonnier, désarmé, le roi de Navarre n'a qu'un moyen de mourir avec éclat, d'une mort qu'enregistre l'histoire, c'est de mourir trahi par sa femme, et je suis venu.

— Sire, répondit Marguerite, vous changerez de langage quand vous saurez que tout ce qui se fait en ce moment est l'ouvrage d'une personne qui vous aime... et que vous aimez.

Henri recula presque à ces paroles, et son œil gris et perçant interrogea sous son sourcil noir la reine avec curiosité.

— Oh! rassurez-vous, sire, dit la reine en souriant; cette personne, je n'ai pas la prétention de croire que ce soit moi!

— Mais, cependant, madame, dit Henri, c'est vous qui m'avez fait tenir cette clef; cette écriture, c'est la vôtre.

— Cette écriture est la mienne, je l'avoue; ce billet vient de moi, je ne le nie pas. Quant à cette clef, c'est autre chose. Qu'il vous suffise de savoir qu'elle a passé entre les mains de quatre femmes avant d'arriver jusqu'à vous.

— De quatre femmes! s'écria Henri avec étonnement.

— Oui, entre les mains de quatre femmes, dit Marguerite : entre les mains de la reine mère, entre les mains de madame de Sauve, entre les mains de Gillonne, et entre les miennes.

Henri se mit à méditer cette énigme.

— Parlons raison, maintenant, monsieur, dit Marguerite, et, surtout, parlons franc. Est-il vrai, comme c'est aujourd'hui le bruit public, que Votre Majesté consente à abjurer?

— Ce bruit public se trompe, madame, je n'ai pas encore consenti.

— Mais vous êtes décidé, cependant?

— C'est-à-dire, je me consulte. Que voulez-vous? quand on a vingt ans, et qu'on est à peu près roi, ventre-saint-gris! il y a des choses qui valent bien une messe.

— Et, entre autres choses, la vie, n'est-ce pas?

Henri ne put réprimer un léger sourire.

— Vous ne me dites pas toute votre pensée, sire! dit Marguerite.

— Je fais des réserves pour mes alliés, madame; car, vous le savez, nous ne sommes encore qu'alliés : si vous étiez à la fois et mon alliée... et...

— Et votre femme, n'est-ce pas, sire?

— Ma foi oui... et ma femme.

— Alors?

— Alors, peut-être serait-ce différent; et peut-être tiendrais-je à rester roi des huguenots, comme ils disent... Maintenant... il faut que je me contente de vivre.

Marguerite regarda Henri d'un air si étrange, qu'il eût éveillé les soupçons d'un esprit moins délié que ne l'était celui du roi de Navarre.

— Et êtes-vous sûr, au moins, d'arriver à ce résultat? dit-elle.

— Mais à peu près, dit Henri ; vous savez qu'en ce monde, madame, on n'est jamais sûr de rien.

— Il est vrai, reprit Marguerite, que Votre Majesté annonce tant de modération et professe tant de désintéressement, qu'après avoir renoncé à sa couronne, après avoir renoncé à sa religion, elle renoncera probablement, on en a l'espoir du moins, à son alliance avec une fille de France.

Ces mots portaient avec eux une si profonde signification, que Henri en frissonna malgré lui. Mais, domptant cette émotion avec la rapidité de l'éclair :

— Daignez vous souvenir, madame, qu'en ce moment je n'ai point mon libre arbitre. Je ferai donc ce que m'ordonnera le roi de France. Quant à moi, si l'on me consultait le moins du monde dans cette question où il ne va de rien moins que de mon trône, de mon honneur et de ma vie, plutôt que d'asseoir mon avenir sur les droits que me donne notre mariage forcé, j'aimerais mieux m'ensevelir chasseur dans quelque château, pénitent dans quelque cloître.

Ce calme résigné à sa situation, cette renonciation aux choses de ce monde, effrayèrent Marguerite. Elle pensa que peut-être cette rupture de mariage était convenue entre Charles IX, Catherine et le roi de Navarre. Pourquoi, elle aussi, ne la prendrait-on pas pour dupe ou pour victime? Parce qu'elle était sœur de l'un et fille de l'autre? L'expérience lui avait appris que ce n'était point là une raison sur laquelle elle pût fonder sa sécurité. L'ambition donc mordit au cœur la jeune femme, ou plutôt la jeune reine, trop au-dessus des faiblesses vulgaires pour se laisser entraîner à un dépit d'amour-propre : chez toute femme, même médiocre, lorsqu'elle aime, l'amour n'a point de ces misères, car l'amour véritable est aussi une ambition.

— Votre Majesté, dit Marguerite avec une sorte de dédain railleur, n'a pas grande confiance, ce me semble, dans l'étoile qui rayonne au-dessus du front de chaque roi?

— Ah! dit Henri, c'est que j'ai beau chercher la mienne en ce moment, je ne puis la voir, cachée qu'elle est dans l'orage qui gronde sur moi à cette heure.

— Et, si le souffle d'une femme écartait cet orage et faisait cette étoile aussi brillante que jamais?

— C'est bien difficile, dit Henri.

— Niez-vous l'existence de cette femme, monsieur?

— Non, seulement je nie son pouvoir.

— Vous voulez dire sa volonté?

— J'ai dit son pouvoir, et je répète le mot. La femme n'est puissante réellement que lorsque l'amour et l'intérêt sont réunis chez elle à un degré égal; si l'un de ces deux sentiments la préoccupe seul, comme Achille, elle est vulnérable. Or, cette femme, si je ne m'abuse, je ne puis pas compter sur son amour.

Marguerite se tut.

— Écoutez, continua Henri; au dernier tintement de la cloche de Saint-Germain l'Auxerrois vous avez dû songer à reconquérir votre liberté, qu'on avait mise en gage pour détruire ceux de mon parti. Moi, j'ai dû songer à sauver ma vie. C'était le plus pressé... Nous y perdons la Navarre, je le sais bien. Mais c'est peu de chose que la Navarre en comparaison de la liberté qui vous est rendue de pouvoir parler haut dans votre chambre, ce que vous n'osiez pas faire quand vous aviez quelqu'un qui vous écoutait de ce cabinet.

Quoiqu'au plus fort de sa préoccupation, Marguerite ne put s'empêcher de sourire. Quant au roi de Navarre, il s'était déjà levé pour regagner son appartement; car depuis quelque temps onze heures étaient sonnées, et tout dormait, ou du moins semblait dormir dans le Louvre.

Henri fit trois pas vers la porte; puis, s'arrêtant tout à coup comme s'il se rappelait seulement à cette heure la circonstance qui l'avait amené chez la reine :

— A propos, madame, dit-il, n'avez-vous point à me communiquer certaines choses : ou ne vouliez-vous que m'offrir l'occasion de vous remercier du répit que votre brave présence dans le cabinet des armes du roi m'a donné hier? En vérité, madame, il était temps, je ne puis le nier, et vous êtes descendue sur le lieu de la scène comme la divinité antique, juste à point pour me sauver la vie.

— Malheureux! s'écria Marguerite d'une voix sourde, et saisissant le bras de son mari. Comment donc ne voyez-vous pas que rien n'est sauvé au contraire, ni votre liberté, ni votre couronne, ni votre vie!... Aveugle! fou! pauvre fou! Vous n'avez pas vu dans ma lettre autre chose, n'est-ce pas, qu'un rendez-vous; vous avez cru que Marguerite, outrée de vos froideurs, désirait une réparation?

— Mais, madame, dit Henri étonné, j'avoue...

Marguerite haussa les épaules avec une expression impossible à rendre.

Au même instant un bruit étrange comme un grattement aigu et pressé retentit à la petite porte dérobée.

Marguerite entraîna le roi du côté de cette petite porte.

— Écoutez, dit-elle.

— La reine mère sort de chez elle, murmura une voix saccadée par la terreur et que Henri reconnut à l'instant même pour celle de madame de Sauve.

— Et où va-t-elle? demanda Marguerite.

— Elle vient chez Votre Majesté.

Et aussitôt le frôlement d'une robe de soie prouva, en s'éloignant, que madame de Sauve s'enfuyait.

— Oh! oh! s'écria Henri.

— J'en étais sûre, dit Marguerite.

— Et moi je le craignais, dit Henri, et la preuve, voyez.

Alors, d'un geste rapide, il ouvrit son pourpoint de velours noir, et, sur sa poitrine, fit voir à Marguerite une fine tunique de mailles d'acier et un long poignard de Milan, qui brilla aussitôt à sa main comme une vipère au soleil.

— Il s'agit bien ici de fer et de cuirasse! s'écria Marguerite; allons, sire, allons, cachez cette dague : c'est la reine mère, c'est vrai; mais c'est la reine mère toute seule.

— Cependant...

— C'est elle, je l'entends, silence!

Et, se penchant à l'oreille de Henri, elle lui dit à voix basse quelques mots que le jeune roi écouta avec une attention mêlée d'étonnement. — Aussitôt Henri se déroba derrière les rideaux du lit.

De son côté, Marguerite bondit avec l'agilité d'une panthère vers le cabinet où la Mole attendait en frissonnant, l'ouvrit, chercha le jeune homme, et, lui prenant, lui serrant la main dans l'obscurité :

— Silence! lui dit-elle en s'approchant si près de lui qu'il sentit son souffle tiède et embaumé couvrit son visage d'une moite vapeur, silence!

Puis, rentrant dans sa chambre et refermant la porte, elle détacha sa coiffure, coupa avec son poignard tous les lacets de sa robe et se jeta dans le lit.

Il était temps, la clef tournait dans la serrure. Catherine avait des passe-partout pour toutes les portes du Louvre.

— Qui est là? s'écria Marguerite tandis que Catherine consignait à la porte une garde de quatre gentilshommes qui l'avait accompagnée.

Et, comme si elle eût été effrayée de cette brusque irruption dans sa chambre, Marguerite, sortant de dessous les rideaux en peignoir blanc, sauta à bas du lit, et, reconnaissant Catherine, vint, avec une surprise trop bien imitée pour que la Florentine elle-même n'en fût pas dupe, baiser la main de sa mère.

XIV

SECONDE NUIT DES NOCES

L a reine mère promena son regard autour d'elle avec une merveilleuse rapidité. Des mules de velours au pied du lit, les habits de Marguerite épars sur les chaises, ses yeux qu'elle frottait pour en chasser le sommeil, convainquirent Catherine qu'elle avait réellement réveillé sa fille.

Alors elle sourit comme une femme qui a réussi dans ses projets, et, tirant un fauteuil :

— Asseyons-nous, Marguerite, dit-elle, et causons.

— Madame, je vous écoute.

— Il est temps, dit Catherine en fermant les yeux avec cette lenteur particulière aux gens qui réfléchissent ou qui dissimulent profondément ; il est temps, ma fille, que vous compreniez combien votre frère et moi aspirons à vous rendre heureuse.

L'exorde était effrayant pour qui connaissait Catherine.

— Que va-t-elle me dire ? pensa Marguerite.

— Certes, en vous mariant, continua la Florentine, nous avons accompli un de ces actes de politique commandés souvent par de graves intérêts à ceux qui gouvernent. Mais, il le faut avouer, ma pauvre enfant, nous ne pensions pas que la répugnance du roi de Navarre, pour vous si jeune, si belle et si séduisante, demeurerait opiniâtre à ce point.

Marguerite se leva, et fit, en croisant sa robe de nuit, une cérémonieuse révérence à sa mère.

— J'apprends de ce soir seulement, dit Catherine, car sans cela je vous eusse visitée plus tôt, j'apprends que votre mari est loin d'avoir pour vous les égards qu'on doit non-seulement à une jolie femme, mais encore à une fille de France.

Marguerite poussa un soupir, et Catherine, encouragée par cette muette adhésion, continua :

— En effet, que le roi de Navarre entretienne publiquement une de mes filles, qu'il l'adore jusqu'au scandale, qu'il fasse mépris pour cet amour de la femme qu'on a bien voulu lui accorder, c'est un malheur auquel nous ne pouvons remédier, nous autres pauvres tout-puissants, mais que puni-

rait le moindre gentilhomme de notre royaume en appelant son gendre ou en le faisant appeler par son fils

Marguerite baissa la tête.

— Depuis assez longtemps, continua Catherine, je vois, ma fille, à vos yeux rougis, à vos amères sorties contre la Sauve, que la plaie de votre cœur ne peut, malgré vos efforts, toujours saigner en dedans.

Marguerite tressaillit : un léger mouvement avait agité les rideaux ; mais heureusement Catherine ne s'en était pas aperçue.

— Cette plaie, dit-elle en redoublant d'affectueuse douceur, cette plaie, mon enfant, c'est à la main d'une mère qu'il appartient de la guérir. Ceux qui, en croyant faire votre bonheur, ont décidé votre mariage, et qui, dans leur sollicitude pour vous, remarquent que chaque nuit Henri de Navarre se trompe d'appartement ; ceux qui ne peuvent permettre qu'un roitelet comme lui offense à tout instant une femme de votre beauté, de votre rang et de votre mérite, par le dédain de votre personne et par la négligence de sa postérité ; ceux qui voient enfin qu'au premier vent qu'il croira favorable cette folle et insolente tête tournera contre notre famille et vous expulsera de sa maison ; ceux-là n'ont-ils pas le droit d'assurer, en le séparant du sien, votre avenir d'une façon à la fois plus digne de vous et de votre condition ?

— Cependant, madame, répondit Marguerite, malgré ces observations tout empreintes d'amour maternel, et qui me comblent de joie et d'honneur, j'aurai la hardiesse de représenter à Votre Majesté que le roi de Navarre est mon époux.

Catherine fit un mouvement de colère, et, se rapprochant de Marguerite :

— Lui, dit-elle, votre époux ! Suffit-il donc, pour être mari et femme, que l'église vous ait bénis, et la consécration du mariage est-elle seulement dans les paroles du prêtre ? Lui, votre époux ! Eh ! ma fille, si vous étiez madame de Sauve, vous pourriez me faire cette réponse. Mais, tout au contraire de ce que nous attendions de lui, depuis que vous avez accordé à Henri de Navarre l'honneur de vous nommer sa femme, c'est à une autre qu'il en a donné les droits, et, en ce moment même, dit Catherine en

Catherine poussa, non pas un cri, mais un rugissement sourd.

haussant la voix, venez, venez avec moi, cette clef ouvre la porte de l'appartement de madame de Sauve, et vous verrez.

— Oh! plus bas, plus bas, madame! je vous prie, dit Marguerite, car non-seulement vous vous trompez, mais encore...

— Eh bien?

— Eh bien! vous allez réveiller mon mari.

A ces mots, Marguerite se leva avec une grâce toute voluptueuse, et, laissant flotter entr'ouverte sa robe de nuit dont les manches courtes laissaient à nu son bras d'un modelé si pur, et sa main véri-tablement royale, elle approcha un flambeau de cire rosée du lit, et, relevant le rideau, elle montra, en souriant, du doigt à sa mère le profil fier, les cheveux noirs et la bouche entr'ouverte du roi de Navarre, qui semblait, sur la couche en désordre, reposer du plus calme et du plus profond sommeil.

Pâle, les yeux hagards, le corps cambré en arrière comme si un abîme se fût ouvert sous ses pas, Catherine poussa, non pas un cri, mais un rugissement sourd.

— Vous voyez, madame, dit Marguerite, que vous étiez mal informée.

Catherine jeta un regard sur Marguerite, puis un autre sur Henri. Elle unit dans sa pensée active l'image de ce front pâle et moite, de ces yeux entourés d'un léger cercle de bistre, au sourire de Marguerite, et elle mordit ses lèvres minces avec une fureur silencieuse.

Marguerite permit à sa mère de contempler un instant ce tableau qui faisait sur elle l'effet de la tête de Méduse; puis elle laissa retomber le rideau, et, marchant sur la pointe du pied, elle revint près de Catherine; et, reprenant sa place sur sa chaise :

— Vous disiez donc, madame?

La Florentine chercha pendant quelques secondes à sonder cette naïveté de la jeune femme; puis, comme si ses regards acérés se fussent émoussés sur le calme de Marguerite :

— Rien, dit-elle.

Et elle sortit à grands pas de l'appartement.

Aussitôt que le bruit des pas se fut assourdi dans la profondeur du corridor, le rideau du lit s'ouvrit de nouveau, et Henri, l'œil brillant, la respiration oppressée, la main tremblante, vint s'agenouiller devant Marguerite. Il était seulement vêtu de ses trousses et de sa cotte de mailles, de sorte qu'en le voyant ainsi affublé, Marguerite, tout en lui serrant la main de bon cœur, ne put s'empêcher d'éclater de rire.

— Ah ! madame, ah ! Marguerite, s'écria-t-il, comment m'acquitterai-je jamais envers vous ?

Et il couvrait sa main de baisers, qui, de la main, montaient insensiblement aux bras de la jeune femme.

— Sire, dit-elle en se reculant tout doucement, oubliez-vous qu'à cette heure une pauvre femme, à laquelle vous devez la vie, souffre et gémit pour vous? Madame de Sauve, ajouta-t-elle tout bas, vous a fait le sacrifice de sa jalousie en vous envoyant près de moi, et peut-être, après vous avoir fait le sacrifice de sa jalousie, vous fait-elle celui de sa vie, car, vous la savez mieux que personne, la colère de ma mère est terrible.

Henri frissonna, et, se relevant, fit un mouvement pour sortir.

— Oh ! mais, dit Marguerite avec une admirable coquetterie, je réfléchis et me rassure. La clef vous a été donnée sans indication, et vous serez censé m'avoir accordé ce soir la préférence.

— Et je vous l'accorde, Marguerite ; consentez seulement à oublier...

— Plus bas, sire, plus bas, répliqua la reine parodiant les paroles que dix minutes auparavant elle venait d'adresser à sa mère; on vous entend du cabinet, et, comme je ne suis pas encore tout à fait libre, sire, je vous prierai de parler moins haut.

— Oh ! oh ! dit Henri moitié riant, moitié assombri, c'est vrai ! j'oubliais que ce n'est probablement pas moi qui suis destiné à jouer la fin de cette scène intéressante! Ce cabinet..

— Entrons-y, sire, dit Marguerite, car je veux avoir l'honneur de présenter à Votre Majesté un brave gentilhomme blessé pendant le massacre en venant avertir jusque dans le Louvre Votre Majesté du danger qu'elle courait.

La reine s'avança vers la porte, Henri suivit sa femme. La porte s'ouvrit, et Henri demeura stupéfait en voyant un homme dans ce cabinet prédestiné aux surprises.

Mais la Mole fut plus surpris encore en se trouvant inopinément en face du roi de Navarre. Il en résulta que Henri jeta un coup d'œil ironique à Marguerite, qui le soutint à merveille.

— Sire, dit Marguerite, j'en suis réduite à craindre qu'on ne tue dans mon logis même ce gentilhomme, qui est dévoué au service de Votre Majesté, et que je mets sous sa protection.

— Sire, reprit alors le jeune homme, je suis le comte Lérac de la Mole que Votre Majesté attendait et qui vous avait été recommandé par ce pauvre M. de Téligny, qui a été tué à mes côtés.

— Ah ! ah ! fit Henri, en effet, monsieur, et la reine m'a remis sa lettre; mais n'aviez-vous pas aussi une lettre de M. le gouverneur du Languedoc?

— Oui, sire, et recommandation de la remettre à Votre Majesté aussitôt mon arrivée.

— Pourquoi ne l'avez-vous pas fait?

— Sire, je me suis rendu au Louvre dans la soirée d'hier; mais Votre Majesté était tellement occupée qu'elle n'a pu me recevoir.

— C'est vrai, dit le roi, mais vous eussiez pu, ce me semble, me faire passer cette lettre?

— J'avais ordre de la part de M. d'Auriac de ne la remettre qu'à Votre Majesté elle-même ; car elle contenait, m'a-t-il assuré, un avis si important, qu'il n'osait le confier à un messager ordinaire.

— En effet, dit le roi en prenant et en lisant la lettre, c'était l'avis de quitter la cour et de me retirer en Béarn. M. d'Auriac était de mes bons amis quoique catholique, et il est probable que, comme gouverneur de province, il avait vent de ce qui s'est passé. Ventre-saint-gris, monsieur! pourquoi ne m'avoir pas remis cette lettre il y a trois jours au lieu de ne me la remettre qu'aujourd'hui?

— Parce que, ainsi que j'ai eu l'honneur de le dire à Votre Majesté, quelque diligence que j'aie faite, je n'ai pu arriver qu'hier.

— C'est fâcheux, c'est fâcheux ! murmura le roi; car à cette heure nous serions en sûreté, soit à la Rochelle, soit dans quelque bonne plaine avec deux à trois mille chevaux autour de nous.

— Sire, ce qui est fait est fait, dit Marguerite à demi-voix, et au lieu de perdre votre temps à récriminer sur le passé, il s'agit de tirer le meilleur parti possible de l'avenir.

— A ma place, dit Henri avec son regard interrogateur, vous auriez donc encore quelque espoir, madame?

— Oui, certes, et je regarderais le jeu engagé comme une partie en trois points, dont je n'ai perdu que la première manche.

— Ah! madame, dit tout bas Henri, si j'étais sûr que vous fussiez de moitié dans mon jeu!

— Si j'avais voulu passer du côté de vos adversaires, répondit Marguerite, il me semble que je n'eusse point attendu si tard.

— C'est juste, dit Henri, je suis un ingrat, et, comme vous dites, tout peut encore se réparer aujourd'hui.

— Hélas! sire, répliqua la Mole, je souhaite à Votre Majesté toutes sortes de bonheurs; mais aujourd'hui nous n'avons plus M. l'amiral.

Henri se mit à sourire de ce sourire de paysan matois que l'on ne comprit à la cour que le jour où il fut roi de France.

— Mais, madame, reprit-il en regardant la Mole avec attention, ce gentilhomme ne peut demeurer chez vous sans vous gêner infiniment et sans être exposé à de fâcheuses surprises. Qu'en ferez-vous?

— Mais, sire, dit Marguerite, ne pourrions-nous le faire sortir du Louvre? Car en tous points je suis de votre avis.

— C'est difficile.

— Sire, M. de la Mole ne peut-il trouver un peu de place dans la maison de Votre Majesté?

— Hélas! madame, vous me traitez toujours comme si j'étais encore roi des huguenots, et, surtout, comme si j'avais encore un peuple. Vous savez bien que je suis à moitié converti et que je n'ai plus de peuple du tout.

Une autre que Marguerite se fût empressée de répondre sur-le-champ : Il est catholique. Mais la reine voulait se faire demander par Henri ce qu'elle désirait obtenir de lui. Quant à la Mole, voyant cette réserve de sa protectrice et ne sachant encore où poser le pied sur le terrain glissant d'une cour aussi dangereuse que l'était celle de France, il se tut également.

— Mais, reprit Henri, relisant la lettre apportée par la Mole, que me dit donc M. le gouverneur de Provence, que votre mère était catholique, et que de là vient l'amitié qu'il vous porte?

— Et à moi, dit Marguerite, que me parliez-vous d'un vœu que vous avez fait, monsieur le comte, d'un changement de religion? Mes idées se brouillent à cet égard; aidez-moi donc, monsieur de la Mole? Ne s'agissait-il pas de quelque chose de semblable à ce que paraît désirer le roi?

— Hélas! oui. Mais Votre Majesté a si froidement accueilli mes explications à cet égard, reprit la Mole, que je n'ai point osé...

— C'est que tout cela ne me regardait aucunement, monsieur. Expliquez au roi, expliquez.

— Eh bien! qu'est-ce que ce vœu? demanda le roi.

— Sire, dit la Mole, poursuivi par des assassins, sans armes, presque mourant de mes deux blessures, il m'a semblé voir l'ombre de ma mère me guidant vers le Louvre une croix à la main. Alors j'ai fait vœu, si j'avais la vie sauve, d'adopter la religion de ma mère, à qui Dieu avait permis de sortir de son tombeau pour me servir de guide pendant cette horrible nuit. Dieu m'a conduit ici, sire. Je m'y vois sous la double protection d'une fille de France et du roi de Navarre. Ma vie a été sauvée miraculeusement; je n'ai donc qu'à accomplir mon vœu, sire. Je suis prêt à me faire catholique.

Henri fronça le sourcil. Le sceptique qu'il était comprenait bien l'abjuration par intérêt, mais il doutait fort de l'abjuration par la foi.

— Le roi ne veut pas se charger de mon protégé, pensa Marguerite.

La Mole cependant demeurait timide et gêné entre les deux volontés contraires. Il sentait, sans bien se l'expliquer, le ridicule de sa position. Ce fut encore Marguerite, qui, avec sa délicatesse de femme, le tira de ce mauvais pas.

— Sire, dit-elle, nous oublions que le pauvre blessé a besoin de repos. Moi-même je tombe de sommeil. Eh! tenez, il pâlit.

La Mole pâlissait en effet, mais c'étaient les dernières paroles de Marguerite qu'il avait entendues et interprétées qui le faisaient pâlir.

— Eh bien! madame, dit Henri, rien de plus simple; ne pouvons-nous laisser reposer M. de la Mole?

Le jeune homme adressa à Marguerite un regard suppliant, et, malgré la présence des deux Majestés, se laissa aller sur un siége, brisé de douleur et de fatigue.

Marguerite comprit tout ce qu'il y avait d'amour dans ce regard et de désespoir dans cette faiblesse.

— Sire, dit-elle, il convient à Votre Majesté de faire à ce jeune gentilhomme, qui a risqué sa vie pour son roi, puisqu'il accourait ici pour vous annoncer la mort de l'amiral et de Téligny, lorsqu'il a été blessé; il convient, dis-je, à Votre Majesté, de lui faire un honneur dont il sera reconnaissant toute sa vie.

— Et lequel, madame? dit Henri. Commandez, je suis prêt.

— M. de la Mole couchera cette nuit aux pieds de Votre Majesté, qui couchera, elle, sur ce lit de repos. Quant à moi, avec la permission de mon auguste époux, ajouta Marguerite en souriant, je vais appeler Gillonne, et me remettre au lit; car, je vous le jure, sire, je ne suis pas celle de nous trois qui ait le moins besoin de repos.

Henri avait de l'esprit, peut-être un peu trop même : ses amis et ses ennemis le lui reprochèrent

— Poursuivi par des assassins. — PAGE 87.

plus tard. Mais il comprit que celle qui l'exilait de la couche conjugale en avait acquis le droit par l'indifférence même qu'il avait manifestée pour elle : d'ailleurs, Marguerite venait de se venger de cette indifférence en lui sauvant la vie. Il ne mit donc pas d'amour-propre dans sa réponse.

— Madame, dit-il, si M. de la Mole était en état de passer dans mon appartement, je lui offrirais mon propre lit.

— Oui, reprit Marguerite ; mais votre appartement, à cette heure, ne vous peut protéger ni l'un ni l'autre, et la prudence veut que Votre Majesté demeure ici jusqu'à demain.

Et, sans attendre la réponse du roi, elle appela Gillonne, fit préparer les coussins pour le roi, et aux pieds du roi un lit pour la Mole, qui semblait si heureux et si satisfait de cet honneur, qu'on eût juré qu'il ne sentait plus ses blessures.

Quant à Marguerite, elle tira au roi une cérémonieuse révérence ; et, rentrée dans sa chambre bien verrouillée de tous côtés, elle s'étendit dans son lit.

La Mole causa un instant politique avec le roi.

— Maintenant, se dit Marguerite à elle-même, il faut que demain M. de la Mole ait un protecteur au Louvre, et tel fait ce soir la sourde oreille qui demain se repentira.

Puis elle fit signe à Gillonne, qui attendait ses derniers ordres, de venir les recevoir.

Gillonne s'approcha.

— Gillonne, lui dit-elle tout bas, il faut que demain, sous un prétexte quelconque, mon frère, le duc d'Alençon, ait envie de venir ici avant huit heures du matin.

Deux heures sonnaient au Louvre.

La Mole causa un instant politique avec le roi, qui peu à peu s'endormit, et bientôt ronfla aux éclats, comme s'il eût été couché dans son lit de cuir de Béarn.

La Mole eût peut-être dormi comme le roi; mais Marguerite ne dormait pas, elle : elle se tournait et se retournait dans son lit, et ce bruit troublait les idées et le sommeil du jeune homme.

— Il est bien jeune, murmurait Marguerite au milieu de son insomnie, il est bien timide; peut-être même, il faudra voir cela, peut-être même, sera-t-il ridicule ; de beaux yeux cependant... une taille bien prise, beaucoup de charmes ; mais s'il allait ne pas être brave !... Il fuyait... il abjure... c'est fàcheux, le rêve commençait bien ; allons... Laissons

aller les choses, et rapportons-nous-en au triple Dieu de cette folle Henriette.

Et, vers le jour, Marguerite finit enfin par s'endormir en murmurant : *Eros, Cupido, Amor.*

XV

CE QUE FEMME VEUT DIEU LE VEUT.

arguerite ne s'était pas trompée : la colère amassée au fond du cœur de Catherine par cette comédie, dont elle voyait l'intrigue sans avoir la puissance de rien changer au dénoûment, avait besoin de déborder sur quelqu'un. Au lieu de rentrer chez elle, la reine mère monta directement chez sa dame d'atour.

Madame de Sauve s'attendait à deux visites : elle espérait celle de Henri, elle craignait celle de la reine mère. Au lit, à moitié vêtue, tandis que Dariole veillait dans l'antichambre, elle entendit tourner une clef dans la serrure, puis s'approcher des pas lents et qui eussent paru lourds s'ils n'eussent pas été assourdis par d'épais tapis. Elle ne reconnut point là la marche légère et empressée de Henri, elle se douta qu'on empêchait Dariole de la venir avertir ; et, appuyée sur sa main, l'oreille et l'œil tendus, elle attendit.

La portière se leva, et la jeune femme frissonnante vit paraître Catherine de Médicis.

Catherine semblait calme ; mais madame de Sauve, habituée à l'étudier depuis deux ans, comprit tout ce que ce calme apparent cachait de sombres préoccupations et peut-être de cruelles vengeances.

Madame de Sauve, en apercevant Catherine, voulut sauter en bas de son lit ; mais Catherine leva le doigt pour lui faire signe de rester, et la pauvre Charlotte demeura clouée à sa place, amassant intérieurement toutes les forces de son âme pour faire face à l'orage qui se préparait silencieusement.

— Avez-vous fait tenir la clef au roi de Navarre ? demanda Catherine sans que l'accent de sa voix indiquât aucune altération, seulement ces paroles étaient prononcées avec des lèvres de plus en plus blémissantes.

— Oui, madame... répondit Charlotte d'une voix qu'elle tentait inutilement de rendre aussi assurée que l'était celle de Catherine.

— Et vous l'avez vu ?

— Qui ? demanda madame de Sauve.

— Le roi de Navarre ?

— Non, madame ; mais je l'attends, et j'avais même cru, en entendant tourner une clef dans la serrure, que c'était lui venait.

A cette réponse qui annonçait dans madame de Sauve ou une parfaite confiance, ou une suprême dissimulation, Catherine ne put retenir un léger frémissement. Elle crispa sa main grasse et courte.

— Et cependant tu savais bien, dit-elle avec son méchant sourire, tu savais bien, Carlotta, que le roi de Navarre ne viendrait point cette nuit.

— Moi, madame, je savais cela ! s'écria Charlotte avec un accent de surprise parfaitement bien joué.

— Oui, tu le savais.

— Pour ne point venir, reprit la jeune femme, frissonnante à cette seule supposition, il faut donc qu'il soit mort !

Ce qui donnait à Charlotte le courage de mentir ainsi, c'était la certitude qu'elle avait d'une terrible vengeance dans le cas où sa petite trahison serait découverte.

— Mais tu n'as donc pas écrit au roi de Navarre, Carlotta mia ? demanda Catherine avec ce même rire silencieux et cruel.

— Non, madame, répondit Charlotte avec un admirable accent de naïveté, Votre Majesté ne me l'avait pas dit, ce me semble.

Il se fit un moment de silence, pendant lequel Catherine regarda madame de Sauve comme le serpent regarde l'oiseau qu'il veut fasciner.

— Tu te crois belle, dit alors Catherine ; tu te crois adroite, n'est-ce pas ?

— Non, madame, répondit Charlotte, je sais seulement que Votre Majesté a été parfois d'une bien grande indulgence pour moi quand il s'agissait de mon adresse et de ma beauté.

— Eh bien! dit Catherine en s'animant, tu te trompais, si tu as cru cela, et moi je mentais si je te l'ai dit, tu n'es qu'une sotte et qu'une laide près de ma fille Margot.

— Oh! ceci, madame, c'est vrai! dit Charlotte, et je n'essayerai pas même de le nier, surtout à vous.

— Aussi, continua Catherine, le roi de Navarre te préfère-t-il de beaucoup ma fille, et ce n'était pas ce que tu voulais, je crois, ni ce dont nous étions convenues.

— Hélas! madame, dit Charlotte éclatant cette fois en sanglots sans qu'elle eût besoin de se faire aucune violence; si cela est ainsi, je suis bien malheureuse.

— Cela est, dit Catherine en enfonçant comme un double poignard le double rayon de ses yeux dans le cœur de madame de Sauve.

— Mais qui peut vous le faire croire? demanda Charlotte.

— Descends chez la reine de Navarre, pazza! et tu y trouveras ton amant.

— Oh! fit madame de Sauve.

Catherine haussa les épaules.

— Es-tu jalouse, par hasard? demanda la reine mère.

— Moi? dit madame de Sauve rappelant à elle toute sa force prête à l'abandonner.

— Oui, toi! je serais curieuse de voir une jalousie de Française.

— Mais, dit madame de Sauve, comment Votre Majesté veut-elle que je sois jalouse autrement que d'amour-propre; je n'aime le roi de Navarre qu'autant qu'il le faut pour le service de Votre Majesté!

Catherine la regarda un moment avec des yeux rêveurs.

— Ce que tu me dis là peut, à tout prendre, être vrai, murmura-t-elle.

— Votre Majesté lit dans mon cœur.

— Et ce cœur m'est tout dévoué?

— Ordonnez, madame, et vous en jugerez.

— Eh bien! puisque tu te sacrifies à mon service, Carlotta, il faut, pour mon service toujours, que tu sois très-éprise du roi de Navarre, et très-jalouse surtout, jalouse comme une Italienne.

— Mais, madame, demanda Charlotte, de quelle façon une Italienne est-elle jalouse?

— Je te le dirai, reprit Catherine; et, après avoir fait deux ou trois mouvements de tête de haut en bas, elle sortit silencieusement et lentement comme elle était entrée.

Charlotte, troublée par le clair regard de ces yeux dilatés comme ceux du chat et de la panthère, sans que cette dilatation lui fît rien perdre de sa profondeur, la laissa partir sans prononcer un seul mot,

sans même laisser à son souffle la liberté de se faire entendre, et elle ne respira que lorsqu'elle eut entendu la porte se refermer derrière elle et que Dariole fut venue lui dire que la terrible apparition était bien évanouie.

— Dariole, lui dit-elle alors, traîne un fauteuil près de mon lit et passe la nuit dans ce fauteuil. Je t'en prie, car je n'oserais pas rester seule.

Dariole obéit; mais, malgré la compagnie de sa femme de chambre qui restait près d'elle, malgré la lumière de la lampe qu'elle ordonna de laisser allumée pour plus grande tranquillité, madame de Sauve aussi ne s'endormit qu'au jour, tant bruissait à son oreille le métallique accent de la voix de Catherine.

Cependant, quoique endormie au moment où le jour commençait à paraître, Marguerite se réveilla au premier son des trompettes, aux premiers aboiements des chiens. Elle se leva aussitôt et commença de revêtir un costume si négligé, qu'il en était prétentieux. Alors elle appela ses femmes, fit introduire dans son antichambre les gentilshommes du service ordinaire du roi de Navarre; puis, ouvrant la porte qui enfermait sous la même clef Henri et de la Mole, elle donna du regard un bonjour affectueux à ce dernier, et, appelant son mari:

— Allons, sire, dit-elle, ce n'est pas le tout que d'avoir fait croire à madame ma mère ce qui n'est pas, il convient encore que vous persuadiez toute votre cour de la parfaite intelligence qui règne entre nous. Mais tranquillisez-vous, ajouta-t-elle en riant, et retenez bien mes paroles, que la circonstance fait presque solennelles: Aujourd'hui sera la dernière fois que je mettrai Votre Majesté à cette cruelle épreuve.

Le roi de Navarre sourit et ordonna qu'on introduisît ses gentilshommes.

Au moment où ils le saluaient, il fit semblant de s'apercevoir seulement que son manteau était resté sur le lit de la reine; il leur fit ses excuses de les recevoir ainsi, prit son manteau des mains de Marguerite rougissante, et l'agrafa sur son épaule. Puis, se retournant vers eux, il leur demanda des nouvelles de la ville et de la cour.

Marguerite remarquait du coin de l'œil l'imperceptible étonnement que produisit sur le visage des gentilshommes cette intimité qui venait de se révéler entre le roi et la reine de Navarre, lorsqu'un huissier entra suivi de trois ou quatre gentilshommes, et annonçant le duc d'Alençon.

Pour le faire venir, Gillonne avait eu besoin de lui apprendre seulement que le roi avait passé la nuit chez sa femme.

François entra si rapidement, qu'il faillit, en les écartant, renverser ceux qui le précédaient. Son premier coup d'œil fut pour Henri. Marguerite n'eut que le second.

Henri lui répondit par un salut courtois. Marguerite composa son visage, qui exprima la plus parfaite sérénité.

D'un autre regard vague, mais scrutateur, le duc embrassa alors toute la chambre; il vit le lit aux tapisseries dérangées, le double oreiller affaissé au chevet, le chapeau du roi jeté sur une chaise.

Il pâlit; mais, se remettant sur-le-champ :

— Mon frère Henri, dit-il, venez-vous jouer ce matin à la paume avec le roi?

— Le roi me fait-il cet honneur de m'avoir choisi, demanda Henri, ou n'est-ce qu'une attention de votre part, mon beau-frère?

— Mais, non, le roi n'a point parlé de cela, dit le duc un peu embarrassé; mais n'êtes-vous point de sa partie ordinaire?

Henri sourit; car il s'était passé tant et de si graves choses depuis la dernière partie qu'il avait faite avec le roi, qu'il n'y aurait rien eu d'étonnant à ce que Charles IX eût changé ses joueurs habituels.

— J'y vais, mon frère! dit Henri en souriant.

— Venez, reprit le duc.

— Vous vous en allez? demanda Marguerite.

— Oui, ma sœur.

— Vous êtes donc pressé?

— Très-pressé.

— Si cependant je réclamais de vous quelques minutes?

Une pareille demande était si rare dans la bouche de Marguerite, que son frère la regarda en rougissant et en pâlissant tour à tour.

— Que va-t-elle lui dire? pensa Henri non moins étonné que le duc d'Alençon.

Marguerite, comme si elle eût deviné la pensée de son époux, se retourna de son côté.

— Monsieur, dit-elle avec un charmant sourire, vous pouvez rejoindre Sa Majesté, si bon vous semble, car le secret que j'ai à révéler à mon frère est déjà connu de vous, puisque la demande que je vous ai adressée hier à propos de ce secret a été à peu près refusée par Votre Majesté. Je ne voudrais donc pas, continua Marguerite, fatiguer une seconde fois Votre Majesté par l'expression émise en face d'elle d'un désir qui a paru lui être désagréable.

— Qu'est-ce donc? demanda François en les regardant tous deux avec étonnement.

— Ah! ah! dit Henri en rougissant de dépit, je sais ce que vous voulez dire, madame. En vérité, je regrette de ne pas être plus libre. Mais, si je ne puis donner à M. de la Mole une hospitalité qui ne lui offrirait aucune assurance, je n'en peux pas moins recommander après vous à mon frère d'Alençon la personne à *laquelle vous vous intéressez.* Peut-être même, ajouta-t-il pour donner plus de force encore aux mots que nous venons de souligner, peut-être même mon frère trouvera-t-il une idée qui vous permettra de garder M. de la Mole... ici... près de vous... ce qui serait mieux que tout, n'est-ce pas, madame?

— Allons, allons, se dit Marguerite en elle-même, à eux deux ils vont faire ce que ni l'un ni l'autre des deux n'eût fait tout seul.

Et elle ouvrit la porte du cabinet et en fit sortir le jeune blessé après avoir dit à Henri :

— C'est à vous, monsieur, d'expliquer à mon frère à quel titre nous nous intéressons à M. de la Mole.

En deux mots, Henri, pris au trébuchet, raconta à M. d'Alençon, moitié protestant par opposition, comme Henri moitié catholique par prudence, l'arrivée de la Mole à Paris, et comment le jeune homme avait été blessé en venant lui apporter une lettre de M. d'Auriac.

Quand le duc se retourna, la Mole, sorti du cabinet, se tenait debout devant lui.

François, en l'apercevant si beau, si pâle, et par conséquent doublement séduisant par sa beauté et par sa pâleur, sentit naître une nouvelle terreur au fond de son âme.

Marguerite le prenait à la fois par la jalousie et par l'amour-propre.

— Mon frère, lui dit-elle, ce jeune gentilhomme, j'en réponds, sera utile à qui saura l'employer. Si vous l'acceptez pour vôtre, il trouvera en vous un maître puissant, et vous, en lui, un serviteur dévoué. En ces temps, il faut bien s'entourer, mon frère! surtout, ajouta-t-elle en baissant la voix de manière que le duc d'Alençon l'entendît seul, quand on est ambitieux et que l'on a le malheur de n'être que troisième fils de France.

Elle mit un doigt sur sa bouche pour indiquer à François que, malgré cette ouverture, elle gardait encore à part en elle-même une portion importante de sa pensée.

— Puis, ajouta-t-elle, peut-être trouverez-vous, tout au contraire de Henri, qu'il n'est pas séant que ce jeune homme demeure si près de mon appartement.

— Ma sœur, dit vivement François, M. de la Mole, si cela lui convient toutefois, sera dans une demi-heure installé dans mon logis, où je crois qu'il n'a rien à craindre. Qu'il m'aime et je l'aimerai.

François mentait, car au fond de son cœur il détestait déjà la Mole.

— Bien, bien... je ne m'étais donc pas trompée! murmura Marguerite, qui vit les sourcils du roi de Navarre se froncer. Ah! pour vous conduire l'un et l'autre, je vois qu'il faut vous conduire l'un par l'autre.

Puis, complétant sa pensée :

— Allons, allons, continua-t-elle, — bien, Marguerite! dirait Henriette.

En effet, une demi-heure après, la Mole, gravement catéchisé par Marguerite, baisait le bas de sa robe, et montait, assez lestement pour un blessé, l'escalier qui conduisait chez M. d'Alençon.

Et il montait assez lestement pour un blessé. — PAGE 92

Deux ou trois jours s'écoulèrent pendant lesquels la bonne harmonie parut se consolider de plus en plus entre Henri et sa femme. Henri avait obtenu de ne pas faire abjuration publique, mais il avait renoncé entre les mains du confesseur du roi et entendait tous les matins la messe qu'on disait au Louvre. Le soir il prenait ostensiblement le chemin de l'appartement de sa femme, entrait par la grande porte, causait quelques instants avec elle, puis sortait par la petite porte secrète et montait chez madame de Sauve, qui n'avait pas manqué de le prévenir de la visite de Catherine et du danger incon-

testable qui le menaçait. Henri, renseigné des deux côtés, redoublait donc de défiance à l'endroit de la reine mère, et cela avec d'autant plus de raison, qu'insensiblement la figure de Catherine commençait de se dérider. Henri en arriva même à voir éclore un matin sur ses lèvres pâles un sourire de bienveillance. Ce jour-là il eut toutes les peines du monde à se décider à manger autre chose que des œufs qu'il avait fait cuire lui-même, et à boire autre chose que de l'eau qu'il avait vu puiser à la Seine devant lui.

Les massacres continuaient, mais néanmoins allaient s'éteignant; on avait fait si grande tuerie des huguenots, que le nombre en était fort diminué. La plus grande partie étaient morts; beaucoup avaient fui, quelques-uns étaient restés cachés. De temps en temps une grande clameur s'élevait dans un quartier ou dans un autre : c'était quand on avait découvert un de ceux-là. L'exécution alors était privée ou publique, selon que le malheureux était acculé dans quelque endroit sans issue ou pouvait fuir. Dans le dernier cas, c'était une grande joie pour le quartier où l'événement avait eu lieu : car, au lieu de se calmer par l'extinction de leurs ennemis, les catholiques devenaient de plus en plus féroces; et moins il en restait, plus ils paraissaient acharnés après ces malheureux restes.

Charles IX avait pris grand plaisir à la chasse aux huguenots; puis, quand il n'avait pas pu continuer de chasser lui-même, il s'était délecté au bruit des chasses des autres.

Un jour, en revenant de jouer au mail, qui était avec la paume et la chasse son plaisir favori, il entra chez sa mère le visage tout joyeux, suivi de ses courtisans habituels.

— Ma mère, dit-il en embrassant la Florentine, qui, remarquant cette joie, avait déjà essayé d'en deviner la cause; ma mère, bonne nouvelle ! Mort de tous les diables! savez-vous une chose? c'est que l'illustre carcasse de M. l'amiral, que l'on croyait perdue, est retrouvée !

— Ah ! ah ! dit Catherine.

— Oh ! mon Dieu oui ! Vous avez eu comme moi l'idée, n'est-ce pas, ma mère, que les chiens en avaient fait leur repas de noce? mais il n'en était rien. Mon peuple, mon cher peuple, mon bon peuple, a eu une idée : il a pendu l'amiral au croc de Montfaucon.

Du haut en bas Gaspard on a jeté,
Et puis de bas en haut on l'a monté.

— Eh bien? dit Catherine.

— Eh bien ! ma bonne mère, reprit Charles IX, j'ai toujours eu l'envie de le revoir depuis que je sais qu'il est mort, le cher homme. Il fait beau. Tout me semble en fleurs aujourd'hui. L'air est plein de vie et de parfums, je me porte comme je ne me suis jamais porté. Si vous voulez, ma mère, nous monterons à cheval et nous irons à Montfaucon.

— Ce serait bien volontiers, mon fils, dit Catherine, si je n'avais pas donné un rendez-vous que je ne veux pas manquer; puis, à une visite faite à un homme de l'importance de M. l'amiral, ajouta-t-elle, il faut convier toute la cour. Ce sera une occasion pour les observateurs de faire des observations curieuses. Nous verrons qui viendra et qui demeurera.

— Vous avez, ma foi ! raison, ma mère ! à de-

main la chose, cela vaut mieux ! Ainsi, faites vos invitations, je ferai les miennes, ou plutôt nous n'inviterons personne. Nous dirons seulement que nous y allons ; cela fait, tout le monde sera libre. Adieu, ma mère! je vais sonner du cor.

— Vous vous épuiserez, Charles ! Ambroise Paré vous le dit sans cesse, et il a raison; c'est un trop rude exercice pour vous.

— Bah ! bah ! bah ! dit Charles, je voudrais bien être sûr de ne mourir que de cela. J'enterrerais tout le monde ici et même Henriot, qui doit un jour nous succéder à tous, à ce que prétend Nostradamus.

Catherine fronça le sourcil.

— Mon fils, dit-elle, défiez-vous surtout des choses qui paraissent impossibles, et, en attendant, ménagez-vous.

— Deux ou trois fanfares seulement pour réjouir mes chiens, qui s'ennuient à crever, pauvres bêtes! J'aurais dû les lâcher sur le huguenot, cela les aurait réjouis.

Et Charles IX sortit de la chambre de sa mère, entra dans son cabinet d'armes, détacha un cor, en sonna avec une vigueur qui eût fait honneur à Roland lui-même. On ne pouvait pas comprendre comment de ce corps faible et maladif et de ces lèvres pâles pouvait sortir un souffle si puissant.

Catherine attendait en effet quelqu'un, comme elle l'avait dit à son fils. Un instant après qu'il fut sorti, une de ses femmes vint lui parler tout bas. La reine sourit, se leva, salua les personnes qui lui faisaient la cour, et suivit la messagère.

Le Florentin René, celui auquel le roi de Navarre, le soir même de la Saint-Barthélemy, avait fait un accueil si diplomatique, venait d'entrer dans son oratoire.

— Ah ! c'est vous, René! lui dit Catherine, je vous attendais avec impatience.

René s'inclina.

— Vous avez reçu hier le petit mot que je vous ai écrit?

— J'ai eu cet honneur.

— Avez-vous renouvelé, comme je vous le disais, l'épreuve de cet horoscope tiré par Ruggieri, et qui s'accorde si bien avec cette prophétie de Nostradamus qui dit que mes fils régneront tous trois?... Depuis quelques jours, les choses sont bien modifiées, René, et j'ai pensé qu'il était possible que les destinées fussent devenues moins menaçantes.

— Madame, répondit René en secouant la tête, Votre Majesté sait bien que les choses ne modifient pas la destinée; c'est la destinée, au contraire, qui gouverne les choses.

— Vous n'en avez pas moins renouvelé le sacrifice, n'est-ce pas?

— Oui, madame, répondit René, car vous obéir est mon premier devoir.

— Eh bien ! le résultat?

— Est demeuré le même, madame.

— Quoi! l'agneau noir a toujours poussé ses trois cris?

— Toujours, madame.

— Signe de trois morts cruelles dans ma famille! murmura Catherine.

— Hélas! dit René.

— Mais ensuite?

— Ensuite, madame, il y avait dans ses entrailles cet étrange déplacement du foie que nous avons déjà remarqué dans les deux premiers, et qui penchait en sens inverse.

— Changement de dynastie. Toujours, toujours, toujours, grommela Catherine; il faudra cependant combattre cela, René! continua-t-elle.

René secoua la tête.

— Je l'ai dit à Votre Majesté, reprit-il, le destin gouverne.

— C'est ton avis? dit Catherine.

— Oui, madame.

— Te souviens-tu de l'horoscope de Jeanne d'Albret?

— Oui, madame.

— Redis-le un peu, voyons; je l'ai oublié, moi.

— *Vives honorata*, dit René, *morieris reformidata, regina amplificabere.*

— Ce qui veut dire, je crois, répliqua Catherine; *tu vivras honorée*, et elle manquait du nécessaire, la pauvre femme! *Tu mourras redoutée*, et nous nous sommes moqués d'elle. *Tu seras plus grande que tu n'as été comme reine*, et voilà qu'elle est morte et que sa grandeur repose dans un tombeau où nous avons oublié de mettre même son nom.

— Madame, Votre Majesté traduit mal le *vives honorata*. La reine de Navarre a vécu honorée, en effet; car elle a joui, tant qu'elle a vécu, de l'amour de ses enfants et du respect de ses partisans, amour et respect d'autant plus sincères qu'elle était plus pauvre.

— Oui, dit Catherine, je vous passe le *tu vivras honorée*; mais *morieris reformidata*, voyons, comment l'expliquerez-vous?

— Comment je l'expliquerai! rien de plus facile. Tu mourras redoutée.

— Eh bien! est-elle morte redoutée?

— Si bien redoutée, madame, qu'elle ne fût pas morte si Votre Majesté n'en avait pas eu peur. Enfin, *comme reine tu grandiras, ou tu seras plus grande que tu n'as été comme reine*; ce qui est encore vrai, madame; car, en échange de la couronne périssable, elle a peut-être maintenant, comme reine et martyre, la couronne du ciel, et, outre cela, qui sait encore l'avenir réservé à sa race sur la terre?

Catherine était superstitieuse à l'excès; elle s'épouvanta plus encore peut-être du sang-froid de René que de cette persistance des augures; et, comme pour elle un mauvais pas était une occasion de franchir hardiment la situation, elle dit brusquement

à René, et sans transition aucune que le travail muet de sa pensée :

— Est-il arrivé des parfums d'Italie?

— Oui, madame.

— Vous m'en enverrez un coffret garni.

— Desquels?

— Des derniers, de ceux...

Catherine s'arrêta.

— De ceux qu'aimait particulièrement la reine de Navarre? reprit René.

— Précisément.

— Il n'est point besoin de les préparer, n'est-ce pas, madame? car Votre Majesté y est, à cette heure, aussi savante que moi.

— Tu trouves? dit Catherine; le fait est qu'ils réussissent.

— Votre Majesté n'a plus rien à me dire? demanda le parfumeur.

— Non, non, reprit Catherine pensive; je ne crois pas, du moins. Si toutefois il y avait du nouveau dans les sacrifices, faites-le-moi savoir. A propos, laissons là les agneaux, et essayons des poules.

— Hélas! madame, j'ai bien peur qu'en changeant la victime nous ne changions rien aux présages.

— Fais ce que je dis.

René salua et sortit.

Catherine resta un instant assise et pensive; puis elle se leva à son tour et rentra dans sa chambre à coucher, où l'attendaient ses femmes, et où elle annonça pour le lendemain le pèlerinage à Montfaucon.

La nouvelle de cette partie de plaisir fut pendant toute la soirée le bruit du palais et la rumeur de la ville. Les dames firent préparer leurs toilettes les plus élégantes, les gentilshommes leurs armes et leurs chevaux d'apparat. Les marchands fermèrent boutiques et ateliers, et les flâneurs de la populace tuèrent par-ci, par-là, quelques huguenots épargnés pour la bonne occasion, afin d'avoir un accompagnement convenable à donner au cadavre de l'amiral.

Ce fut un grand vacarme pendant toute la soirée et pendant une bonne partie de la nuit.

La Mole avait passé la plus triste journée du monde, et cette journée avait succédé à trois ou quatre autres qui n'étaient pas moins tristes.

M. d'Alençon, pour obéir aux désirs de Marguerite, l'avait installé chez lui, mais ne l'avait point revu depuis. Il se sentait tout à coup comme un pauvre enfant abandonné, privé des soins tendres, délicats et charmants de deux femmes dont le souvenir seul de l'une dévorait incessamment sa pensée. Il avait bien eu de ses nouvelles par le chirurgien Ambroise Paré, qu'elle lui avait envoyé; mais ces nouvelles, transmises par un homme de cinquante ans, qui ignorait ou feignait d'ignorer l'in-

— A merveille! qu'on lui donne un de mes chevaux.

térêt que la Mole portait aux moindres choses qui se rapportaient à Marguerite, étaient bien incomplètes et bien insuffisantes. Il est vrai que Gillonne était venue une fois, en son propre nom, bien entendu, pour savoir des nouvelles du blessé. Cette visite avait fait l'effet d'un rayon de soleil dans un cachot, et la Mole en était resté comme ébloui, attendant toujours une seconde apparition, laquelle, quoiqu'il se fût écoulé deux jours depuis la première, ne venait point.

Aussi, quand la nouvelle fut apportée au convalescent de cette réunion splendide de toute la cour pour le lendemain, fit-il demander à M. d'Alençon la faveur de l'accompagner.

Le duc ne se demanda pas même si la Mole était en état de supporter cette fatigue, il répondit seulement :

— A merveille! qu'on lui donne un de mes chevaux.

C'était tout ce que désirait la Mole. Maître Ambroise Paré vint comme d'habitude pour le panser; la Mole lui exposa la nécessité où il était de monter à cheval, et le pria de mettre un double soin à la pose des appareils. Les deux blessures, au reste,

Un grand gentilhomme à poil roux examinait devant une glace. — Page 98.

étaient refermées, celle de la poitrine comme celle de l'épaule, et celle de l'épaule seule le faisait souffrir. Toutes deux étaient vermeilles, comme il convient à des chairs en voie de guérison. Maître Ambroise Paré les recouvrit d'un taffetas gommé, fort en vogue à cette époque pour ces sortes de cas, et promit à la Mole que, pourvu qu'il ne se donnât point trop de mouvement dans l'excursion qu'il allait faire, les choses iraient convenablement.

La Mole était au comble de la joie; à part une certaine faiblesse causée par la perte de sang et un léger étourdissement qui se rattachait à cette cause, il se sentait aussi bien qu'il pouvait être. D'ailleurs, Marguerite serait sans doute de cette cavalcade; il reverrait Marguerite; et, lorsqu'il songeait au bien que lui avait fait la vue de Gillonne, il ne mettait point en doute l'efficacité bien plus grande de celle de sa maîtresse.

La Mole employa donc une partie de l'argent qu'il avait reçu en partant de sa famille à acheter le plus beau justaucorps de satin blanc et la plus riche broderie de manteau que lui pût procurer le tailleur à la mode. Le même lui fournit encore des bottes de cuir parfumé qu'on portait à cette époque; le

13.

tout lui fut apporté le matin, une demi-heure seulement après l'heure pour laquelle la Mole l'avait demandé, ce qui fait qu'il n'eut trop rien à dire. Il s'habilla rapidement, se regarda dans son miroir, se trouva assez convenablement vêtu, coiffé, parfumé, pour être satisfait de lui-même ; enfin, il s'assura par plusieurs tours faits rapidement dans sa chambre que, à part plusieurs douleurs assez vives, le bonheur moral ferait taire les incommodités physiques.

Un manteau cerise de son invention, et taillé un peu plus long qu'on ne les portait alors, lui allait particulièrement bien.

Tandis que cette scène se passait au Louvre, une autre du même genre avait lieu à l'hôtel de Guise. Un grand gentilhomme à poil roux examinait devant une glace une raie rougeâtre qui lui traversait désagréablement le visage ; il peignait et parfumait sa moustache, et, tout en la parfumant, il étendait sur cette malheureuse raie, qui, malgré tous les cosmétiques en usage à cette époque, s'obstinait à reparaître, il étendait, dis-je, une triple couche de blanc et de rouge ; mais, comme l'application était insuffisante, une idée lui vint : un ardent soleil, un soleil d'août, dardait ses rayons dans la cour ; il descendit dans cette cour, mit son chapeau à la main, et, le nez en l'air et les yeux fermés, il se promena pendant dix minutes, s'exposant volontairement à cette flamme dévorante qui tombait par torrents du ciel.

Au bout de dix minutes, grâce à un coup de soleil de premier ordre, le gentilhomme était arrivé à avoir un visage si éclatant, que c'était la raie rouge qui maintenant n'était plus en harmonie avec le reste, et qui, par comparaison, paraissait jaune. Notre gentilhomme ne parut pas moins fort satisfait de cet arc-en-ciel, qu'il rassortit de son mieux avec le reste du visage, grâce à une couche de vermillon qu'il étendit dessus ; après quoi il endossa un magnifique habit qu'un tailleur avait mis dans sa chambre avant qu'il n'eût demandé le tailleur.

Ainsi paré, musqué, armé de pied en cap, il descendit une seconde fois dans la cour, et se mit à caresser un grand cheval noir dont la beauté eût été sans égale, sans une petite coupure que, à l'instar de celle de son maître, lui avait faite, dans une des dernières batailles civiles, un sabre de reître.

Néanmoins, enchanté de son cheval comme il l'était de lui-même, ce gentilhomme, que nos lecteurs ont sans doute reconnu sans peine, fut en selle un quart d'heure avant tout le monde, et fit retentir la cour de l'hôtel de Guise des hennissements de son coursier, auxquels répondaient, à mesure qu'il s'en rendait maître, des *mordi* prononcés sur tous les tons. Au bout d'un instant, le cheval, complétement dompté, reconnaissait, par sa souplesse et son obéissance, la légitime domination de son cavalier ; mais la victoire n'avait pas été remportée sans bruit, et ce bruit (c'était peut-être là-dessus que comptait notre gentilhomme), et ce bruit avait attiré aux vitres une dame que notre dompteur de chevaux salua profondément, et qui lui sourit de la façon la plus agréable.

Cinq minutes après, madame de Nevers faisait appeler son intendant.

— Monsieur, demanda-t-elle, a-t-on fait convenablement déjeuner M. le comte Annibal de Coconas?

— Oui, madame, répondit l'intendant ; il a même ce matin mangé de meilleur appétit encore que d'habitude.

— Bien, monsieur, dit la duchesse.

Puis, se retournant vers son premier gentilhomme :

— Monsieur d'Arguzon, dit-elle, partons pour le Louvre, et tenez l'œil, je vous prie, sur M. le comte Annibal de Coconas, car il est blessé, et, par conséquent, encore faible, et je ne voudrais pas, pour tout au monde, qu'il lui arrivât malheur. Cela ferait rire les huguenots, qui lui gardent rancune depuis cette bienheureuse soirée de la Saint-Barthélemy.

Et madame de Nevers, montant à cheval à son tour, partit toute rayonnante pour le Louvre, où était le rendez-vous général.

XVI

LE CORPS D'UN ENNEMI MORT SENT TOUJOURS BON.

l était deux heures de l'a-
près-midi lorsqu'une file
de cavaliers reluisants d'or,
de joyaux et d'habits splen-
dides, apparut dans la rue
Saint-Denis, débouchant à
l'angle du cimetière des
Innocents, et se déroulant
au soleil entre les deux rangées de maisons sombres comme un immense reptile aux chatoyants anneaux.

Nulle troupe, si riche qu'elle soit, ne peut donner une idée de ce spectacle. Les habits soyeux, riches et éclatants, légués comme une mode splendide par François Iᵉʳ à ses successeurs, ne s'étaient
pas transformés encore dans ces vêtements étriqués
et sombres qui furent de mise sous Henri III ; de
sorte que le costume de Charles IX, moins riche,
mais peut-être plus élégant que ceux des époques
précédentes, éclatait dans toute sa parfaite harmonie. De nos jours, il n'y a plus de point de comparaison possible avec un semblable cortége ; car nous
en sommes réduits, pour nos magnificences de pa-
rade, à la symétrie et à l'uniforme.

Pages, écuyers, gentilshommes de bas étage,
chiens et chevaux marchant sur les flancs et en arrière, faisaient du cortége royal une véritable armée. Derrière cette armée venait le peuple, ou,
pour mieux dire, le peuple était partout.

Le peuple suivait, escortait et précédait ; il criait
à la fois Noël et Haro ! car dans le cortége on dis-
tinguait plusieurs calvinistes ralliés, et le peuple a
de la rancune.

C'était le matin, en face de Catherine et du duc
de Guise, que Charles IX avait, comme d'une chose
toute naturelle, parlé devant Henri de Navarre d'aller visiter le gibet de Montfaucon, ou plutôt le corps
mutilé de l'amiral, qui était pendu. Le premier
mouvement de Henri avait été de se dispenser de
prendre part à cette visite. C'était là où l'attendait
Catherine. Aux premiers mots qu'il dit exprimant
sa répugnance, elle échangea un coup d'œil et un
sourire avec le duc de Guise. Henri surprit l'un et
l'autre, les comprit, puis, se reprenant tout à coup :

— Mais, au fait, dit-il, pourquoi n'irais-je pas ?

Je suis catholique et je me dois à ma nouvelle religion.

Puis, s'adressant à Charles IX :

— Que Votre Majesté compte sur moi, lui dit-il,
je serai toujours heureux de l'accompagner partout
où elle ira.

Et il jeta autour de lui un coup d'œil rapide
pour compter les sourcils qui se fronçaient.

Aussi, celui de tout le cortége que l'on regardait
avec le plus de curiosité peut-être, était ce fils sans
mère, ce roi sans royaume, ce huguenot fait catholique. Sa figure longue et caractérisée, sa tournure
un peu vulgaire, sa familiarité avec ses inférieurs,
familiarité qu'il portait à un degré presque incon-
venant pour un roi, familiarité qui tenait aux habitudes montagnardes de sa jeunesse et qu'il con-
serva jusqu'à sa mort, le signalaient aux spectateurs,
dont quelques-uns lui criaient :

— A la messe, Henriot, à la messe !

Ce à quoi Henri répondait :

— J'y ai été hier, j'en viens aujourd'hui, et j'y
retournerai demain. Ventre-saint-gris ! il me semble cependant que c'est assez comme cela.

Quant à Marguerite, elle était à cheval, si belle,
si fraîche, si élégante, que l'admiration faisait autour d'elle un concert dont quelques notes, il faut
l'avouer, s'adressaient à sa compagne, madame la
duchesse de Nevers, qu'elle venait de rejoindre, et
dont le cheval blanc, comme s'il était fier du poids
qu'il portait, secouait furieusement la tête.

— Eh bien ! duchesse, dit la reine de Navarre,
quoi de nouveau ?

— Mais, madame, répondit tout haut Henriette,
rien que je sache.

Puis tout bas :

— Et le huguenot, demanda-t-elle, qu'est-il devenu ?

— Je lui ai trouvé une retraite à peu près sûre,
répondit Marguerite. Et le grand massacreur de
gens, qu'en as-tu fait ?

— Il a voulu être de la fête ; il monte le cheval
de bataille de M. de Nevers, un cheval grand comme
un éléphant. C'est un cavalier effrayant. Je lui ai
permis d'assister à la cérémonie, parce que j'ai
pensé que prudemment ton huguenot garderait la

chambre, et que de cette façon il n'y aurait pas de rencontre à craindre.

— Oh! ma foi, répondit Marguerite en souriant, fût-il ici, et il n'y est pas, je crois qu'il n'y aurait pas de rencontre pour cela. C'est un beau garçon que mon huguenot, mais pas autre chose : une colombe et non un milan; il roucoule, mais ne mord pas. Après tout, fit-elle avec un accent intraduisible et en haussant légèrement les épaules; après tout, peut-être l'avons-nous cru huguenot, tandis qu'il était brahme, et sa religion lui défend-elle de répandre le sang.

— Mais où est donc le duc d'Alençon? demanda Henriette, je ne l'aperçois point.

— Il doit rejoindre, il avait mal aux yeux ce matin et désirait ne pas venir; mais, comme on sait que, pour ne pas être du même avis que son frère Charles et son frère Henri, il penche pour les huguenots, on lui a fait observer que le roi pourrait interpréter à mal son absence, et il s'est décidé. Mais, justement, tiens, on regarde, on crie là-bas, c'est lui qui sera venu par la Porte-Montmartre.

— En effet, c'est lui-même, je le reconnais, dit Henriette. En vérité, mais il a bon air aujourd'hui. Depuis quelque temps, il se soigne particulièrement : il faut qu'il soit amoureux. Voyez donc, comme c'est bon d'être prince du sang : il galope sur tout le monde, et tout le monde se range.

— En effet, dit en riant Marguerite, il va nous écraser, Dieu me pardonne! Mais faites donc ranger vos gentilshommes, duchesse! car en voici un qui, s'il ne se range pas, va se faire tuer.

— Eh! c'est mon intrépide! s'écria la duchesse, regarde donc, regarde!

Coconas avait en effet quitté son rang pour se rapprocher de madame de Nevers; mais, au moment même où son cheval traversait l'espèce de boulevard extérieur qui séparait la rue du faubourg Saint-Denis, un cavalier de la suite du duc d'Alençon, essayant en vain de retenir son cheval emporté, alla en plein corps heurter Coconas. Coconas, ébranlé, vacilla sur sa colossale monture, son chapeau faillit tomber, il le retint et se retourna furieux.

— Dieu! dit Marguerite en se penchant à l'oreille de son amie, M. de la Mole!

— Ce beau jeune homme pâle! s'écria la duchesse incapable de maîtriser sa première impression.

— Oui, oui! celui-là même qui a failli renverser ton Piémontais.

— Oh! mais, dit la duchesse, il va se passer des choses affreuses! ils se regardent, ils se reconnaissent!

En effet, Coconas, en se retournant, avait reconnu la figure de la Mole; et, de surprise, il avait laissé échapper la bride de son cheval, car il croyait bien avoir tué son ancien compagnon, ou du moins l'avoir mis pour un certain temps hors de combat,

De son côté, la Mole reconnut Coconas et sentit un feu qui lui montait au visage. Pendant quelques secondes qui suffisaient à l'expression de tous les sentiments que couvaient ces deux hommes, ils s'étreignirent d'un regard qui fit frissonner les deux femmes. Après quoi la Mole, ayant regardé tout autour de lui, et ayant compris sans doute que le lieu était mal choisi pour une explication, piqua son cheval et rejoignit le duc d'Alençon. Coconas resta un moment ferme à la même place, tordant sa moustache et en faisant remonter la pointe jusqu'à se crever l'œil; après quoi, voyant que la Mole s'éloignait sans lui rien dire de plus, il se remit lui-même en route.

— Ah! ah! dit avec une dédaigneuse douleur Marguerite, je ne m'étais donc pas trompée... Oh! pour cette fois, c'est trop fort.

Et elle se mordit les lèvres jusqu'au sang.

— Il est bien joli, répondit la duchesse avec commisération.

Juste en ce moment le duc d'Alençon venait de reprendre sa place derrière le roi et la reine mère, de sorte que ses gentilshommes, en le rejoignant, étaient forcés de passer devant Marguerite et la duchesse de Nevers. La Mole, en passant à son tour devant les deux princesses, leva son chapeau, salua la reine en s'inclinant jusque sur le cou de son cheval, et demeura tête nue en attendant que Sa Majesté l'honorât d'un regard.

Mais Marguerite détourna fièrement la tête.

La Mole lut sans doute l'expression de dédain empreinte sur le visage de la reine, et, de pâle qu'il était, devint livide. De plus, pour ne pas choir de son cheval, il fut forcé de se retenir à la crinière.

— Oh! oh! dit Henriette à la reine, regarde donc, cruelle que tu es! Mais il va se trouver mal...

— Bon! dit la reine avec un sourire écrasant, il ne nous manquerait plus que cela. — As-tu des sels?...

Madame de Nevers se trompait. La Mole, chancelant, retrouva des forces, et, se raffermissant sur son cheval, alla reprendre son rang à la suite de M. le duc d'Alençon.

Cependant on continuait d'avancer, on voyait se dessiner la silhouette lugubre du gibet dressé et étrenné par Enguerrand de Marigny. Jamais il n'avait été si bien garni qu'à cette heure.

Les huissiers et les gardes marchèrent en avant et formèrent un large cercle autour de l'enceinte. A leur approche, les corbeaux perchés sur le gibet s'envolèrent avec des croassements de désespoir.

Le gibet qui s'élevait à Montfaucon offrait d'ordinaire, derrière ses colonnes, un abri aux chiens attirés par une proie fréquente et aux bandits philosophes qui venaient méditer sur les tristes vicissitudes de la fortune.

Ce jour-là, il n'y avait, en apparence du moins, à Montfaucon, ni chiens, ni bandits. Les huissiers et

C'était un spectacle à la fois lugubre et bizarre.

les gardes avaient chassé les premiers en même temps que les corbeaux, et les autres s'étaient confondus dans la foule pour y opérer quelques-uns de ces bons coups qui sont les riantes vicissitudes du métier.

Le cortége s'avançait ; le roi et Catherine arrivaient les premiers, puis venaient le duc d'Anjou, le duc d'Alençon, le roi de Navarre, M. de Guise et leurs gentilshommes ; puis madame Marguerite, la duchesse de Nevers et toutes les femmes composant ce qu'on appelait l'escadron volant de la reine ; puis les pages, les écuyers, les valets et le peuple, en tout dix mille personnes.

Au gibet principal pendait une masse informe, un cadavre noir, souillé de sang coagulé et de boue blanchie par de nouvelles couches de poussière. Au cadavre, il manquait une tête. Aussi l'avait-on pendu par les pieds. Au reste, la populace, ingénieuse comme elle l'est toujours, avait remplacé la tête par un bouchon de paille sur lequel elle avait mis un masque, et dans la bouche de ce masque, quelque railleur, qui connaissait les habitudes de M. l'amiral, avait introduit un cure-dent.

C'était un spectacle à la fois lugubre et bizarre, que tous ces élégants seigneurs et toutes ces belles dames défilant, comme une procession peinte par

Goya, au milieu de ces squelettes noircis et de ces gibets aux longs bras décharnés. Plus la joie des visiteurs était bruyante, plus elle faisait contraste avec le morne silence et la froide insensibilité de ces cadavres, objets de railleries qui faisaient frissonner ceux-là mêmes qui les faisaient.

Beaucoup supportaient à grand'peine cet horrible spectacle; et, à sa pâleur, on pouvait distinguer dans le groupe des huguenots ralliés Henri, qui, quelle que fût sa puissance sur lui-même et si étendu que fût le degré de dissimulation dont le ciel l'avait doté, n'y put tenir. Il prétexta l'odeur infecte que répandaient tous ces débris humains; et, s'approchant de Charles IX, qui, côte à côte avec Catherine, était arrêté devant les restes de l'amiral:

— Sire, dit-il, Votre Majesté ne trouve-t-elle pas que, pour rester plus longtemps ici, ce pauvre cadavre sent bien mauvais?

— Tu trouves, Henriot! dit Charles IX, dont les yeux étincelaient d'une joie féroce.

— Oui, sire.

— Eh bien! je ne suis pas de ton avis, moi... le corps d'un ennemi sent toujours bon.

— Ma foi, sire! dit Tavannes, puisque Votre Majesté savait que nous devions venir faire une petite visite à M. l'amiral, elle eût dû inviter Pierre Ronsard, son maître en poésie: il eût fait, séance tenante, l'épitaphe du vieux Gaspard.

— Il n'y a pas besoin de lui pour cela, dit Charles IX, et nous le ferons bien nous-même... Par exemple, écoutez, messieurs, dit Charles IX après avoir réfléchi un instant:

Ci-gît, — mais c'est mal entendu, —
Pour lui le mot est trop honnête,
Ici l'amiral est pendu
Par les pieds, à faute de tête.

— Bravo! bravo! s'écrièrent les gentilshommes catholiques tout d'une voix, tandis que les huguenots ralliés fronçaient les sourcils en gardant le silence.

Quant à Henri, comme il causait avec Marguerite et madame de Nevers, il fit semblant de n'avoir pas entendu.

— Allons, allons, monsieur! dit Catherine, que, malgré les parfums dont elle était couverte, cette odeur commençait à indisposer; allons, il n'y a si bonne compagnie qu'on ne quitte. Disons adieu à M. l'amiral, et revenons à Paris.

Elle fit de la tête un geste ironique comme lorsque l'on prend congé d'un ami, et, reprenant la tête de colonne, elle revint gagner le chemin, tandis que le cortège défilait devant le cadavre de Coligny.

Le soleil se couchait à l'horizon.

La foule s'écoula sur les pas de Leurs Majestés pour jouir jusqu'au bout des magnificences du cortège et des détails du spectacle: les voleurs suivi-

rent la foule; de sorte que dix minutes après le départ du roi il n'y avait plus personne autour du cadavre mutilé de l'amiral, que commençaient à effleurer les premières brises du soir.

Quand nous disons personne, nous nous trompons. Un gentilhomme monté sur un cheval noir, et qui n'avait pu sans doute, au moment où il était honoré de la présence des princes, contempler à son aise ce tronc informe et noirci, était demeuré le dernier et s'amusait à examiner dans tous leurs détails, chaînes, crampons, piliers de pierre, le gibet enfin, qui lui paraissait sans doute, à lui arrivé depuis quelques jours à Paris et ignorant des perfectionnements qu'apporte en toute chose la capitale, le parangon de tout ce que l'homme peut inventer de plus terriblement laid.

Il n'est pas besoin de dire à nos lecteurs que cet homme était notre ami Coconnas. Un œil exercé de femme l'avait en vain cherché dans la cavalcade et avait sondé les rangs sans pouvoir le retrouver.

M. de Coconnas, comme nous l'avons dit, était donc en extase devant l'œuvre d'Enguerrand de Marigny.

Mais cette femme n'était pas seule à chercher M. de Coconnas. Un autre gentilhomme, remarquable par son pourpoint de satin blanc et sa galante plume, après avoir regardé en avant et sur les côtés, s'avisa de regarder en arrière et vit la haute taille de Coconnas et la gigantesque silhouette de son cheval se profiler en vigueur sur le ciel rougi des derniers reflets du soleil couchant.

Alors le gentilhomme au pourpoint de satin blanc quitta le chemin suivi par l'ensemble de la troupe, prit un petit sentier, et, décrivant une courbe, retourna vers le gibet.

Presque aussitôt la dame que nous avons reconnue pour la duchesse de Nevers, comme nous avions reconnu le grand gentilhomme au cheval noir pour Coconnas, s'approcha de Marguerite et lui dit:

— Nous nous sommes trompées toutes deux, Marguerite, car le Piémontais est demeuré en arrière et M. de la Mole l'a suivi.

— Mordi! reprit Marguerite en riant, il va donc se passer quelque chose. Ma foi, j'avoue que je ne serais pas fâchée d'avoir à revenir sur son compte.

Marguerite alors se retourna et vit s'exécuter effectivement de la part de la Mole la manœuvre que nous avons dite.

Ce fut alors au tour des deux princesses à quitter la file: l'occasion était des plus favorables; on tournait devant un sentier bordé de larges haies qui remontait, et en remontant passait à trente pas du gibet. Madame de Nevers dit un mot à l'oreille de son capitaine, Marguerite fit un signe à Gillonne, et les quatre personnes s'en allèrent par le chemin de traverse s'embusquer derrière le buisson le plus proche du lieu où allait se passer la scène dont ils paraissaient désirer être spectateurs. Il y avait trente pas environ, comme nous l'avons dit, de cet endroit à celui où Coconas, ravi en extase, gesticulait devant M. l'amiral.

Marguerite mit pied à terre, madame de Nevers et Gillonne en firent autant; le capitaine descendit à son tour, et réunit dans ses mains les brides des quatre chevaux. Un gazon frais et touffu offrait aux trois femmes un siége, comme en demandent souvent inutilement les princesses.

Une éclaircie leur permettait de ne pas perdre le moindre détail.

La Mole avait décrit son cercle. Il vint au pas se placer derrière Coconas, et, allongeant la main, il lui frappa sur l'épaule.

Le Piémontais se retourna.

— Oh! dit-il, ce n'était donc pas un rêve! et vous vivez encore!

— Oui, monsieur, répondit la Mole, oui, je vis encore. Ce n'est pas votre faute, mais enfin je vis.

— Mordi! je vous reconnais bien, reprit Coconas, malgré votre mine pâle. Vous étiez plus rouge que cela la dernière fois que nous nous sommes vus.

— Et moi, dit la Mole, je vous reconnais aussi malgré cette ligne jaune qui vous coupe le visage; vous étiez plus pâle que ça lorsque je vous la fis.

Coconas se mordit les lèvres; mais, décidé, à ce qu'il paraît, à continuer la conversation sur le ton de l'ironie, il continua :

— C'est curieux, n'est-ce pas, monsieur de la Mole, surtout pour un huguenot, de pouvoir regarder M. l'amiral pendu à ce crochet de fer; et dire cependant qu'il y a des gens assez exagérés pour nous accuser d'avoir tué jusqu'aux huguenotins à la mamelle!

— Comte, dit la Mole en s'inclinant, je ne suis plus huguenot, j'ai le bonheur d'être catholique.

— Bah! s'écria Coconas en éclatant de rire, vous êtes converti, monsieur! oh! que c'est adroit!

— Monsieur, continua la Mole avec le même sérieux et la même politesse, j'avais fait vœu de me convertir si j'échappais au massacre.

— Comte, reprit le Piémontais, c'est un vœu très-prudent, et je vous en félicite; n'en auriez-vous point fait d'autre encore?

— Oui, bien, monsieur, j'en ai fait un second, répondit la Mole en caressant sa monture avec une tranquillité parfaite.

— Lequel? demanda Coconas.

— Celui de vous accrocher là-haut, voyez-vous! à ce petit clou qui semble vous attendre au-dessous de M. de Coligny.

— Comment, dit Coconas, comme je suis là, tout grouillant?

— Non, monsieur, après vous avoir passé mon épée au travers du corps.

Coconas devint pourpre, ses yeux verts lancèrent des flammes.

— Voyez-vous, dit-il en goguenardant, à ce clou!

— Oui, reprit la Mole, à ce clou...

— Vous n'êtes pas assez grand pour cela, mon petit monsieur! dit Coconas.

— Alors je monterai sur votre cheval, mon grand tueur de gens! répondit la Mole. Ah! vous croyez, mon cher monsieur Annibal de Coconas, qu'on peut impunément assassiner les gens sous le loyal et honorable prétexte qu'on est cent contre un; nenni! Un jour vient où l'homme retrouve son homme, et je crois que ce jour est venu aujourd'hui. J'aurais bien envie de casser votre vilaine tête d'un coup de pistolet; mais, bah! j'ajusterais mal, car j'ai la main encore tremblante des blessures que vous m'avez faites en traître.

— Ma vilaine tête! hurla Coconas en sautant de son cheval. A terre! sus! sus! monsieur le comte, dégainons.

Et il mit l'épée à la main.

— Je crois que ton huguenot a dit vilaine tête, murmura la duchesse de Nevers à l'oreille de Marguerite; est-ce que tu le trouves laid?

— Il est charmant! dit en riant Marguerite, et je suis forcée de dire que la fureur rend M. de la Mole injuste; mais, chut! regardons.

En effet, la Mole était descendu de son cheval avec autant de mesure que Coconas avait mis, lui, de rapidité; il avait détaché son manteau cerise, l'avait posé à terre, avait tiré son épée, et était tombé en garde.

— Aïe! fit-il en allongeant le bras.

— Ouf! murmura Coconas en déployant le sien; —car tous deux, on se le rappelle, étaient blessés à l'épaule et souffraient d'un mouvement trop vif.

Un éclat de rire, mal retenu, sortit du buisson. Les princesses n'avaient pu se contraindre tout à fait en voyant les deux champions se frotter l'omoplate en grimaçant. Cet éclat de rire parvint jusqu'aux deux gentilshommes, qui ignoraient qu'ils eussent des témoins, et qui, en se retournant, reconnurent leurs dames.

La Mole se remit en garde, ferme comme un automate, et Coconas engagea le fer avec un *mordi!* des plus accentués.

— Ah çà! mais ils y vont tout de bon et s'égorgeront si nous n'y mettons bon ordre. Assez de plaisanteries. Holà! messieurs! holà! cria Marguerite.

— Laisse! laisse! dit Henriette, qui, ayant vu Coconas à l'œuvre, espérait au fond du cœur que Coconas aurait aussi bon marché de la Mole qu'il avait eu des deux neveux et du fils de Mercandon.

— Oh! ils sont vraiment très-beaux ainsi, dit Marguerite; regarde, on dirait qu'ils soufflent du feu.

En effet, le combat, commencé par des railleries et des provocations, était devenu silencieux depuis que les deux champions avaient croisé le fer. Tous deux se défiaient de leurs forces, et l'un et l'autre,

Une éclaircie sur permettait de ne pas perdre le moindre détail. — Page 103.

à chaque mouvement trop vif, étaient forcés de ré-primer un frisson de douleur arraché par les an-ciennes blessures. Cependant, les yeux fixes et ardents, la bouche entr'ouverte, les dents serrées, la Mole avançait à petits pas fermes et secs sur son adversaire, qui, reconnaissant en lui un maître en fait d'armes, rompait aussi pas à pas, mais enfin rompait. Tous deux arrivèrent ainsi jusqu'au bord du fossé, de l'autre côté duquel se trouvaient les spectateurs. Là, comme si sa retraite eût été un simple calcul pour se rapprocher de sa dame, Coconas s'arrêta, et, sur un dégagement un peu large de la

Mole, fournit avec la rapidité de l'éclair un coup droit, et à l'instant même le pourpoint de satin blanc de la Mole s'imbiba d'une tache rouge qui alla s'élargissant.

— Courage ! cria la duchesse de Nevers.

— Ah ! pauvre la Mole ! fit Marguerite avec un cri de douleur.

La Mole entendit ce cri, lança à la reine un de ces regards qui pénètrent plus profondément dans le cœur que la pointe d'une épée, et sur un cercle trompé se fendit à fond.

Cette fois les deux femmes jetèrent deux cris qui

La pointe de la rapière de la Mole avait apparu sanglante derrière le dos de Coconnas.

n'en firent qu'un. La pointe de la rapière de la Mole avait apparu sanglante derrière le dos de Coconas.

Cependant ni l'un ni l'autre ne tomba; tous deux restèrent debout, se regardant la bouche ouverte, sentant chacun de son côté qu'au moindre mouvement qu'il ferait l'équilibre allait lui manquer. Enfin, le Piémontais, plus dangereusement blessé que son adversaire, et sentant que ses forces allaient fuir avec son sang, se laissa tomber sur la Mole, l'étreignant d'un bras, tandis que de l'autre il cherchait à dégaîner son poignard. De son côté, la Mole réunit toutes ses forces, leva la main et laissa retomber le pommeau de son épée au milieu du front de Coconas, qui, étourdi du coup, tomba; mais en tombant, il entraîna son adversaire dans sa chute, si bien que tous deux roulèrent dans le fossé.

Aussitôt Marguerite et la duchesse de Nevers, voyant que, tout mourants qu'ils étaient, ils cherchaient encore à s'achever, se précipitèrent, aidées du capitaine des gardes. Mais, avant qu'elles ne fussent arrivées à eux, les mains se détendirent, les yeux se refermèrent, et chacun des combattants, laissant échapper le fer qu'il tenait, se roidit dans une convulsion suprême.

14

Un large flot de sang écumait autour d'eux.

— Oh! brave, brave la Mole! s'écria Marguerite, incapable de renfermer plus longtemps en elle son admiration. Ah! pardon, mille fois pardon de t'avoir soupçonné!

Et ses yeux se remplirent de larmes.

— Hélas! hélas! murmura la duchesse, valeureux Annibal... Dites, dites, madame, avez-vous jamais vu deux plus intrépides lions?

Et elle éclata en sanglots.

— Tudieu! les rudes coups, dit le capitaine en cherchant à étancher le sang qui coulait à flots... Holà! vous qui venez, venez plus vite.

En effet, un homme, assis sur le devant d'une espèce de tombereau peint en rouge, apparaissait dans la brume du soir, chantant cette vieille chanson que lui avait sans doute rappelé le miracle du cimetière des Innocents:

> Bel aubespin fleurissant;
>   Verdissant,
> Le long de ce beau rivage,
> Tu es vêtu jusqu'au bas,
>   Des longs bras
> D'un lambrusche sauvage.
>
> Le chantre rossignolet,
>   Nouvelet,
> Courtisant sa bien-aimée,
> Pour tes amours alléger,
>   Vient loger
> Tous les ans sous ta ramée.

> Or, vis, gentil aubespin,
>   Vis sans fin;
> Vis, sans que jamais tonnerre,
> Ou la cognée, ou les vents,
>   Ou le temps,
> Te puissent ruer par..

— Holà hé! répéta le capitaine, venez donc quand on vous appelle! ne voyez-vous pas que ces gentilshommes ont besoin de secours?

L'homme au chariot, dont l'extérieur repoussant et le visage rude formaient un contraste étrange avec la douce et bucolique chanson que nous venons de citer, arrêta alors son cheval, descendit, et se baissant sur les deux corps:

— Voilà de belles plaies, dit-il; mais j'en fais encore de meilleures.

— Qui donc êtes-vous? demanda Marguerite ressentant malgré elle une certaine terreur qu'elle n'avait pas la force de vaincre.

— Madame, répondit cet homme en s'inclinant jusqu'à terre, je suis maître Caboche, bourreau de la prévôté de Paris, et je venais accrocher à ce gibet des compagnons pour M. l'amiral.

— Eh bien! moi, je suis la reine de Navarre, répondit Marguerite; jetez là vos cadavres, étendez dans votre chariot les housses de nos chevaux, et ramenez doucement derrière nous ces deux gentilshommes au Louvre.

XVII

LE CONFRÈRE DE MAITRE AMBROISE PARÉ.

e tombereau dans lequel on avait placé Coconas et la Mole reprit la route de Paris, suivant dans l'ombre le groupe qui lui servait de guide. Il s'arrêta au Louvre; le conducteur reçut un riche salaire. On fit transporter les blessés chez M. le duc d'Alençon, et l'on envoya chercher maître Ambroise Paré.

Lorsqu'il arriva, ni l'un ni l'autre n'avait encore repris connaissance.

La Mole était le moins maltraité des deux : le coup d'épée l'avait frappé au-dessous de l'aisselle droite, mais n'avait offensé aucun organe essentiel; quant à Coconas, il avait le poumon traversé, et le souffle qui sortait par la blessure faisait vaciller la flamme d'une bougie.

Maître Ambroise Paré ne répondait pas de Coconas.

Madame de Nevers était désespérée; c'était elle qui, confiante dans la force, dans l'adresse et le courage du Piémontais, avait empêché Marguerite de s'opposer au combat. Elle eût bien fait porter Coconas à l'hôtel de Guise pour lui renouveler dans cette seconde occasion les soins de la première; mais d'un moment à l'autre son mari pouvait arriver de Rome, et trouver étrange l'installation d'un intrus dans le domicile conjugal.

Pour cacher la cause des blessures, Marguerite avait fait porter les deux jeunes gens chez son frère, où l'un d'eux, d'ailleurs, était déjà installé, en disant que c'étaient deux gentilshommes qui s'étaient laissés choir de cheval pendant la promenade; mais la vérité fut divulguée par l'admiration du capitaine témoin du combat, et l'on sut bientôt à la cour que deux nouveaux raffinés venaient de naître au grand jour de la renommée.

Soignés par le même chirurgien qui partageait ses soins entre eux, les deux blessés parcoururent les différentes phases de convalescence qui ressortaient du plus ou du moins de gravité de leurs blessures. La Mole, le moins grièvement atteint des deux, reprit le premier connaissance. Quant à Coconas, une fièvre terrible s'était emparée de lui, et son retour à la vie fut signalé par tous les signes du plus affreux délire.

Quoique enfermé dans la même chambre que Coconas, la Mole, en reprenant connaissance, n'avait pas vu son compagnon, ou n'avait, par aucun signe, indiqué qu'il le vît. Coconas, tout au contraire, en rouvrant les yeux, les fixa sur la Mole, et cela avec une expression qui eût pu prouver que le sang que le Piémontais venait de perdre n'avait en rien diminué les passions de ce tempérament de feu.

Coconas pensa qu'il rêvait, et que dans son rêve il retrouvait l'ennemi que deux fois il croyait avoir tué; seulement le rêve se prolongeait outre mesure. Après avoir vu la Mole couché comme lui, pansé comme lui par le chirurgien, il vit la Mole se soulever sur ce lit, où lui-même était cloué encore par la fièvre, la faiblesse et la douleur, puis en descendre, puis marcher au bras du chirurgien, puis marcher avec une canne, puis enfin marcher tout seul. Coconas, toujours en délire, regardait toutes ces différentes périodes de la convalescence de son compagnon d'un regard tantôt atone, tantôt furieux, mais toujours menaçant.

Tout cela offrait à l'esprit brûlant du Piémontais un mélange effrayant de fantastique et de réel. Pour lui la Mole était mort, bien mort, et même plutôt deux fois qu'une, et cependant il reconnaissait l'ombre de ce la Mole couchée dans un lit pareil au sien; puis il vit, comme nous l'avons dit, l'ombre se lever, puis l'ombre marcher, et, chose effrayante, marcher vers son lit. Cette ombre, que Coconas eût voulu fuir, fût-ce au fond des enfers, vint droit à lui et s'arrêta à son chevet, debout et le regardant; il y avait même dans ses traits un sentiment de douceur et de compassion que Coconas prit pour l'expression d'une dérision infernale.

Alors s'alluma dans cet esprit, plus malade peut-être que le corps, une aveugle passion de vengeance. Coconas n'eut plus qu'une préoccupation, celle de se procurer une arme quelconque, et, avec cette arme, de frapper ce corps ou cette ombre de la Mole qui le tourmentait si cruellement. Ses habits avaient été déposés sur une chaise, puis emportés, car, tout souillés de sang qu'ils étaient, on avait jugé à propos de les éloigner du blessé, mais on avait laissé sur la même chaise son poignard, dont on ne supposait pas qu'avant longtemps il eût l'envie de se servir. Coconas vit le poignard; pendant trois nuits

profitant du moment où la Mole dormait, il essaya
d'étendre la main jusqu'à lui : trois fois la force lui
manqua, et il s'évanouit. Enfin, la quatrième nuit,
il atteignit l'arme, la saisit du bout de ses doigts
crispés, et, en poussant un gémissement arraché
par la douleur, il la cacha sous son oreiller.

Le lendemain, il vit quelque chose d'inouï jusque-là : l'ombre de la Mole, qui semblait chaque
jour reprendre de nouvelles forces, tandis que lui,
sans cesse occupé de la vision terrible, usait les
siennes dans l'éternelle trame du complot qui devait l'en débarrasser; l'ombre de la Mole, devenue
de plus en plus alerte, fit, d'un air pensif, deux ou
trois tours de la chambre; puis enfin, après avoir
ajusté son manteau, ceint son épée, coiffé sa tête
d'un large feutre à larges bords, ouvrit la porte et
sortit.

Coconas respira; il se crut débarrassé de son fantôme. Pendant deux ou trois heures, son sang cir-
cula dans ses veines plus calme et plus rafraîchi
qu'il n'avait jamais encore été depuis le moment du
duel; un jour d'absence eût rendu la connaissance
à Coconas, huit jours l'eussent guéri peut-être; malheureusement, la Mole rentra au bout de deux
heures.

Cette rentrée fut pour le Piémontais un véritable
coup de poignard, et, quoique la Mole ne rentrât
point seul, Coconas n'eut pas un regard pour son
compagnon.

Son compagnon méritait cependant bien qu'on le
regardât.

C'était un homme d'une quarantaine d'années,
court, trapu, vigoureux, avec des cheveux noirs qui
descendaient jusqu'aux sourcils, et une barbe noire
qui, contre la mode du temps, couvrait tout le bas
de son visage; mais le nouveau venu paraissait
s'occuper peu de mode. Il avait une espèce de justaucorps de cuir tout maculé de taches brunes. Des
chausses sang-de-bœuf, un maillot rouge, de gros
souliers de cuir montant au-dessus de la cheville,
un bonnet de la même couleur que ses chausses, et
la taille serrée par une large ceinture à laquelle
pendait un couteau caché dans sa gaîne.

Cet étrange personnage, dont la présence semblait une anomalie dans le Louvre, jeta sur une
chaise le manteau brun qui l'enveloppait, et s'approcha brutalement du lit de Coconas, dont les
yeux, comme par une fascination singulière, demeuraient constamment fixés sur la Mole, qui se tenait à distance. Il regarda le malade, et secouant la
tête :

— Vous avez attendu bien tard, mon gentilhomme! dit-il.

— Je ne pouvais pas sortir plus tôt, dit la Mole.

— Eh! par Dieu! il fallait m'envoyer chercher.

— Par qui?

— Ah! c'est vrai! J'oubliais où nous sommes. Je
l'avais dit à ces dames; mais elles n'ont point voulu

m'écouter. Si l'on avait suivi mes ordonnances au
lieu de s'en rapporter à celle de cet âne bâté que
l'on nomme Ambroise Paré, vous seriez depuis longtemps en état ou de courir les aventures ensemble,
ou de vous redonner un autre coup d'épée si c'était
votre bon plaisir; enfin on verra. Entend-il raison,
votre ami?

— Pas trop.

— Tirez la langue, mon gentilhomme.

Coconas tira la langue à la Mole en faisant une si
affreuse grimace, que l'examinateur secoua une seconde fois la tête.

— Oh! oh! murmura-t-il, contraction des mus-
cles. — Il n'y a pas de temps à perdre. Ce soir
même je vous enverrai une potion toute préparée
qu'on lui fera prendre en trois fois d'heure en heure :
une fois à minuit, une fois à une heure, une fois à
deux heures.

— Bien.

— Mais qui la lui fera prendre, cette potion?

— Moi.

— Vous-même?

— Oui.

— Vous m'en donnez votre parole?

— Foi de gentilhomme!

— Et, si quelque médecin voulait en soustraire la
moindre partie pour la décomposer et voir de quels
ingrédients elle est formée?...

— Je la renverserais jusqu'à la dernière goutte.

— Foi de gentilhomme aussi?

— Je vous le jure.

— Par qui vous enverrai-je cette potion?

— Par qui vous voudrez.

— Mais mon envoyé...

— Eh bien?

— Comment pénétrera-t-il jusqu'à vous?

— C'est prévu. Il dira qu'il vient de la part de
M. René le parfumeur.

— Ce Florentin qui demeure sur le pont Saint-
Michel?

— Justement. Il a ses entrées au Louvre à toute
heure du jour et de la nuit.

L'homme sourit.

— En effet, dit-il, c'est bien le moins que lui
doive la reine mère. C'est dit, on viendra de la part
de maître René le parfumeur. Je puis bien prendre
son nom une fois : il a assez souvent, sans être pa-
tenté, exercé ma profession.

— Eh bien! dit la Mole, je compte donc sur
vous?

— Comptez-y.

— Quant au payement...

— Oh! nous réglerons cela avec le gentilhomme
lui-même quand il sera sur pied.

— Et soyez tranquille, je crois qu'il sera en état
de vous récompenser généreusement.

— Moi aussi, je le crois. Mais, ajouta-t-il avec
un singulier sourire, comme ce n'est pas l'habitude

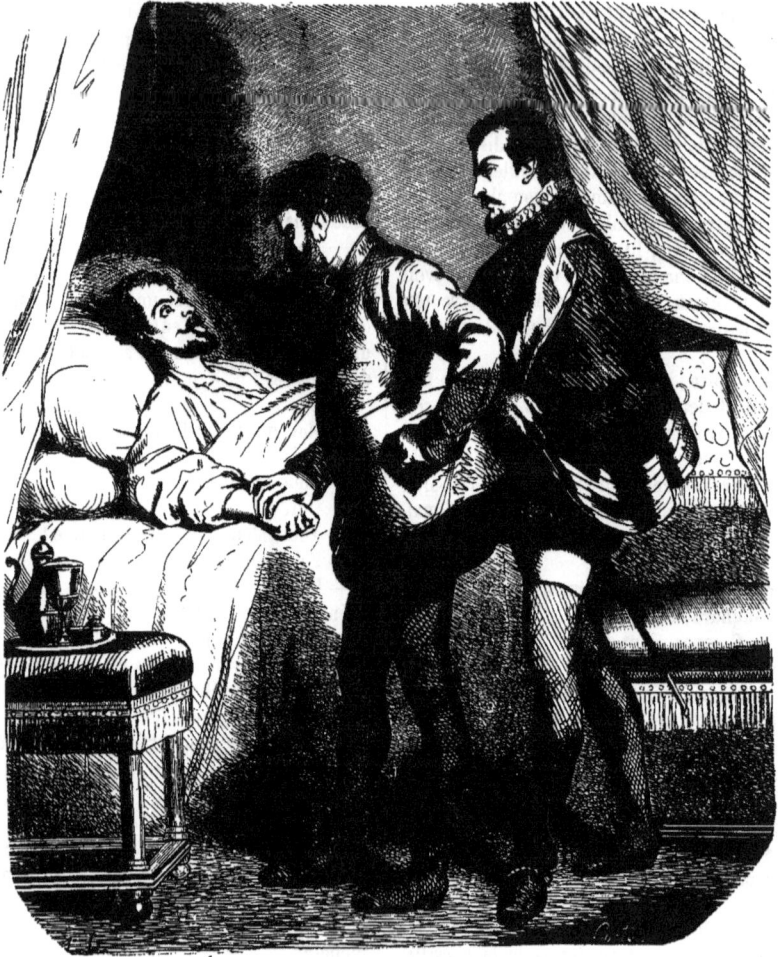

Coconas tira la langue à la Mole. — PAGE 108.

des gens qui ont affaire à moi d'être reconnaissants, cela ne m'étonnerait point qu'une fois sur ses pieds il oubliât ou plutôt ne se souciât point de se souvenir de moi.

— Bon ! bon ! dit la Mole en souriant à son tour; en ce cas je serai là pour lui en rafraîchir la mémoire.

— Allons, soit ! dans deux heures vous aurez la potion.

— Au revoir.

— Vous dites?

— Au revoir.

L'homme sourit.

— Moi, reprit-il, j'ai l'habitude de dire toujours adieu. Adieu donc, monsieur de la Mole; dans deux heures vous aurez votre potion. Vous entendez, elle doit être prise à minuit, — en trois doses — d'heure en heure.

Sur quoi il sortit, et la Mole resta seul avec Coconas.

Coconas avait entendu toute cette conversation, mais n'y avait rien compris : un vain bruit de paroles, un vain cliquetis de mots étaient arrivés jusqu'à lui

De tout cet entretien, il n'avait retenu que le mot — minuit.

Il continua donc de suivre de son regard ardent la Mole, qui continua, lui, de demeurer dans la chambre rêvant et se promenant.

Le docteur inconnu tint parole, et, à l'heure dite, envoya la potion, que la Mole mit sur un petit réchaud d'argent. Puis, cette précaution prise, il se coucha.

Cette action de la Mole donna un peu de repos à Coconas, il essaya de fermer les yeux à son tour; mais son assoupissement fiévreux n'était qu'une suite de sa veille délirante. Le même fantôme qui le poursuivait le jour venait le relancer la nuit, à travers ses paupières arides, il continuait de voir la Mole toujours railleur, toujours menaçant, puis une voix répétait à son oreille : — Minuit! minuit! minuit!

Tout à coup le timbre vibrant de l'horloge s'éveilla dans la nuit et frappa douze fois. Coconas rouvrit ses yeux enflammés; le souffle ardent de sa poitrine dévorait ses lèvres arides; une soif inextinguible consumait son gosier embrasé; la petite lampe de nuit brûlait comme d'habitude, et, à sa terne lueur, faisait danser mille fantômes aux regards vacillants de Coconas.

Il vit alors, chose effrayante! la Mole descendre de son lit; puis, après avoir fait un tour ou deux dans sa chambre, comme fait l'épervier devant l'oiseau qu'il fascine, s'avancer jusqu'à lui en lui montrant le poing. Coconas étendit la main vers son poignard, le saisit par le manche, et s'apprêta à éventrer son ennemi.

La Mole approchait toujours.

Coconas murmurait :

— Ah! c'est toi, toi encore, toi toujours! Viens, Ah! tu me menaces, tu me montres le poing, tu souris, viens, viens. Ah! tu continues d'approcher tout doucement, pas à pas; viens, viens, que je te massacre.

Et, en effet, joignant le geste à cette sourde menace, au moment où la Mole se penchait vers lui, Coconas fit jaillir de dessous ses draps l'éclair d'une lame; mais l'effort que le Piémontais fit en se soulevant brisa ses forces, le bras étendu vers la Mole s'arrêta à moitié chemin, le poignard échappa à sa main débile, et le moribond retomba sur son oreiller.

— Allons, allons, murmura la Mole en soulevant doucement la tête et en approchant une tasse de ses lèvres, buvez cela, mon pauvre camarade, car vous brûlez.

C'était en effet une tasse que la Mole présentait à Coconas, et que celui-ci avait prise pour ce poing menaçant dont s'était effarouché le cerveau vide du blessé.

Mais, au contact velouté de la liqueur bienfaisante humectant ses lèvres et rafraîchissant sa poitrine, Coconas reprit sa raison ou plutôt son instinct : il sentit se répandre en lui-même un bien-être comme jamais il n'en avait éprouvé; il ouvrit un œil intelligent sur la Mole, qui le tenait entre ses bras et lui souriait, et, de cet œil contracté naguère par une fureur sombre, une petite larme imperceptible roula sur sa joue ardente, qui la but avidement.

— Mordi! murmura Coconas en se laissant aller sur son traversin, si j'en réchappe, monsieur de la Mole, vous serez mon ami.

— Et vous en réchapperez, mon camarade, dit la Mole, si vous voulez boire trois tasses comme celle que je viens de vous donner, et ne plus faire de vilains rêves.

Une heure après, la Mole, constitué en garde-malade, et obéissant ponctuellement aux ordonnances du docteur inconnu, se leva une seconde fois, versa une seconde portion de la liqueur dans une tasse, et porta cette tasse à Coconas. Mais cette fois le Piémontais, au lieu de l'attendre le poignard à la main, le reçut les bras ouverts et avala son breuvage avec délices; puis pour la première fois s'endormit avec quelque tranquillité.

La troisième tasse eut un effet non moins merveilleux. La poitrine du malade commença de laisser passer un souffle régulier, quoique haletant encore. Ses membres roidis se détendirent, une douce moiteur s'épandit à la surface de la peau brûlante; et, lorsque le lendemain maître Ambroise Paré vint visiter le blessé, il sourit avec satisfaction en disant :

— A partir de ce moment je réponds de M. Coconas, et ce ne sera pas une des moins belles cures que j'aurai faites.

Il résulta de cette scène moitié dramatique, moitié burlesque, mais qui ne manquait pas au fond d'une certaine poésie attendrissante, eu égard aux mœurs farouches de Coconas, que l'amitié des deux gentilshommes, commencée à l'auberge de la Belle-Étoile, et violemment interrompue par les événements de la nuit de la Saint-Barthélemy, reprit dès lors avec une nouvelle vigueur, et dépassa bientôt celle d'Oreste et de Pylade de cinq coups d'épée et d'un coup de pistolet répartis sur leurs deux corps.

Quoi qu'il en soit, blessures vieilles et nouvelles, profondes et légères, se trouvèrent enfin en voie de guérison. La Mole, fidèle à sa mission de garde-malade, ne voulut point quitter la chambre que Coconas ne fût entièrement guéri. Il le souleva dans son lit tant que sa faiblesse l'y enchaîna, l'aida à marcher quand il commença de se soutenir, enfin, eut pour lui tous les soins qui ressortaient de sa nature douce et aimante, et qui, secondés par la vigueur du Piémontais, amenèrent une convalescence plus rapide qu'on n'avait le droit de l'espérer.

Cependant une seule et même pensée tourmentait

les deux jeunes gens : chacun dans le délire de sa fièvre avait bien cru voir s'approcher de lui la femme qui remplissait tout son cœur; mais, depuis que chacun avait repris connaissance, ni Marguerite ni madame de Nevers n'étaient certainement entrées dans la chambre. Au reste, cela se comprenait : l'une, femme du roi de Navarre, l'autre, belle-sœur du duc de Guise, pouvaient-elles donner aux yeux de tous une marque si publique d'intérêt à deux simples gentilshommes? Non. C'était bien certainement la réponse que devaient se faire

la Mole et Coconas. Mais cette absence, qui tenait peut-être à un oubli total, n'en était pas moins douloureuse.

Il est vrai que le gentilhomme qui avait assisté au combat était venu de temps en temps et comme de son propre mouvement demander des nouvelles des deux blessés. Il est vrai que Gillonne, pour son propre compte, en avait fait autant. Mais la Mole n'avait point osé parler à l'une de Marguerite, et Coconas n'avait point osé parler à l'autre de madame de Nevers.

<hr/>

XVIII

LES REVENANTS.

endant quelque temps les deux jeunes gens gardèrent chacun de son côté le secret enfermé dans sa poitrine. Enfin, dans un jour d'expansion, la pensée qui les préoccupait seule déborda de leurs lèvres, et tous deux corroborèrent leur amitié par cette dernière preuve, sans laquelle il n'y a pas d'amitié, c'est-à-dire par une confiance entière.

Ils étaient éperdument amoureux, l'un d'une princesse, l'autre d'une reine.

Il y avait pour les deux pauvres soupirants quelque chose d'effrayant dans cette distance presque infranchissable qui les séparait de l'objet de leurs désirs. Et cependant l'espérance est un sentiment si profondément enraciné au cœur de l'homme, que, malgré la folie de leur espérance, ils espéraient.

Tous deux, au reste, à mesure qu'ils revenaient à eux, soignaient fort leur visage. Chaque homme, même le plus indifférent aux avantages physiques, a, dans certaines circonstances, avec son miroir, des conversations muettes, des signes d'intelligence, après lesquels il s'éloigne presque toujours de son confident fort satisfait de l'entretien. Or, nos deux jeunes gens n'étaient point de ceux à qui leurs miroirs devaient donner de trop rudes avis. La Mole, mince, pâle et élégant, avait la beauté de la distinction. Coconas, vigoureux, bien découplé, haut en couleur, avait la beauté de la force. Il y avait même plus : pour ce dernier, la maladie avait été un avantage. Il avait maigri, il avait pâli ; enfin, la fameuse

balafre qui lui avait jadis donné tant de tracas par ses rapports prismatiques avec l'arc-en-ciel, avait disparu, annonçant probablement, comme le phénomène postdiluvien, une longue suite de jours purs et de nuits sereines.

Au reste, les soins les plus délicats continuaient d'entourer les deux blessés; le jour où chacun d'eux avait pu se lever, il avait trouvé une robe de chambre sur le fauteuil le plus proche de son lit; le jour où il avait pu se vêtir, un habillement complet. Il y a plus, dans la poche de chaque pourpoint, il y avait une bourse largement fournie, que chacun des deux ne garda, bien entendu, que pour la rendre en temps et lieu au protecteur inconnu qui veillait sur lui.

Ce protecteur inconnu ne pouvait être le prince chez lequel logeaient les deux jeunes gens, car ce prince non-seulement n'était pas monté une seule fois chez eux pour les voir, mais encore n'avait pas fait demander de leurs nouvelles.

Un vague espoir disait tout bas à chaque cœur que ce protecteur inconnu était la femme qu'il aimait.

Aussi les deux blessés attendaient-ils avec une impatience sans égale le moment de leur sortie. La Mole, plus fort et mieux guéri que Coconas, aurait pu opérer la sienne depuis longtemps; mais une espèce de convention tacite le liait au sort de son ami.
— Il était convenu que leur première sortie serait consacrée à trois visites.

La première, au docteur inconnu dont le breuvage velouté avait opéré sur la poitrine enflammée de Coconas une si notable amélioration.

Les deux amis, appuyés au bras l'un de l'autre, mirent le pied hors du Louvi

La seconde, à l'hôtel de défunt maître la Hurière, où chacun d'eux avait laissé valise et cheval.

La troisième, au Florentin René, lequel, joignant a son titre de parfumeur celui de magicien, vendait non-seulement des cosmétiques et des poisons, mais encore composait des philtres et rendait des oracles.

Enfin, après deux mois passés de convalescence et de réclusion, ce jour tant attendu arriva.

Nous avons dit de réclusion, c'est le mot qui convient, car plusieurs fois, dans leur impatience, ils avaient voulu hâter ce jour; mais une sentinelle placée à la porte leur avait constamment barré le passage, et ils avaient appris qu'ils ne sortiraient que sur un *exeat* de maître Ambroise Paré.

Or, un jour, l'habile chirurgien, ayant reconnu que les deux malades étaient, sinon complétement guéris, du moins en voie de complète guérison, avait donné cet *exeat*, et, vers les deux heures de l'après-midi, par une de ces belles journées d'automne, comme Paris en offre parfois à ses habitants étonnés, qui ont déjà fait provision de résignation pour l'hiver, les deux amis, appuyés au bras l'un de l'autre, mirent le pied hors du Louvre.

Un homme était exposé et tirait la langue aux passants. — Page 114

La Mole, qui avait retrouvé, avec grand plaisir, sur un fauteuil le fameux manteau cerise qu'il avait plié avec tant de soin avant le combat, s'était constitué le guide de Coconas, et Coconas se laissait guider sans résistance et même sans réflexion. Il savait que son ami le conduisait chez le docteur inconnu dont la potion, non patentée, l'avait guéri en une seule nuit, quand toutes les drogues de maître Ambroise Paré le tuaient lentement. Il avait fait deux parts de l'argent renfermé dans sa bourse, c'est-à-dire de deux cents nobles à la rose, et il en avait destiné cent à récompenser l'Esculape anonyme auquel il devait sa convalescence : Coconas ne craignait pas la mort, mais Coconas n'en était pas moins fort aise de vivre. Aussi, comme on le voit, s'apprêtait-il à récompenser généreusement son sauveur.

La Mole prit la rue de l'Astruce, la grande rue Saint-Honoré, la rue des Prouvelles, et se trouva bientôt sur la place des Halles. Près de l'ancienne fontaine et à l'endroit que l'on désigne aujourd'hui par le nom de *Carreau des Halles,* s'élevait une construction octogone en maçonnerie, surmontée d'une vaste lanterne de bois, surmontée elle-même par un toit pointu, au sommet duquel grinçait une girouette. Cette lanterne de bois offrait huit ouvertures que traversait, comme cette pièce héraldique qu'on appelle la *fasce* traverse le champ du blason, une espèce de roue en bois, laquelle se divisait par le milieu, afin de prendre, dans des échancrures taillées à cet effet, la tête et les mains du condamné ou des condamnés que l'on exposait à l'une ou l'autre, ou à plusieurs de ces huit ouvertures.

Cette construction étrange, qui n'avait son analogue dans aucune des constructions environnantes, s'appelait le pilori.

Une maison informe, bossue, éraillée, borgne et boiteuse, au toit taché de mousse comme la peau d'un lépreux, avait, pareille à un champignon, poussé au pied de cette espèce de tour.

Cette maison était celle du bourreau.

Un homme était exposé et tirait la langue aux passants : c'était un des voleurs qui avaient exercé autour du gibet de Montfaucon, et qui avait par hasard été arrêté dans l'exercice de ses fonctions.

Coconnas crut que son ami l'amenait voir ce curieux spectacle, et il se mêla à la foule des amateurs qui répondait aux grimaces du patient par des vociférations et des huées. Coconnas était naturellement cruel, et ce spectacle l'amusa fort ; seulement il eût voulu qu'au lieu des huées et des vociférations ce fussent des pierres que l'on jetât au condamné assez insolent pour tirer la langue aux nobles seigneurs qui lui faisaient l'honneur de le visiter.

Aussi, lorsque la lanterne mouvante tourna sur sa base pour faire jouir une autre partie de la place de la vue du patient, et que la foule suivit le mouvement de la lanterne, Coconnas voulut-il suivre le mouvement de la foule : mais la Mole l'arrêta en lui disant à demi-voix :

— Ce n'est point pour cela que nous sommes venus ici.

— Et pourquoi donc sommes-nous venus alors ? manda Coconnas.

— Tu vas le voir, répondit la Mole.

Les deux amis se tutoyaient depuis le lendemain de cette fameuse nuit où Coconnas avait voulu éventrer la Mole.

Et la Mole conduisit Coconnas droit à la petite fenêtre de cette maison adossée à la tour, et sur l'appui de laquelle se tenait un homme accoudé.

— Ah ! ah ! c'est vous, messeigneurs ! dit l'homme en soulevant son bonnet sang-de-bœuf et en découvrant sa tête aux cheveux noirs et épais descendant jusqu'à ses sourcils, soyez les bienvenus !

— Quel est cet homme ? demanda Coconnas cherchant à rappeler ses souvenirs, car il lui sembla avoir vu cette tête-là pendant un des moments de sa fièvre.

— Ton sauveur, mon cher ami, dit la Mole, celui

qui t'a apporté au Louvre cette boisson rafraîchissante qui t'a fait tant de bien.

— Oh ! oh ! fit Coconnas, en ce cas, mon ami...

Et il lui tendit la main.

Mais l'homme, au lieu de correspondre à cette avance par un geste pareil, se redressa, et, en se redressant, s'éloigna des deux amis de toute la distance qu'occupait la courbe de son corps.

— Monsieur, dit-il à Coconnas, merci de l'honneur que vous voulez bien me faire, mais il est probable que si vous me connaissiez vous ne me le feriez pas.

— Ma foi, dit Coconnas, je déclare que, quand vous seriez le diable, je me tiens pour votre obligé, car sans vous je serais mort à cette heure.

— Je ne suis pas tout à fait le diable, répondit l'homme au bonnet rouge ; mais souvent beaucoup aimeraient mieux voir le diable que de me voir.

— Qui êtes-vous donc ? demanda Coconnas.

— Monsieur, répondit l'homme, je suis maître Caboche, bourreau de la prévôté de Paris !...

— Ah !... fit Coconnas en retirant sa main.

— Vous voyez bien ! dit maître Caboche.

— Non pas !... je toucherai votre main, ou le diable m'emporte ! Étendez-la...

— En vérité ?

— Toute grande.

— Voici !

— Plus grande... encore... bien !...

Et Coconnas prit dans sa poche la poignée d'or préparée pour son médecin anonyme et la déposa dans la main du bourreau.

— J'aurais mieux aimé votre main toute seule, dit maître Caboche en secouant la tête, car je ne manque pas d'or, mais de mains qui touchent la mienne, tout au contraire, je chôme fort. N'importe ! Dieu vous bénisse, mon gentilhomme !

— Ainsi donc, mon ami, dit Coconnas regardant avec curiosité le bourreau, c'est vous qui donnez la gêne, qui rouez, qui écartelez, qui coupez les têtes, qui brisez les os. Ah ! ah ! je suis bien aise d'avoir fait votre connaissance.

— Monsieur, dit maître Caboche, je ne fais pas tout moi-même ; car, ainsi que vous avez vos laquais, vous autres seigneurs, pour faire ce que vous ne voulez pas faire, moi j'ai mes aides, qui font la grosse besogne et qui expédient les manants. Seulement, quand, par hasard, j'ai affaire à des gentilshommes, comme vous et votre compagnon par exemple, oh ! alors, c'est autre chose, et je me fais un honneur de m'acquitter moi-même de tous les détails de l'exécution, depuis le premier jusqu'au dernier, c'est-à-dire depuis la question jusqu'au décollement.

Coconnas sentit malgré lui courir un frisson dans ses veines, comme si le coin brutal pressait ses jambes et comme si le fil de l'acier effleurait son cou.

La Mole, sans se rendre compte de la cause, éprouva la même sensation.

Mais Coconas surmonta cette émotion dont il avait honte, et voulant prendre congé de maître Caboche par une dernière plaisanterie :

— Eh bien ! maître, lui dit-il, je retiens votre parole quand ce sera mon tour de monter à la potence d'Enguerrand de Marigny ou sur l'échafaud de M. de Nemours, il n'y aura que vous qui me toucherez.

— Je vous le promets.

— Cette fois, dit Coconas, voici ma main en gage que j'accepte votre promesse.

Et il étendit vers le bourreau une main que le bourreau toucha timidement de la sienne, quoiqu'il fût visible qu'il eût eu grande envie de la toucher franchement.

A ce simple attouchement, Coconas pâlit légèrement, mais le même sourire demeura sur ses lèvres, tandis que la Mole, mal à l'aise, et voyant la foule tourner avec la lanterne et se rapprocher d'eux, le tirait par son manteau.

Coconas, qui, au fond, avait aussi grande envie que la Mole de mettre fin à cette scène dans laquelle, par la pente naturelle de son caractère, il s'était trouvé enfoncé plus qu'il n'eût voulu, fit un signe de tête et s'éloigna.

— Ma foi ! dit la Mole quand lui et son compagnon furent arrivés à la croix du Trahoir, conviens que l'on respire mieux ici que sur la place des Halles ?

— J'en conviens, dit Coconas, mais je n'en suis pas moins fort aise d'avoir fait connaissance avec maître Caboche. Il est bon d'avoir des amis partout.

— Même à l'enseigne de la Belle-Étoile, dit la Mole en riant.

— Oh ! pour le pauvre maître la Hurière, dit Coconas, celui-là est mort, et bien mort. J'ai vu la flamme de l'arquebuse, j'ai entendu le coup de la balle qui a résonné comme s'il eût frappé sur le bourdon de Notre-Dame, et je l'ai laissé étendu dans le ruisseau avec le sang qui lui sortait par le nez et par la bouche. En supposant que ce soit un ami, c'est un ami que nous avons dans l'autre monde.

Tout en causant ainsi, les deux jeunes gens entrèrent dans la rue de l'Arbre-Sec, et s'acheminèrent vers l'enseigne de la Belle-Étoile, qui continuait de grincer à la même place, offrant toujours au voyageur son âtre gastronomique et son appétissante légende.

Coconas et la Mole s'attendaient à trouver la maison désespérée, la veuve en deuil, et les marmitons un crêpe au bras ; mais, à leur grand étonnement, ils trouvèrent la maison en pleine activité, madame la Hurière fort resplendissante, et les garçons plus joyeux que jamais.

— Oh ! l'infidèle ! dit la Mole, elle se sera remariée !

Puis s'adressant à la nouvelle Artémise :

— Madame, lui dit-il, nous sommes deux gentilshommes de la connaissance de ce pauvre M. la Hurière. Nous avons laissé ici deux chevaux et deux valises que nous venons réclamer.

— Messieurs, répondit la maîtresse de la maison après avoir essayé de rappeler ses souvenirs, comme je n'ai pas l'honneur de vous reconnaître, je vais, si vous le voulez bien, appeler mon mari. — Grégoire, faites venir votre maître.

Grégoire passa de la première cuisine, qui était le pandémonium général, dans la seconde, qui était le laboratoire où se confectionnaient les plats que maître la Hurière, de son vivant, jugeait dignes d'être préparés par ses savantes mains.

— Le diable m'emporte, murmura Coconas, si cela ne me fait pas de la peine de voir cette maison si gaie quand elle devrait être si triste. Pauvre la Hurière, va !

— Il a voulu me tuer, dit la Mole, mais je lui pardonne de grand cœur.

La Mole avait à peine prononcé ces paroles, qu'un homme apparut tenant à la main une casserole au fond de laquelle il faisait roussir des oignons qu'il tournait avec une cuiller de bois.

La Mole et Coconas jetèrent un cri de surprise.

A ce cri, l'homme releva la tête, et, répondant par un cri pareil, laissa échapper sa casserole, ne conservant à la main que sa cuiller de bois.

— *In nomine Patris*, dit l'homme en agitant sa cuiller comme il eût fait d'un goupillon, *et Filii, et Spiritus sancti…*

— Maître la Hurière ! s'écrièrent les deux jeunes gens.

— Messieurs de Coconas et de la Mole ! dit la Hurière.

— Mais vous n'êtes donc pas mort ? fit Coconas.

— Mais vous êtes donc vivants ? demanda l'hôte.

— Je vous ai vu tomber, cependant, dit Coconas ; j'ai entendu le bruit de la balle qui vous cassait quelque chose, je ne sais pas quoi. Je vous ai laissé couché dans le ruisseau rendant le sang par le nez, par la bouche et même par les yeux.

— Tout cela est vrai comme l'Évangile, monsieur de Coconas. Mais, ce bruit que vous avez entendu, c'était celui de la balle frappant sur ma salade, sur laquelle, heureusement, elle s'est aplatie ; mais le coup n'en a pas été moins rude, et la preuve, ajouta la Hurière en levant son bonnet et montrant sa tête pelée comme un genou, c'est que, comme vous le voyez, il ne m'en est pas resté un cheveu.

Les deux jeunes gens éclatèrent de rire en voyant cette figure grotesque.

— Ah ! ah ! vous riez ! dit la Hurière un peu rassuré, vous ne venez donc pas avec de mauvaises intentions ?

— Et vous, maître la Hurière, vous êtes donc guéri de vos goûts belliqueux ?

— Oui, ma foi oui, messieurs; et maintenant...

— Eh bien! maintenant?...

— Maintenant, j'ai fait vœu de ne plus voir d'autre feu que celui de ma cuisine.

— Bravo! dit Coconas, voilà qui est prudent. Maintenant, ajouta le Piémontais, nous avons laissé dans vos écuries deux chevaux, et dans vos chambres deux valises.

— Ah! diable! fit l'hôte en se grattant l'oreille.

— Eh bien?

— Deux chevaux, vous dites?

— Oui, dans l'écurie.

— Et deux valises?

— Oui, dans la chambre.

— C'est que, voyez-vous... vous m'aviez cru mort, n'est-ce pas?

— Certainement.

— Vous avouez que, puisque vous vous êtes trompé, je pouvais bien me tromper de mon côté.

— En nous croyant morts aussi! Vous étiez parfaitement libre.

— Ah! voilà! c'est que, comme vous mouriez intestat... continua maître la Hurière...

— Après?

— J'ai cru, j'ai eu tort, je le vois bien maintenant...

— Qu'avez-vous cru? voyons!

— J'ai cru que je pouvais hériter de vous.

— Ah! ah! firent les deux jeunes gens.

— Je n'en suis pas moins on ne peut plus satisfait que vous soyez vivants, messieurs.

— De sorte que vous avez vendu nos chevaux? dit Coconas.

— Hélas! dit la Hurière.

— Et nos valises? continua la Mole.

— Oh! les valises! non... s'écria la Hurière, mais seulement ce qu'il y avait dedans.

— Dis donc, la Mole, reprit Coconas, voilà, ce me semble, un hardi coquin... Si nous l'étripions?

Cette menace parut faire un grand effet sur maître la Hurière, qui hasarda ces paroles :

— Mais, messieurs, on peut s'arranger, ce me semble.

— Écoute, dit la Mole, c'est moi qui ai le plus à me plaindre de toi.

— Certainement, monsieur le comte, car je me rappelle que, dans un moment de folie, j'ai eu l'audace de vous menacer.

— Oui, d'une balle qui m'est passée à deux pouces au-dessus de la tête.

— Vous croyez?

— J'en suis sûr.

— Si vous en êtes sûr, monsieur de la Mole, dit la

Hurière en ramassant sa casserole d'un air innocent, je suis trop votre serviteur pour vous démentir.

— Eh bien! dit la Mole, pour ma part, je ne te réclame rien.

— Comment, mon gentilhomme!...

— Si ce n'est...

— Aïe, aïe! fit la Hurière...

— Si ce n'est un dîner pour moi et mes amis, toutes les fois que je me trouverai dans ton quartier.

— Comment donc! s'écria la Hurière ravi, à vos ordres, mon gentilhomme, à vos ordres!

— Ainsi, c'est chose convenue?

— De grand cœur... Et vous, monsieur de Coconas, continua l'hôte, souscrivez-vous au marché?

— Oui; mais, comme mon ami, j'y mets une petite condition.

— Laquelle?

— C'est que vous rendrez à M. de la Mole les cinquante écus que je lui dois et que je vous ai confiés.

— A moi, monsieur! Et quand cela?

— Un quart d'heure avant que vous ne vendissiez mon cheval et ma valise.

La Hurière fit un signe d'intelligence.

— Ah! je comprends, dit-il.

Et il s'avança vers une armoire, en tira, l'un après l'autre, cinquante écus, qu'il apporta à la Mole.

— Bien, monsieur, dit le gentilhomme, bien! servez-nous une omelette. Les cinquante écus seront pour M. Grégoire.

— Oh! s'écria la Hurière, en vérité, mes gentilshommes, vous êtes des cœurs de princes, et vous pouvez compter sur moi à la vie et à la mort.

— En ce cas, dit Coconas, faites-nous l'omelette demandée, et n'y épargnez ni le beurre ni le lard.

Puis, se retournant vers la pendule :

— Ma foi, tu as raison, la Mole, dit-il. Nous avons encore trois heures à attendre, autant donc les passer ici qu'ailleurs. D'autant plus que, si je ne me trompe, nous sommes ici presque à moitié chemin du pont Saint-Michel.

Et les deux jeunes gens allèrent reprendre à table et dans la petite pièce du fond la même place qu'ils occupaient pendant cette fameuse soirée du 24 août 1572, pendant laquelle Coconas avait proposé à la Mole de jouer l'un contre l'autre la première maîtresse qu'ils auraient.

Avouons, en l'honneur de la moralité des deux jeunes gens, que ni l'un ni l'autre n'eut l'idée de faire à son compagnon ce soir-là pareille proposition

Les deux apprentis de René. — Page 118.

XIX

LE LOGIS DE MAITRE RENÉ, LE PARFUMEUR DE LA REINE MÈRE.

A l'époque où se passe l'histoire que nous racontons à nos lecteurs, il n'existait, pour passer d'une partie de la ville à l'autre, que cinq ponts, les uns de pierre, les autres de bois; encore ces cinq ponts aboutissaient-ils à la Cité. C'étaient le pont aux Meu-

niers, le pont au Change, le pont Notre-Dame, le Petit-Pont et le pont Saint-Michel.

Aux autres endroits où la circulation était nécessaire, des bacs étaient établis, et tant bien que mal remplaçaient les ponts.

Ces cinq ponts étaient garnis de maisons, comme l'est encore aujourd'hui le Ponte-Vecchio à Florence.

Parmi ces cinq ponts, qui chacun ont leur histoire, nous nous occuperons particulièrement, pour le moment, du pont Saint-Michel.

Le pont Saint-Michel avait été bâti en pierres en 1373 ; malgré son apparente solidité, un débordement de la Seine le renversa en partie le 31 janvier 1408 ; en 1416 il avait été reconstruit en bois, mais pendant la nuit du 16 décembre 1547 il avait été emporté de nouveau ; vers 1550, c'est-à-dire vingt-deux ans avant l'époque où nous sommes arrivés, on le reconstruisit en bois, et, quoiqu'on eût déjà eu besoin de le réparer, il passait pour assez solide.

Au milieu des maisons qui bordaient la ligne du pont, faisant face au petit îlot sur lequel avaient été brûlés les templiers et où pose aujourd'hui le terre-plein du pont Neuf, on remarquait une maison à panneaux de bois sur laquelle un large toit s'abaissait comme la paupière d'un œil immense. A la seule fenêtre qui s'ouvrît au premier étage au-dessus d'une fenêtre et d'une porte du rez-de-chaussée hermétiquement fermée, transparaissait une lueur rougeâtre qui attirait les regards des passants sur la façade basse, large, peinte en bleu avec de riches moulures dorées. Une espèce de frise, qui séparait le rez-de-chaussée du premier étage, représentait une foule de diables dans des attitudes plus grotesques les unes que les autres, et un large ruban, peint en bleu, comme la façade, s'étendait entre la frise et la fenêtre du premier avec cette inscription :

René, Florentin, parfumeur de Sa Majesté
la reine mère.

La porte de cette boutique, comme nous l'avons dit, était bien verrouillée, mais, mieux que par ses verrous, elle était défendue des attaques nocturnes par la réputation si effrayante de son locataire, que les passants qui traversaient le pont à cet endroit le traversaient presque toujours en décrivant une courbe qui les rejetait vers l'autre rang de maisons ; comme s'ils eussent redouté que l'odeur des parfums ne suât jusqu'à eux par la muraille.

Il y avait plus, les voisins de droite et de gauche, craignant sans doute d'être compromis par le voisinage, avaient, depuis l'installation de maître René sur le pont Saint-Michel, déguerpi l'un après l'autre de leur logis, de sorte que les deux maisons attenantes à la maison de René étaient demeurées désertes et fermées. Cependant, malgré cette solitude et cet abandon, des passants attardés avaient vu jaillir, à travers les contrevents fermés de ces maisons vides, certains rayons de lumière, et assuraient avoir entendu certains bruits pareils à des plaintes, qui prouvaient que des êtres quelconques fréquentaient ces deux maisons ; seulement, on ignorait si ces êtres appartenaient à ce monde ou à l'autre

Il en résultait que les locataires des deux maisons attenantes aux deux maisons désertes se demandaient de temps en temps s'il ne serait pas prudent à eux de faire à leur tour comme leurs voisins avaient fait.

C'était sans doute à ce privilége de terreur, qui lui était publiquement acquis, que maître René avait dû de conserver seul du feu après l'heure consacrée. Ni ronde ni guet n'eût osé d'ailleurs inquiéter un homme doublement cher à Sa Majesté, en sa qualité de compatriote et de parfumeur.

Comme nous supposons que le lecteur, cuirassé par le philosophisme du dix-huitième siècle, ne croit plus ni à la magie, ni aux magiciens, nous l'inviterons à entrer avec nous dans cette habitation, qui, à cette époque de superstitieuses croyances, répandait autour d'elle un si profond effroi.

La boutique du rez-de-chaussée est sombre et déserte à partir de huit heures du soir, moment auquel elle se ferme pour ne plus se rouvrir qu'assez avant quelquefois dans la journée du lendemain ; c'est là que se fait la vente quotidienne des parfums, des onguents et des cosmétiques de tout genre que débite l'habile chimiste. Deux apprentis l'aident dans cette vente de détail, mais ils ne couchent pas dans la maison ; ils couchent rue de la Calandre. Le soir, ils sortent un instant avant que la boutique soit fermée. Le matin, ils se promènent devant la porte jusqu'à ce que la boutique soit ouverte.

Cette boutique du rez-de-chaussée est donc, comme nous l'avons dit, sombre et déserte.

Dans cette boutique, assez large et assez profonde, il y a deux portes, chacune donnant sur un escalier. Un des escaliers rampe dans la muraille même, et il est latéral ; l'autre est extérieur et est visible du quai qu'on appelle aujourd'hui le quai des Augustins, et de la berge qu'on appelle aujourd'hui le quai des Orfèvres.

Tous deux conduisent à la chambre du premier. Cette chambre est de la même grandeur que celle du rez-de-chaussée, seulement une tapisserie tendue dans le sens du pont la sépare en deux compartiments. Au fond du premier compartiment s'ouvre la porte donnant sur l'escalier extérieur. Sur la face latérale du second s'ouvre la porte de l'escalier secret ; seulement cette porte est invisible, car elle est cachée par une haute armoire sculptée, scellée à elle par des crampons de fer, et qu'elle pousse en s'ouvrant. Catherine seule connaît avec René le secret de cette porte, c'est par là qu'elle monte et qu'elle descend ; c'est l'oreille ou l'œil posé contre cette armoire, dans laquelle des trous sont ménagés, qu'elle écoute et qu'elle voit ce qui se passe dans la chambre.

Deux autres portes parfaitement ostensibles s'offrent encore sur les côtés latéraux de ce second compartiment. L'une s'ouvre sur une petite chambre éclairée par le toit et qui n'a pour tout meuble qu'un vaste fourneau, des cornues, des alambics, des creusets : c'est le laboratoire de l'alchimiste. L'autre s'ouvre sur une cellule plus bizarre que le reste de l'appartement, car elle n'est point éclairée du tout, car elle n'a ni tapis ni meubles, mais seulement une sorte d'autel de pierre.

Le parquet est une dalle inclinée du centre aux extrémités, et, aux extrémités, court au pied du mur une espèce de rigole aboutissant à un entonnoir par l'orifice duquel on voit couler l'eau sombre de la Seine. A des clous enfoncés dans la muraille sont suspendus des instruments de forme bizarre, tous aigus ou tranchants ; la pointe en est fine comme celle d'une aiguille, le fil en est tranchant comme celui d'un rasoir ; les uns brillent comme des miroirs, les autres, au contraire, sont d'un gris mat ou d'un bleu sombre. Dans un coin, deux poules noires se débattent, attachées l'une à l'autre par la patte : c'est le sanctuaire de l'augure.

Revenons à la chambre du milieu, à la chambre aux deux compartiments.

C'est là qu'est introduit le vulgaire des consultants ; c'est là que les ibis égyptiens, les momies aux bandelettes dorées, le crocodile bâillant au plafond, les têtes de mort aux yeux vides et aux dents branlantes, enfin les bouquins poudreux vénérablement rongés par les rats, offrent à l'œil du visiteur le pêle-mêle d'où résultent les émotions diverses qui empêchent la pensée de suivre son droit chemin. Derrière le rideau sont des fioles, des boîtes particulières, des amphores à l'aspect sinistre ; tout cela est éclairé par deux petites lampes d'argent exactement pareilles, qui semblent enlevées à quelque autel de Santa-Maria-Novella ou de l'église Dei-Servi de Florence, et qui, brûlant une huile parfumée, jettent leur clarté jaunâtre du haut de la voûte sombre où chacune est suspendue par trois chaînettes noircies.

René, seul et les bras croisés, se promène à grands pas dans le second compartiment de la chambre du milieu, en secouant la tête. Après une méditation longue et douloureuse, il s'arrête devant un sablier.

— Ah ! ah ! dit-il, j'ai oublié de le retourner, et voilà que depuis longtemps peut-être tout le sable est passé.

Alors, regardant la lune qui se dégage à grand'peine d'un nuage noir qui semble peser sur la pointe du clocher de Notre-Dame :

— Neuf heures, dit-il. Si elle vient, elle viendra comme d'habitude, dans une heure ou une heure et demie ; il y aura donc temps pour tout.

En ce moment, on entendit quelque bruit sur le pont. René appliqua son oreille à l'orifice d'un long tuyau dont l'autre extrémité allait s'ouvrir sur la rue, sous la forme d'une tête de Guivre.

— Non, dit-il, ce n'est ni elle, ni elles. Ce sont des pas d'hommes ; ils s'arrêtent devant ma porte ; ils viennent ici.

En même temps, trois coups secs retentirent.

René descendit rapidement. Cependant, il se contenta d'appuyer son oreille contre la porte, sans ouvrir encore.

Les mêmes trois coups secs se renouvelèrent.

— Qui va là ? demanda maître René.

— Est-il bien nécessaire de dire nos noms ? demanda une voix.

— C'est indispensable, répond René.

— En ce cas, je me nomme le comte Annibal de Coconnas, dit la même voix qui avait déjà parlé.

— Et moi le comte Lérac de la Mole, dit une autre voix, qui pour la première fois se faisait entendre.

— Attendez, attendez, messieurs, je suis à vous.

Et, en même temps, René, tirant les verrous, enlevant les barres, ouvrit aux deux jeunes gens la porte, qu'il se contenta de refermer à la clef ; puis, les conduisant par l'escalier extérieur, il les introduisit dans le second compartiment.

La Mole, en entrant, fit le signe de la croix sous son manteau ; il était pâle, et sa main tremblait sans qu'il pût réprimer cette faiblesse.

Coconnas regarda chaque chose l'une après l'autre ; et, trouvant au milieu de son examen la porte de la cellule, il voulut l'ouvrir.

— Permettez, mon gentilhomme, dit René de sa voix grave et en posant sa main sur celle de Coconnas, les visiteurs qui me font l'honneur d'entrer ici n'ont la jouissance que de cette partie de la chambre.

— Ah ! c'est différent, repartit Coconnas, et, d'ailleurs, je sens que j'ai besoin de m'asseoir.

Et il se laissa aller sur une chaise.

Il se fit un instant de profond silence : maître René attendait que l'un ou l'autre des deux jeunes gens s'expliquât. Pendant ce temps, on entendait la respiration sifflante de Coconnas encore mal guéri.

— Maître René, dit-il enfin, vous êtes un habile homme, dites-moi donc si je demeurerai estropié de ma blessure, c'est-à-dire si j'aurai toujours cette courte respiration qui m'empêche de monter à cheval, de faire des armes et de manger des omelettes au lard ?

René approcha son oreille de la poitrine de Coconnas, et écouta attentivement le jeu des poumons.

— Non, monsieur le comte, dit-il, vous guérirez.

— En vérité ?

— Je vous l'affirme.

— Vous me faites plaisir.

Il se fit un nouveau silence.

— Ne désirez-vous pas savoir encore autre chose, monsieur le comte ?

René ouvrit aux deux jeunes gens. — Page 119.

— Si fait, dit Coconas ; je désire savoir si je suis véritablement amoureux.

— Vous l'êtes, dit René.

— Comment le savez-vous?

— Parce que vous le demandez.

— Mordi ! je crois que vous avez raison. Mais de qui ?

— De celle qui dit maintenant à tout propos le juron que vous venez de dire.

— En vérité, dit Coconas stupéfait, maître René, vous êtes un habile homme. A ton tour, la Mole.

La Mole rougit et demeura embarrassé.

— Eh! que diable! dit Coconas, parle donc!

— Parlez, dit le Florentin.

— Moi, monsieur René, balbutia la Mole, dont la voix se rassura peu à peu, je ne veux pas vous demander si je suis amoureux, car je sais que je le suis et ne m'en cache point; mais dites-moi si je serai aimé, car, en vérité, tout ce qui m'était d'abord un sujet d'espoir tourne maintenant contre moi.

— Vous n'avez peut-être pas fait tout ce qu'il faut faire pour cela.

— Qu'y a-t-il à faire, monsieur, qu'à prouver

— Pouvez-vous me faire voir le diable?

par son respect et son dévouement à la dame de ses pensées qu'elle est véritablement et profondément aimée?

— Vous savez, dit René, que ces démonstrations sont parfois bien insignifiantes.

— Alors il faut désespérer?

— Non, alors il faut recourir à la science. Il y a dans la nature humaine des antipathies qu'on peut vaincre, des sympathies qu'on peut forcer. Le fer n'est pas l'aimant; mais, en l'aimantant, à son tour l attire le fer.

— Sans doute, sans doute, murmura la Mole; mais je répugne à toutes ces conjurations.

— Ah! si vous répugnez, dit René, alors il ne fallait pas venir!

— Allons donc, allons donc, dit Coconas, vas-tu faire l'enfant à présent! Monsieur René, pouvez-vous me faire voir le diable?

— Non, monsieur le comte.

— J'en suis fâché, j'avais deux mots à lui dire, et cela eût peut-être encouragé la Mole.

— Eh bien! soit! dit la Mole, abordons franche-

ment la question. On m'a parlé de figures en cire
modelées à la ressemblance de l'objet aimé. Est-ce
un moyen?

— Infaillible.

— Et rien, dans cette expérience, ne peut porter atteinte à la vie ni à la santé de la personne
qu'on aime?

— Rien.

— Essayons donc.

— Veux-tu que je commence? dit Coconas.

— Non, dit la Mole, et, puisque me voilà engagé,
j'irai jusqu'au bout.

— Désirez-vous beaucoup, ardemment, impé-
rieusement savoir à quoi vous en tenir, monsieur
de la Mole? demanda le Florentin.

— Oh! s'écria la Mole, j'en meurs, maître René!

Au même instant, on heurta doucement à la
porte de la rue, si doucement, que maître René entendit seul ce bruit, et encore parce qu'il s'y attendait sans doute.

Il approcha, sans affectation et tout en faisant
quelques questions oiseuses à la Mole, son oreille
du tuyau, et perçut quelques éclats de voix qui parurent le fixer.

— Résumez donc maintenant votre désir, dit-il,
et appelez la personne que vous aimez.

La Mole s'agenouilla comme s'il eût parlé à une
divinité; et René, passant dans le premier compartiment, glissa sans bruit par l'escalier extérieur :
un instant après, des pas légers effleuraient le plancher de la boutique.

La Mole, en se relevant, vit devant lui maître
René; le Florentin tenait à la main une petite figurine de cire d'un travail assez médiocre, elle portait une couronne et un manteau.

— Vous voulez toujours être aimé de votre royale
maîtresse? demanda le parfumeur.

— Oui, dût-il m'en coûter la vie, dussé-je y perdre mon âme, répondit la Mole.

— C'est bien, dit le Florentin en prenant du
bout des doigts quelques gouttes d'eau dans une aiguière et en les secouant sur la tête de la figurine
en prononçant quelques mots latins.

La Mole frissonna, il comprit qu'un sacrilège s'accomplissait.

— Que faites-vous là? demanda-t-il.

— Je baptise cette petite figure du nom de Marguerite.

— Mais dans quel but?

— Pour établir la sympathie.

La Mole ouvrait la bouche pour l'empêcher d'aller plus avant, mais un regard railleur de Coconas
l'arrêta.

René, qui avait vu le mouvement, attendit.

— Il faut la pleine et entière volonté, dit-il.

— Faites, répondit la Mole.

René traça sur une petite banderole de papier
rouge quelques caractères cabalistiques, les passa

dans une aiguille d'acier, et, avec cette aiguille, piqua la statuette au cœur.

Chose étrange! à l'orifice de la blessure apparut
une gouttelette de sang, puis il mit le feu au papier.

La chaleur de l'aiguille fit fondre la cire autour
d'elle et sécha la gouttelette de sang.

— Ainsi, dit René, par la force de la sympathie,
votre amour percera et brûlera le cœur de la femme
que vous aimez.

Coconas, en sa qualité d'esprit fort, riait dans sa
moustache et raillait tout bas; mais la Mole, aimant
et superstitieux, sentait une sueur glacée perler à
la racine de ses cheveux.

— Et maintenant, dit René, appuyez vos lèvres
sur les lèvres de la statuette en disant :

— Marguerite, je t'aime; viens, Marguerite!

La Mole obéit.

En ce moment, on entendit ouvrir la porte de la
seconde chambre, et des pas légers s'approchèrent.
Coconas, curieux et incrédule, tira son poignard,
et, craignant, s'il tentait de soulever la tapisserie,
que René ne fît la même observation que lorsqu'il voulut lui ouvrir la porte, fendit avec son poignard l'épaisse tapisserie, et, ayant appliqué son
œil à l'ouverture, poussa un cri d'étonnement auquel deux cris de femmes répondirent.

— Qu'y a-t-il? demanda la Mole prêt à laisser
tomber la figurine de cire, que René lui reprit des
mains.

— Il y a, reprit Coconas, que la duchesse de Nevers et madame Marguerite sont là.

— Eh bien! incrédules, dit René avec un sourire austère, doutez-vous encore de la force de la
sympathie?

La Mole était resté pétrifié en apercevant sa reine,
Coconas avait eu un moment d'éblouissement en
reconnaissant madame de Nevers. L'un se figura
que les sorcelleries de maître René avaient évoqué
le fantôme de Marguerite, l'autre, en voyant entr'ouverte encore la porte par laquelle les charmants
fantômes étaient entrés, eut bientôt trouvé l'explication de ce prodige dans le monde vulgaire et ma-
tériel.

Pendant que la Mole se signait et soupirait à fendre des quartiers de roc, Coconas, qui avait eu tout
le temps de se faire des questions philosophiques et
de chasser l'esprit malin à l'aide de ce goupillon
qu'on appelle l'incrédulité, Coconas, voyant par
l'ouverture du rideau fermé l'ébahissement de madame de Nevers et le sourire un peu caustique de
Marguerite, jugea que le moment était décisif, et,
comprenant que l'on peut dire pour un ami ce que
l'on n'ose dire pour soi-même, au lieu d'aller à madame de Nevers, il alla droit à Marguerite, et, mettant un genou en terre à la façon dont était repré-
senté, dans les parades de la foire, le grand Ar-
taxerce, il s'écria d'une voix à laquelle le sifflement

de sa blessure donnait un certain accent qui ne manquait pas de puissance :

— Madame, à l'instant même, sur la demande de mon ami le comte de la Mole, maître René évoquait votre ombre ; or, à mon grand étonnement, votre ombre est apparue accompagnée d'un corps qui m'est bien cher et que je recommande à mon ami. Ombre de Sa Majesté la reine de Navarre, voulez-vous bien dire au corps de votre compagne de passer de l'autre côté du rideau ?

Marguerite se mit à rire et fit signe à Henriette, qui passa de l'autre côté.

— La Mole, mon ami ! dit Coconas, sois éloquent comme Démosthènes, comme Cicéron, comme M. le chancelier de l'Hospital ; et songe qu'il y va de ma vie si tu ne persuades pas au corps de madame la duchesse de Nevers que je suis son plus dévoué, son plus obéissant et son plus fidèle serviteur.

— Mais... balbutia la Mole.

— Fais ce que je te dis ; et vous, maître René, veillez à ce que personne ne nous dérange.

René fit ce que lui demandait Coconas.

— Mordi ! monsieur, dit Marguerite, vous êtes homme d'esprit. Je vous écoute ; voyons, qu'avez-vous à me dire ?

— J'ai à vous dire, madame, que l'ombre de mon ami, — car c'est une ombre ; et, la preuve, c'est qu'elle ne prononce pas le plus petit mot ; — j'ai donc à vous dire que cette ombre me supplie d'user de la faculté qu'ont les corps de parler intelligiblement pour vous dire : — Belle ombre, le gentilhomme ainsi excorporé a perdu tout son corps et tout son souffle par la rigueur de vos yeux. Si vous étiez vous-même, je demanderais à maître René de m'abîmer dans quelque trou sulfureux plutôt que de tenir un pareil langage à la fille du roi Henri II, à la sœur du roi Charles IX, et à l'épouse du roi de Navarre. Mais les ombres sont dégagées de tout orgueil terrestre, et elles ne se fâchent pas quand on les aime. Or, priez votre corps, madame, d'aimer un peu l'âme de ce pauvre la Mole, âme en peine s'il en fut jamais ; âme persécutée d'abord par l'amitié, qui lui a à trois reprises enfoncé plusieurs pouces de fer dans le ventre ; âme brûlée par le feu de vos yeux, feu mille fois plus dévorant que tous les feux de l'enfer. Ayez donc pitié de cette pauvre âme, aimez un peu ce qui fut le beau la Mole, et, si vous n'avez plus la parole, usez du geste, usez du sourire. C'est une âme fort intelligente que celle de mon ami, et elle comprendra tout. Usez-en, mordi ! ou je passe mon épée au travers du corps de René, pour qu'en vertu du pouvoir qu'il a sur les ombres il force la vôtre, qu'il a déjà évoquée si à propos, de faire des choses peu séantes pour une ombre honnête comme vous me faites l'effet de l'être.

A cette péroraison de Coconas, qui s'était campé devant la reine en Énée descendant aux enfers, Marguerite ne put retenir un énorme éclat de rire,

et, tout en gardant le silence qui convenait en pareille occasion à une ombre royale, elle tendit la main à Coconas.

Celui-ci la reçut délicatement dans la sienne en appelant la Mole :

— Ombre de mon ami, s'écria-t-il, venez ici à l'instant même.

La Mole, tout stupéfait et tout palpitant, obéit.

— C'est bien, dit Coconas en le prenant par derrière la tête ; maintenant, approchez la vapeur de votre beau visage brun de la blanche et vaporeuse main que voici.

Et Coconas, joignant le geste aux paroles, unit cette fine main à la bouche de la Mole, et les retint un instant respectueusement appuyées l'une sur l'autre, sans que la main essayât de se dégager de la douce étreinte.

Marguerite n'avait pas cessé de sourire, mais madame de Nevers ne souriait pas, elle, encore tremblante de l'apparition inattendue des deux gentilshommes. Elle sentait augmenter son malaise de toute la fièvre d'une jalousie naissante, car il lui semblait que Coconas n'eût pas dû oublier ainsi ses affaires pour celles des autres.

La Mole vit la contraction de son sourcil, surprit l'éclair menaçant de ses yeux, et, malgré le trouble enivrant où la volupté lui conseillait de s'engourdir, il comprit le danger que courait son ami, et devina ce qu'il devait tenter pour l'y soustraire.

Se levant donc et laissant la main de Marguerite dans celle de Coconas, il alla saisir celle de la duchesse de Nevers, et, mettant un genou en terre :

— O la plus belle, ô la plus adorable des femmes ! dit-il, je parle des femmes vivantes, et non des ombres, et il adressa un regard et un sourire à Marguerite, permettez à une âme dégagée de son enveloppe grossière de réparer les absences d'un corps tout absorbé par une amitié matérielle. M. de Coconas, que vous voyez, n'est qu'un homme, un homme d'une structure ferme et hardie, c'est une chair belle à voir peut-être, mais périssable comme toute chair : *Omnis caro fenum*. Bien que ce gentilhomme m'adresse du matin au soir les litanies les plus suppliantes à votre sujet, bien que vous l'ayez vu distribuer les plus rudes coups que l'on ait jamais fournis en France, ce champion, si fort en éloquence près d'une ombre, n'ose parler à une femme. C'est pour cela qu'il s'est adressé à l'ombre de la reine, en me chargeant, moi, de parler à votre beau corps, de vous dire qu'il dépose à vos pieds son cœur et son âme ; qu'il demande à vos yeux divins de le regarder en pitié, à vos doigts roses et brûlants de l'appeler d'un signe ; à votre voix vibrante et harmonieuse de lui dire de ces mots qu'on n'oublie pas ; ou sinon, il m'a encore prié d'une chose, c'est, dans le cas où il ne pourrait vous attendrir, de lui passer, pour la seconde fois, mon épée, qui est une lame véritable, les épées n'ont d'ombre qu'au soleil, de lui passer, dis-je, pour la seconde fois, mon épée au travers du corps ; car il ne saurait vivre si vous ne l'autorisez à vivre exclusivement pour vous.

Autant Coconas avait mis de verve et de pantalonnade dans son discours, autant la Mole venait de déployer de sensibilité, de puissance enivrante et de câline humilité dans sa supplique.

Les yeux de Henriette se détournèrent alors de la Mole, qu'elle avait écouté tout le temps qu'il venait do parler, et se portèrent sur Coconas pour voir si l'expression du visage du gentilhomme était en harmonie avec l'oraison amoureuse de son ami. Il paraît qu'elle en fut satisfaite, car, rouge, haletante, vaincue, elle dit à Coconas avec un sourire qui découvrait une double rangée de perles enchâssées dans du corail : — Est-ce vrai ?

— Mordi ! s'écria Coconas fasciné par ce regard, et brûlant des feux du même fluide ; c'est vrai !... Oh ! oui, madame, c'est vrai, vrai sur votre vie, vrai sur ma mort !

— Alors, venez donc ! dit Henriette en lui tendam la main avec un abandon que trahissait la langueur de ses yeux.

Coconas jeta en l'air son toquet de velours, et, d'un bond, fut près de la jeune femme, tandis que la Mole, rappelé de son côté par un geste de Marguerite, faisait avec son ami un chassez-croisez amoureux.

En ce moment, René apparut sur la porte du fond.

— Silence ! s'écria-t-il avec un accent qui éteignit toute cette flamme... silence !

Et l'on entendit dans l'épaisseur de la muraille le frôlement du fer grinçant dans une serrure et le cri d'une porte roulant sur ses gonds.

— Mais, dit Marguerite fièrement, il me semble que personne n'a le droit d'entrer ici quand nous y sommes !

— Pas même la reine mère ? murmura René à son oreille.

Marguerite s'élança aussitôt par l'escalier extérieur, attirant la Mole après elle ; Henriette et Coconas, à demi enlacés, s'enfuirent sur leurs traces.

Tous quatre s'envolant comme s'envolent, au premier bruit indiscret, les oiseaux gracieux qu'on a vus se becqueter sur une branche en fleur.

Tous quatre s'envolant.. — Page 124.

XX

LES POULES NOIRES.

l était temps que les deux couples disparussent. Catherine mettait la clef dans la serrure de la seconde porte au moment où Coconas et madame de Nevers sortaient par l'issue du fond, et Catherine, en entrant, put entendre le craquement de l'escalier sous les pas des fugitifs. Elle jeta autour d'elle un regard inquisiteur, et arrêtant enfin son œil soupçonneux sur René, qui se trouvait debout et incliné devant elle :

— Qui était là? demanda-t-elle.

— Des amants qui se sont contentés de ma parole quand je les ai assurés qu'ils s'aimaient.

— Laissons cela, dit Catherine en haussant les épaules; n'y a-t-il plus personne ici?

— Personne que Votre Majesté et moi.

— Avez-vous fait ce que je vous ai dit?

— A propos des poules noires?

— Oui.

— Elles sont prêtes, madame.

— Ah! si vous étiez juif! murmura Catherine.

— Moi, juif, madame, pourquoi?

— Parce que vous pourriez lire les livres précieux qu'ont écrit les Hébreux sur les sacrifices. Je me suis fait traduire l'un d'eux, et j'ai vu que ce n'était ni dans le cœur ni dans le foie, comme les Romains, que les Hébreux cherchaient les présages : c'était dans la disposition du cerveau et dans la figuration des lettres qui y sont tracées par la main toute-puissante de la destinée.

— Oui, madame, je l'ai aussi entendu dire par un vieux rabbin de mes amis.

— Il y a, dit Catherine, des caractères ainsi dessinés qui ouvrent toute une voie prophétique; seulement, les savants chaldéens recommandent...

— Recommandent... quoi? demanda René, voyant que la reine hésitait à continuer.

— Recommandent que l'expérience se fasse sur des cerveaux humains, comme étant plus développés et plus sympathiques à la volonté du consultant.

— Hélas! madame, dit René, Votre Majesté sait bien que c'est impossible!

— Difficile du moins, dit Catherine; car, si nous avions su cela à la Saint-Barthélemy... hein, René! quelle riche récolte! Le premier condamné... j'y songerai. En attendant, demeurons dans le cercle du possible. La chambre des sacrifices est-elle préparée?

— Oui, madame.

— Passons-y.

René alluma une bougie faite d'éléments étranges, et dont l'odeur, tantôt subtile et pénétrante, tantôt nauséabonde et fumeuse, révélait l'introduction de plusieurs matières; puis, éclairant Catherine, il passa le premier dans la cellule.

Catherine choisit elle-même parmi tous les instruments de sacrifice un couteau d'acier bleuissant, tandis que René allait chercher une des deux poules qui roulaient dans un coin leur œil d'or inquiet.

— Comment procéderons-nous?

— Nous interrogerons le foie de l'une et le cerveau de l'autre. Si les deux expériences nous donnent les mêmes résultats, il faudra bien croire, surtout si ces résultats se combinent avec ceux précédemment obtenus.

— Par où commencerons-nous?

— Par l'expérience du foie.

— C'est bien, dit René; et il attacha la poule sur le petit autel à deux anneaux placés aux deux extrémités, de manière que l'animal, renversé sur le dos, ne pouvait que se débattre sans bouger de place.

Catherine lui ouvrit la poitrine d'un seul coup de couteau. La poule jeta trois cris, et expira après s'être assez longtemps débattue.

— Toujours trois cris, murmura Catherine, trois signes de mort.

Puis elle ouvrit le corps.

— Et le foie penchant à gauche, continua-t-elle, toujours à gauche; triple mort suivie d'une déchéance. Sais-tu, René, que c'est effrayant?

— Il faut voir, madame, si les présages de la seconde victime coïncideront avec ceux de la première.

René détacha le cadavre de la poule et le jeta dans un coin. Puis il alla vers l'autre, qui, jugeant de son sort par celui de sa compagne, essaya de s'y soustraire en courant tout autour de la cellule, et qui, enfin, se voyant prise dans un coin, s'envola par-dessus la tête de René, et s'en alla dans son vol éteindre la bougie magique que tenait à la main Catherine.

— Vous le voyez, René, dit la reine. C'est ainsi que s'éteindra notre race. La mort soufflera dessus, et elle disparaîtra de la surface de la terre. Trois fils, cependant, trois fils!... murmura-t-elle tristement.

René lui prit des mains la bougie éteinte, et alla la rallumer dans la pièce à côté.

Quand il revint, il vit la poule qui s'était fourré la tête dans l'entonnoir.

— Cette fois, dit Catherine, j'éviterai les cris, car je lui trancherai la tête d'un seul coup.

Et, en effet, lorsque la poule fut attachée, Catherine, comme elle l'avait dit, d'un seul coup lui trancha la tête. Mais, dans la convulsion suprême, le bec s'ouvrit trois fois et se rejoignit pour ne plus se rouvrir.

— Vois-tu, dit Catherine épouvantée. A défaut de trois cris, trois soupirs. Trois, toujours trois. Ils mourront tous trois. Toutes ces âmes, avant de partir, comptent et appellent jusqu'à trois. Voyons maintenant les signes de la tête.

Alors Catherine abattit la crête pâlie de l'animal, ouvrit avec précaution le crâne; et, le séparant de manière à laisser à découvert les lobes du cerveau, elle essaya de trouver la forme d'une lettre quelconque sur les sinuosités sanglantes que trace la division de la pulpe cérébrale.

— Toujours, s'écria-t-elle en frappant dans ses deux mains, toujours! et cette fois le pronostic est plus clair que jamais. Viens et regarde.

René s'approcha.

— Quelle est cette lettre? lui demanda Catherine en lui désignant un signe.

— Un H, répondit René.

— Combien de fois répété?

René compta.

— Quatre, dit-il.

— Eh bien! eh bien! est-ce cela? Je le vois,

c'est-à-dire Henri IV. Oh! gronda-t-elle en jetant le couteau, je suis maudite dans ma postérité.

C'était une effrayante figure que celle de cette femme pâle comme un cadavre, éclairée par la lugubre lumière, et crispant ses mains sanglantes.

— Il régnera, dit-elle avec un soupir de désespoir, il régnera!

— Il régnera, répéta René enseveli dans une rêverie profonde,

Cependant, bientôt cette expression sombre s'effaça des traits de Catherine à la lumière d'une pensée qui semblait éclore au fond de son cerveau.

— René, dit-elle en étendant la main vers le Florentin, sans détourner sa tête inclinée sur sa poitrine, René, n'y a-t-il pas une terrible histoire d'un médecin de Pérouse, qui, du même coup, à l'aide d'une pommade, a empoisonné sa fille et l'amant de sa fille?

— Oui, madame.

— Et cet amant, c'était?... continua Catherine toujours pensive.

— C'était le roi Ladislas, madame.

— Ah! oui, c'est vrai, murmura-t-elle. Avez-vous quelques détails sur cette histoire?

— Je possède un vieux livre qui en traite, répondit René.

— Eh bien! passons dans l'autre chambre, vous me le prêterez.

Tous deux quittèrent alors la cellule, dont René ferma la porte derrière lui.

— Votre Majesté me donne-t-elle d'autres ordres pour de nouveaux sacrifices? demanda le Florentin.

— Non, René, non! je suis pour le moment suffisamment convaincue. Nous attendrons que nous puissions nous procurer la tête de quelque condamné, et, le jour de l'exécution, tu en traiteras avec le bourreau.

René s'inclina en signe d'assentiment, puis il s'approcha, sa bougie à la main, des rayons où étaient rangés les livres, monta sur une chaise, en prit un, et le donna à la reine.

Catherine l'ouvrit.

— Qu'est-ce que cela? dit-elle.

« De la manière d'élever et de nourrir les tiercelets, les faucons et les gerfauts, pour qu'ils soient braves, vaillants et toujours prêts au vol. »

— Ah! pardon, madame, je me trompe. Ceci est un traité de vénerie fait par un savant Lucquois pour le fameux Castruccio Castracani. Il était placé à côté de l'autre, relié de la même façon. Je me suis trompé. C'est d'ailleurs un livre très-précieux; il n'en existe que trois exemplaires au monde : un qui appartient à la bibliothèque de Venise, l'autre qui avait été acheté par votre aïeul Laurent, et qui a été offert par Pierre de Médicis au roi Charles VIII lors de son passage à Florence, et le troisième que voici.

— Je le vénère, dit Catherine, à cause de sa ra-

reté; mais, n'en ayant pas besoin, je vous le rends.

Et elle tendit la main droite vers René pour recevoir l'autre, tandis que de la main gauche elle lui rendit celui qu'elle avait reçu.

Cette fois René ne s'était point trompé, c'était bien le livre qu'elle désirait. René descendit, le feuilleta un instant, et le lui rendit tout ouvert.

Catherine alla s'asseoir à une table, René posa près d'elle la bougie magique, et, à la lueur de cette flamme bleuâtre, elle lut quelques lignes à demivoix.

— Bien, dit-elle en refermant le livre. Voilà tout ce que je voulais savoir.

Elle se leva, laissant le livre sur la table et emportant seulement au fond de son esprit la pensée qui y avait germé et qui devait y mûrir.

René attendit respectueusement, la bougie à la main, que la reine, qui paraissait prête à se retirer, lui donnât de nouveaux ordres ou lui adressât de nouvelles questions.

Catherine fit plusieurs pas la tête inclinée, le doigt sur la bouche et en gardant le silence.

Puis, s'arrêtant tout à coup devant René et relevant sur lui son œil rond et fixe comme celui d'un oiseau de proie :

— Avoue-moi que tu as fait pour elle quelque philtre, dit-elle.

— Pour qui? demanda René en tressaillant.

— Pour la Sauve.

— Moi, madame, dit René, jamais!

— Jamais?

— Sur mon âme, je vous le jure.

— Il y a cependant de la magie, car il l'aime comme un fou, lui qui n'est pas renommé par sa constance.

— Qui lui, madame?

— Lui, Henri le maudit. Celui qui succédera à nos trois fils, celui qu'on appellera un jour Henri IV, et qui cependant est le fils de Jeanne d'Albret.

Et Catherine accompagna ces derniers mots d'un soupir qui fit frissonner René, car il lui rappelait les fameux gants que, par ordre de Catherine, il avait préparés pour la reine de Navarre.

— Il y va donc toujours? demanda René.

— Toujours, dit Catherine.

— J'avais cru cependant que le roi de Navarre était revenu tout entier à sa femme.

— Comédie, René, comédie. Je ne sais dans quel but, mais tout se réunit pour me tromper. Ma fille elle-même, Marguerite, se déclare contre moi; peut-être, elle aussi, espère-t-elle la mort de ses frères, peut-être espère-t-elle être reine de France.

— Oui, peut-être! dit René, rejeté dans sa rêverie et se faisant l'écho du doute terrible de Catherine.

— Enfin, dit Catherine, nous verrons.

Et elle s'achemina vers la porte du fond, jugeant

René la précéda.

sans doute inutile de descendre par l'escalier secret, puisqu'elle était sûre d'être seule.

René la précéda, et, quelques instants après, tous
deux se trouvèrent dans la boutique du parfumeur.

— Tu m'avais promis de nouveaux cosmétiques
pour mes mains et pour mes lèvres, René, dit-elle;
voici l'hiver, et tu sais que j'ai la peau fort sensible
au froid.

— Je m'en suis déjà occupé, madame, et je vous
les porterai demain.

— Demain soir tu ne me trouveras pas avant neuf

ou dix heures. Pendant la journée je fais mes dé-
votions.

— Bien, madame, je serai au Louvre à neuf
heures.

— Madame de Sauve a de belles mains et de belles lèvres, dit d'un ton indifférent Catherine; et de
quelle pâte se sert-elle?

— Pour ses mains?

— Oui, pour ses mains d'abord.

— De pâte à l'héliotrope.

— Et pour ses lèvres?

— Tu lui as fait quelque philtre, René!

Pour ses lèvres, elle va se servir du nouvel opiat que j'ai inventé, et dont je comptais porter demain une boîte à Votre Majesté en même temps qu'à elle.

Catherine resta un instant pensive.

— Au reste, elle est belle, cette créature, dit-elle, répondant toujours à sa secrète pensée, et il n'y a rien d'étonnant à cette passion du Béarnais.

— Et surtout dévouée à Votre Majesté, dit René; à ce que je crois, du moins.

Catherine sourit et haussa les épaules.

— Lorsqu'une femme aime, dit-elle, est-ce qu'elle est jamais dévouée à un autre qu'à son amant! Tu lui as fait quelque philtre, René!

— Je vous jure que non, madame.

— C'est bien! n'en parlons plus. Montre-moi donc cet opiat nouveau dont tu me parlais, et qui doit lui faire les lèvres plus fraîches et plus roses encore.

René s'approcha d'un rayon et montra à Catherine six petites boîtes d'argent de la même forme, c'est-à-dire rondes, rangées les unes à côté des autres.

— Voilà le seul philtre qu'elle m'ait demandé,

dit René; il est vrai, comme le dit Votre Majesté, que je l'ai composé exprès pour elle, car elle a les lèvres si fines et si tendres, que le soleil et le vent les gercent également.

Catherine ouvrit une de ces boîtes, elle contenait une pâte du carmin le plus séduisant.

— René, dit-elle, donne-moi de la pâte pour mes mains; j'en manque, j'en emporterai avec moi.

René s'éloigna avec la bougie et s'en alla chercher dans un compartiment particulier ce que lui demandait la reine. Cependant il ne se retourna pas si vite qu'il ne crût voir que Catherine, par un brusque mouvement, venait de prendre une boîte et de la cacher sous sa mante. Il était trop familiarisé avec ces soustractions de la reine mère pour avoir la maladresse de paraître s'en apercevoir. Aussi, prenant la pâte demandée enfermée dans un sac de papier fleurdelisé :

— Voici, madame, dit-il.

— Merci, René! reprit Catherine.

Puis, après un moment de silence :

— Ne porte cet opiat à madame de Sauve que dans huit ou dix jours, je veux être la première à en faire l'essai.

Et elle s'apprêta à sortir.

— Votre Majesté veut-elle que je la reconduise? dit René.

— Jusqu'au bout du pont seulement, répondit Catherine, mes gentilshommes m'attendent là avec ma litière.

Tous deux sortirent et gagnèrent le coin de la rue de la Barillerie, où quatre gentilshommes à cheval et une litière sans armoiries attendaient Catherine.

En rentrant chez lui, le premier soin de René fut de compter ses boîtes d'opiat.

Il en manquait une.

XXI

L'APPARTEMENT DE MADAME DE SAUVE.

atherine ne s'était pas trompée dans ses soupçons. Henri avait repris ses habitudes, et, chaque soir, il se rendait chez madame de Sauve. D'abord, il avait exécuté cette excursion avec le plus grand secret, puis, peu à peu, il s'était relâché de sa défiance, avait négligé les précautions, de sorte que Catherine n'avait pas eu de peine à s'assurer que la reine de Navarre continuait d'être de nom Marguerite, de fait madame de Sauve.

Nous avons dit deux mots, au commencement de cette histoire, de l'appartement de madame de Sauve; mais la porte ouverte par Dariole au roi de Navarre s'est hermétiquement refermée sur lui, de sorte que cet appartement, théâtre des mystérieuses amours du Béarnais, nous est complétement inconnu.

Ce logement, du genre de ceux que les princes fournissent à leurs commensaux dans les palais qu'ils habitent, afin de les avoir à leur portée, était plus petit et moins commode que n'eût certainement été un logement situé par la ville. Il était, comme on le sait déjà, placé au second, à peu près au-dessus de celui de Henri, et la porte s'en ouvrait sur un corridor dont l'extrémité était éclairée par une fenêtre ogivale à petits carreaux enchâssés de plomb, laquelle, même dans les plus beaux jours de l'année, ne laissait pénétrer qu'une lumière douteuse. Pendant l'hiver, dès trois heures de l'après-midi, on était obligé d'y allumer une lampe, qui, ne contenant, été comme hiver, que la même quantité d'huile, s'éteignait alors vers les dix heures du soir, et donnait ainsi, depuis que les jours d'hiver étaient arrivés, une plus grande sécurité aux deux amants.

Une petite antichambre tapissée de damas de soie à larges fleurs jaunes, une chambre de réception tendue de velours bleu, une chambre à coucher, dont le lit à colonnes torses et à rideaux de satin cerise enchâssait une ruelle ornée d'un miroir garni d'argent et de deux tableaux tirés des amours de Vénus et d'Adonis, tel était le logement, aujourd'hui l'on dirait le nid, de la charmante fille d'atour de la reine Catherine de Médicis.

En cherchant bien, on eût encore, en face d'une toilette garnie de tous ses accessoires, trouvé, dans un coin sombre de cette chambre, une petite porte ouvrant sur une espèce d'oratoire, où, exhaussé sur deux gradins, s'élevait un prie-Dieu. Dans cet oratoire, étaient pendues à la muraille, et comme pour servir de correctif aux deux tableaux mythologiques dont nous avons parlé, trois ou quatre peintures du spiritualisme le plus exalté. Entre ces peintures étaient suspendues, à des clous dorés, des armes de femme; car, à cette époque de mystérieuses intrigues, les femmes portaient des armes comme les hommes, et, parfois, s'en servaient aussi habilement qu'eux.

Ce soir-là, qui était le lendemain du jour où s'étaient passées chez maître René les scènes que nous avons racontées, madame de Sauve, assise dans sa chambre à coucher sur un lit de repos, racontait à Henri ses craintes et son amour, et lui donnait comme preuve de ces craintes et de cet amour, le dévouement qu'elle avait montré la fameuse nuit qui avait suivi celle de la Saint-Barthélemy, nuit que Henri, on se le rappelle, avait passée chez sa femme.

Henri, de son côté, lui exprimait sa reconnaissance. Madame de Sauve était charmante ce soir-là dans son simple peignoir de batiste, et Henri était très-reconnaissant.

Au milieu de tout cela, comme Henri était réellement amoureux, il était rêveur. De son côté, madame de Sauve, qui avait fini par adopter de tout son cœur cet amour commandé par Catherine, regardait beaucoup Henri, pour voir si les yeux étaient d'accord avec les paroles.

— Voyons, Henri, disait madame de Sauve; soyez franc: pendant cette nuit passée dans le cabinet de Sa Majesté la reine de Navarre, avec M. de la Mole à vos pieds, n'avez-vous pas regretté que ce digne gentilhomme se trouvât entre vous et la chambre à coucher de la reine?

— Oui, en vérité, ma mie, dit Henri, car il me fallait absolument passer par cette chambre pour aller à celle où je me trouve si bien, et où je suis si heureux en ce moment.

Madame de Sauve sourit.

— Et vous n'y êtes pas rentré depuis?

— Que les fois que je vous ai dites.

— Vous n'y rentrerez jamais sans me le dire?

— Jamais.

— En jureriez-vous?

— Oui, certainement, si j'étais encore huguenot, mais...

— Mais, quoi?

— Mais la religion catholique, dont j'apprends les dogmes en ce moment, m'a appris qu'on ne doit jamais jurer.

— Gascon! dit madame de Sauve en secouant la tête.

— Mais à votre tour, Charlotte, dit Henri, si je vous interrogeais, répondriez-vous à mes questions?

— Sans doute, répondit la jeune femme. Moi je n'ai rien à vous cacher.

— Voyons, Charlotte, dit le roi, expliquez-moi une bonne fois comment il se fait qu'après cette résistance désespérée qui a précédé mon mariage, vous soyez devenue moins cruelle pour moi, qui suis un gauche Béarnais, un provincial ridicule, un prince trop pauvre, enfin, pour entretenir brillants les joyaux de sa couronne?

— Henri, dit Charlotte, vous me demandez le mot de l'énigme que cherchent depuis trois mille ans les philosophes de tous les pays! Henri, ne demandez jamais à une femme pourquoi elle vous aime; contentez-vous de lui demander : M'aimez-vous?

— M'aimez-vous, Charlotte? demanda Henri.

— Je vous aime, répondit madame de Sauve avec un charmant sourire et en laissant tomber sa belle main dans celle de son amant.

Henri retint cette main.

— Mais, reprit-il poursuivant sa pensée, si je l'avais deviné, ce mot, que les philosophes cherchent en vain depuis trois mille ans, du moins relativement à vous, Charlotte!

Madame de Sauve rougit.

— Vous m'aimez, continua Henri; par conséquent, je n'ai pas autre chose à vous demander, et me tiens pour le plus heureux homme du monde. Mais, vous le savez, au bonheur il manque toujours quelque chose. Adam, au milieu du paradis, ne s'est pas trouvé complétement heureux, et il a mordu à cette misérable pomme qui nous a donné à tous ce besoin de curiosité qui fait que chacun passe sa vie à la recherche d'un inconnu quelconque. Dites-moi, ma mie, pour m'aider à trouver le mien, n'est-ce point la reine Catherine qui vous a dit d'abord de m'aimer?

— Henri, dit madame de Sauve, parlez bas quand vous parlez de la reine mère.

— Oh! dit Henri avec un abandon et une confiance à laquelle madame de Sauve fut trompée elle-même, c'était bon autrefois de me défier d'elle, cette bonne mère, quand nous étions mal ensemble; mais maintenant que je suis le mari de sa fille...

— Le mari de madame Marguerite! dit Charlotte en rougissant de jalousie.

— Parlez bas à votre tour, dit Henri. Maintenant que je suis le mari de sa fille, nous sommes les meilleurs amis du monde. Que voulait-on? que je me fisse catholique, à ce qu'il paraît. Eh bien! la grâce m'a touché; et, par l'intercession de saint Barthélemy, je le suis devenu. Nous vivons maintenant en famille comme de bons frères, comme de bons chrétiens.

— Et la reine Marguerite?

— La reine Marguerite, dit Henri, eh bien! elle est le lien qui nous unit tous.

— Mais vous m'avez dit, Henri, que la reine de Navarre, en récompense de ce que j'avais été dévouée pour elle, avait été généreuse pour moi. Si vous m'avez dit vrai, si cette générosité, pour laquelle je lui ai voué une si grande reconnaissance, est réelle, elle n'est qu'un lien de convention facile à briser. Vous ne pouvez donc vous reposer sur cet appui, car vous n'en avez imposé à personne avec cette prétendue intimité.

— Je m'y repose cependant, et c'est depuis trois mois l'oreiller sur lequel je dors.

— Alors, Henri, s'écria madame de Sauve, c'est que vous m'avez trompée, c'est que véritablement madame Marguerite est votre femme.

Henri sourit.

— Tenez, Henri, dit madame de Sauve, voilà de ces sourires qui m'exaspèrent, et qui font que, tout roi que vous êtes, il me prend parfois de cruelles envies de vous arracher les yeux.

— Alors, dit Henri, j'arrive donc à en imposer sur cette prétendue intimité, puisqu'il y a des moments où, tout roi que je suis, vous voulez m'arracher les yeux, parce que vous croyez qu'elle existe!

— Henri, Henri, dit madame de Sauve, je crois que Dieu lui-même ne sait pas ce que vous pensez.

— Je pense, ma mie, dit Henri, que Catherine vous a dit d'abord de m'aimer, que votre cœur vous l'a dit ensuite, et que, quand ces deux voix vous parlent, vous n'entendez que celle de votre cœur. Maintenant, moi aussi, je vous aime, et de toute mon âme, et même c'est pour cela que, lorsque j'aurais des secrets, je ne vous les confierais pas, de peur de vous compromettre, bien entendu... car l'amitié de la reine est changeante, c'est celle d'une belle-mère.

Ce n'était point là le compte de Charlotte; il lui semblait que ce voile qui s'épaississait entre elle et son amant toutes les fois qu'elle voulait sonder les abîmes de ce cœur sans fond, prenait la consistance d'un mur et les séparait l'un de l'autre. Elle sentit donc les larmes envahir ses yeux à cette réponse, et comme en ce moment dix heures sonnèrent :

— Sire, dit Charlotte, voici l'heure de me reposer, mon service m'appelle de très-bon matin demain chez la reine mère.

— Vous me chassez donc ce soir, ma mie? dit Henri.

— Vous me chassez donc ce soir, ma mie? dit Henri.

— Henri, je suis triste. Étant triste, vous me trouveriez maussade, et, me trouvant maussade, vous ne m'aimeriez plus. Vous voyez bien qu'il vaut mieux que vous vous retiriez.

— Soit! dit Henri, je me retirerai si vous l'exigez, Charlotte; seulement, ventre-saint-gris! vous m'accorderez bien la faveur d'assister à votre toilette!

— Mais la reine Marguerite, sire, ne la ferez-vous pas attendre en y assistant?

— Charlotte, répliqua Henri sérieux, il avait été convenu entre nous que nous ne parlerions jamais de la reine de Navarre, et ce soir, ce me semble, nous n'avons parlé que d'elle.

Madame de Sauve soupira, et elle alla s'asseoir devant sa toilette. Henri prit une chaise, la traîna jusqu'à celle qui servait de siège à sa maîtresse, et, mettant un genou dessus en s'appuyant au dossier:

— Allons, dit-il, ma bonne petite Charlotte, que je vous voie vous faire belle, et belle pour moi, quoi que vous en disiez. Mon Dieu! que de choses, que de pots de parfums, que de sacs de poudre, que de fioles, que de cassolettes !

— Cela paraît beaucoup, dit Charlotte en soupirant, et cependant c'est trop peu, puisque je n'ai pas encore avec tout cela trouvé le moyen de régner seule sur le cœur de Votre Majesté.

— Allons ! dit Henri, ne retombons pas dans la politique. Qu'est-ce que ce petit pinceau si fin, si délicat ? Ne serait-ce pas pour peindre les sourcils de mon Jupiter Olympien ?

— Oui, sire, répondit madame de Sauve en souriant, et vous avez deviné du premier coup.

— Et ce joli petit râteau d'ivoire ?

— C'est pour tracer la ligne des cheveux.

— Et cette charmante petite boîte d'argent au couvercle ciselé ?

— Oh ! cela, c'est un envoi de René, sire, c'est le fameux opiat qu'il me promet depuis si longtemps pour adoucir encore ces lèvres que Votre Majesté a la bonté de trouver quelquefois assez douces.

Et Henri, comme pour approuver ce que venait de dire la charmante femme dont le front s'éclaircissait à mesure qu'on la remettait sur le terrain de la coquetterie, appuya ses lèvres sur celles que la baronne regardait avec attention dans son miroir.

Charlotte porta la main à la boîte qui venait d'être l'objet de l'explication ci-dessus, sans doute pour montrer à Henri de quelle façon s'employait la pâte vermeille, lorsqu'un coup sec frappé à la porte de l'antichambre fit tressaillir les deux amants.

— On frappe, madame, dit Dariole en passant la tête par l'ouverture de la portière.

— Va t'informer qui frappe et reviens, dit madame de Sauve. Henri et Charlotte se regardèrent avec inquiétude, et Henri songeait à se retirer dans l'oratoire, où déjà plus d'une fois il avait trouvé un refuge, lorsque Dariole reparut.

— Madame, dit-elle, c'est maître René le parfumeur.

A ce nom, Henri fronça le sourcil et se pinça involontairement les lèvres.

— Voulez-vous que je lui refuse la porte ? dit Charlotte.

— Non pas ! dit Henri, maître René ne fait rien sans avoir auparavant songé à ce qu'il fait ; s'il vient chez vous, c'est qu'il a des raisons d'y venir.

— Voulez-vous vous cacher alors ?

— Je m'en garderai bien, dit Henri, car maître René sait tout, et maître René sait que je suis ici.

— Mais Votre Majesté n'a-t-elle pas quelque raison pour que sa présence lui soit douloureuse ?

— Moi ! dit Henri en faisant un effort que, malgré sa puissance sur lui-même, il ne put tout à fait dissimuler, moi ! aucune ! nous étions en froid, c'est vrai ; mais, depuis le soir de la Saint-Barthélemy, nous nous sommes raccommodés.

— Faites entrer ! dit madame de Sauve à Dariole.

Un instant après, René parut et jeta un regard qui embrassa toute la chambre.

Madame de Sauve était toujours devant sa toilette.

Henri avait repris sa place sur le lit de repos.

Charlotte était dans la lumière et Henri dans l'ombre.

— Madame, dit René avec une respectueuse familiarité, je viens vous faire mes excuses.

— Et de quoi donc, René ? demanda madame de Sauve avec cette condescendance que les jolies femmes ont toujours pour ce monde de fournisseurs qui les entoure et qui tend à les rendre plus jolies.

— De ce que depuis si longtemps j'avais promis de travailler pour ces jolies lèvres, et de ce que...

— De ce que vous n'avez tenu votre promesse qu'aujourd'hui, n'est-ce pas ? dit Charlotte.

— Qu'aujourd'hui ! répéta René.

— Oui, c'est aujourd'hui seulement, et même ce soir que j'ai reçu cette boîte que vous m'avez envoyée.

— Ah ! en effet, dit René en regardant avec une expression étrange la petite boîte d'opiat qui se trouvait sur la table de madame de Sauve, et qui était de tout point pareille à celles qu'il avait dans son magasin.

— J'avais deviné ! murmura-t-il : et vous en êtes-vous servie ?

— Non, pas encore, et j'allais l'essayer quand vous êtes entré.

La figure de René prit une expression rêveuse qui n'échappa point à Henri, auquel, d'ailleurs, bien peu de choses échappaient.

— Eh bien ! René, qu'avez-vous donc ? demanda le roi.

— Moi ! rien, sire, dit le parfumeur, j'attends humblement que Votre Majesté m'adresse la parole avant de prendre congé de madame la baronne.

— Allons donc, dit Henri en souriant. Avez-vous besoin de mes paroles pour savoir que je vous vois avec plaisir ?

René regarda autour de lui, fit le tour de la chambre comme pour sonder de l'œil et de l'oreille les portes et les tapisseries, et s'arrêtant de nouveau et se plaçant de manière à embrasser du même regard madame de Sauve et Henri :

— Je ne le sais pas, dit-il.

Henri, averti, grâce à cet instinct admirable qui, pareil à un sixième sens, le guida pendant toute la première partie de sa vie au milieu des dangers qui l'entouraient, qu'il se passait en ce moment quelque chose d'étrange et qui ressemblait à une lutte dans l'esprit du parfumeur, se tourna vers lui, et tout en restant dans l'ombre, tandis que le visage du Florentin se trouvait dans la lumière :

— Vous à cette heure ici, René ? lui dit-il,

— Aurais-je le malheur de gêner Votre Majesté

,répondit le parfumeur en faisant un pas en arrière.

— Non pas. Seulement, je désire savoir une chose.

— Laquelle, sire?

— Pensiez-vous me trouver ici?

— J'en étais sûr.

— Vous me cherchiez donc?

— Je suis heureux de vous rencontrer, du moins.

— Vous avez quelque chose à me dire, insista Henri.

— Peut-être, sire, répondit Henri.

Charlotte rougit, car elle tremblait que cette révélation, que semblait vouloir faire le parfumeur, ne fût relative à sa conduite passée envers Henri; elle fit donc comme si, toute aux soins de sa toilette, elle n'eût rien entendu, et interrompant la conversation :

— Ah! en vérité, René, s'écria-t-elle en ouvrant la boîte d'opiat, vous êtes un homme charmant; cette pâte est d'une couleur merveilleuse, et, puisque vous voilà, je vais, pour vous faire honneur, expérimenter devant vous votre nouvelle production.

Et elle prit la boîte d'une main, tandis que de l'autre elle effleurait du bout du doigt la pâte rosée qui devait passer du doigt à ses lèvres.

René tressaillit.

La baronne approcha en souriant l'opiat de sa bouche.

René pâlit.

Henri, toujours dans l'ombre, mais les yeux fixes et ardents, ne perdait ni un mouvement de l'une, ni un frisson de l'autre.

La main de Charlotte n'avait plus que quelques lignes à parcourir pour toucher ses lèvres lorsque René lui saisit le bras, au moment même où Henri se levait pour en faire autant.

Henri retomba sans bruit sur son lit de repos.

— Un moment, madame, dit René avec un sourire contraint. Mais il ne faudrait pas employer cet opiat sans quelques recommandations particulières.

— Et qui me les donnera, ces recommandations?

— Moi.

— Quand cela?

— Aussitôt que je vais avoir terminé ce que j'ai à dire à Sa Majesté le roi de Navarre.

Charlotte ouvrit de grands yeux, ne comprenant rien à cette espèce de langue mystérieuse qui se parlait auprès d'elle, et elle resta, tenant le pot d'opiat d'une main, et regardant l'extrémité de son doigt rougie par la pâte carminée.

Henri se leva, et, mû par une pensée, qui, comme toutes celles du jeune roi, avait deux côtés, l'un qui paraissait superficiel et l'autre qui était profond, il alla prendre la main de Charlotte, et fit, toute rougie qu'elle était, un mouvement pour la porter à ses lèvres.

— Un instant, dit vivement René, un instant! veuillez, madame, laver vos belles mains avec ce savon de Naples que j'avais oublié de vous envoyer en même temps que l'opiat, et que j'ai eu l'honneur de vous apporter moi-même.

Et, tirant de son enveloppe d'argent une tablette de savon de couleur verdâtre, il la mit dans un bassin de vermeil, y versa de l'eau, et, un genou en terre, présenta le tout à madame de Sauve.

— Mais, en vérité, maître René, je ne vous reconnais plus, dit Henri; vous êtes d'une galanterie à laisser loin de vous tous les muguets de la cour.

— Oh! quel délicieux arome! s'écria Charlotte en frottant ses belles mains avec de la mousse nacrée qui se dégageait de la tablette embaumée.

René accomplit ses fonctions de cavalier servant jusqu'au bout : il présenta une serviette de fine toile de Frise à madame de Sauve, qui essuya ses mains.

— Et maintenant, dit le Florentin à Henri, faites à votre plaisir, monseigneur.

Charlotte présenta sa main à Henri, qui la baisa, et, tandis que Charlotte se tournait à demi sur son siège pour écouter ce que René allait dire, le roi de Navarre alla reprendre sa place, plus convaincu que jamais qu'il se passait dans l'esprit du parfumeur quelque chose d'extraordinaire.

— Eh bien? demanda Charlotte.

Le Florentin parut rassembler toute sa résolution et se tourna vers Henri.

Et, un genou en terre, présenta le tout à madame de Sauve. — Page 135.

XXII

SIRE! VOUS SEREZ ROI.

ire, dit René à Henri, je viens vous parler d'une chose dont je m'occupe depuis longtemps.

— De parfums? dit Henri en souriant.

— Eh bien! oui, sire... de parfums! répondit René avec un singulier signe d'acquiescement.

— Parlez, je vous écoute, c'est un sujet qui de tout temps m'a fort intéressé.

René regarda Henri pour essayer de lire, malgré ses paroles, dans cette impénétrable pensée; mais, voyant que c'était chose parfaitement inutile, il continua : — Un de mes amis, sire, arrive de Florence; cet ami s'occupe beaucoup d'astrologie.

— Oui, interrompit Henri, je sais que c'est une passion florentine.

— Parlez, je vous écoute. — Page 136.

— Il a, en compagnie des premiers savants du monde, tiré les horoscopes des principaux gentilshommes de l'Europe.

— Ah! ah! fit Henri.

— Et, comme la maison de Bourbon est en tête des plus hautes, descendant comme elle le fait du comte de Clermont, cinquième fils de saint Louis, Votre Majesté doit penser que le sien n'a pas été oublié.

Henri écouta plus attentivement encore.

— Et vous vous souvenez de cet horoscope? dit le roi de Navarre avec un sourire qu'il essaye de rendre indifférent.

— Oh! reprit René en secouant la tête, votre horoscope n'est pas de ceux qu'on oublie.

— En vérité! dit Henri avec un geste ironique.

— Oui, sire, Votre Majesté, selon les termes de cet horoscope, est appelée aux plus brillantes destinées.

L'œil du jeune prince lança un éclair involontaire qui s'éteignit presque aussitôt dans un nuage d'indifférence.

18

— Tous ces oracles italiens sont flatteurs, dit Henri; or, qui dit flatteur dit menteur. N'y en a-t-il pas qui m'ont prédit que je commanderais des armées, moi!

Et il éclata de rire. Mais un observateur moins occupé de lui-même que ne l'était René eût vu et reconnu l'effort de ce rire.

— Sire, dit froidement René, l'horoscope annonce mieux que cela.

— Annonce-t-il qu'à la tête d'une de ces armées je gagnerai des batailles?

— Mieux que cela, sire.

— Allons, dit Henri, vous verrez que je serai conquérant.

— Sire, vous serez roi.

— Eh! ventre-saint-gris! dit Henri en réprimant un violent battement de cœur, ne le suis-je point déjà?

— Sire, mon ami sait ce qu'il promet; non-seulement vous serez roi, mais vous régnerez.

— Alors, dit Henri avec son même ton railleur, votre ami a besoin de dix écus d'or, n'est-ce pas, René? car une pareille prophétie est bien ambitieuse, par le temps qui court surtout; allons, René, comme je ne suis pas riche, j'en donnerai à votre ami cinq tout de suite, et cinq autres quand la prophétie sera réalisée.

— Sire, dit madame de Sauve, n'oubliez pas que vous êtes déjà engagé avec Dariole, et ne vous surchargez pas de promesses.

— Madame, dit Henri, ce moment venu, j'espère que l'on me traitera en roi, et que chacun sera fort satisfait si je tiens la moitié de ce que j'ai promis.

— Sire, reprit René, je continue...

— Oh! ce n'est donc pas tout? dit Henri, soit : si je suis empereur, je donne le double.

— Sire, mon ami revint donc de Florence avec cet horoscope, qu'il renouvela à Paris, et qui donna toujours le même résultat, et il me confia un secret.

— Un secret qui intéresse Sa Majesté? demanda vivement Charlotte.

— Je le crois, dit le Florentin.

— Il cherche ses mots, pensa Henri sans aider en rien René; il paraît que la chose est difficile à dire.

— Alors, parlez, reprit la baronne de Sauve, de quoi s'agit-il?

— Il s'agit, dit le Florentin en pesant une à une toutes ses paroles, il s'agit de tous ces bruits d'empoisonnement qui ont couru depuis quelque temps à la cour.

Un léger gonflement de narines du roi de Navarre fut le seul indice de son attention croissante à ce détour subit que faisait la conversation.

— Et votre ami le Florentin, dit Henri, sait des nouvelles de ces empoisonnements?

— Oui, sire.

— Comment me confiez-vous un secret qui n'est pas le vôtre, René, surtout quand ce secret est si important? dit Henri du ton le plus naturel qu'il put prendre.

— Cet ami a un conseil à demander à Votre Majesté.

— A moi?

— Qu'y a-t-il d'étonnant à cela, sire? rappelez-vous le vieux soldat d'Actium, qui, ayant un procès, demandait un conseil à Auguste.

— Auguste était avocat, René, et je ne le suis pas.

— Sire, quand mon ami me confia ce secret, Votre Majesté appartenait encore au parti calviniste, dont vous étiez le premier chef, et M. de Condé le second.

— Après? dit Henri.

— Cet ami espérait que vous useriez de votre influence toute-puissante sur M. le prince de Condé pour le prier de ne pas lui être hostile.

— Expliquez-moi cela, René, si vous voulez que je le comprenne, dit Henri sans manifester la moindre altération dans ses traits ni dans sa voix.

— Sire, Votre Majesté comprendra au premier mot : cet ami sait toutes les particularités de la tentative d'empoisonnement essayée sur monseigneur le prince de Condé.

— On a essayé d'empoisonner le prince de Condé? demanda Henri avec un étonnement parfaitement joué; ah! vraiment, et quand cela?

René regarda fixement le roi et répondit ces seuls mots :

— Il y a huit jours, Majesté.

— Quelque ennemi? demanda le roi.

— Oui, répondit René, un ennemi que Votre Majesté connaît, et qui connaît Votre Majesté.

— En effet, dit Henri, je crois avoir entendu parler de cela; mais j'ignore les détails que votre ami veut me révéler, dites-vous.

— Eh bien! une pomme de senteur fut offerte au prince de Condé; mais, par bonheur, son médecin se trouva chez lui quand on l'apporta. Il la prit des mains du messager et la flaira pour en essayer l'odeur et la vertu. Deux jours après, une enflure gangréneuse du visage, une extravasation du sang, une plaie vive qui lui dévora la face, furent le prix de son dévouement ou le résultat de son imprudence.

— Malheureusement, répondit Henri, étant déjà à moitié catholique, j'ai perdu toute influence sur M. de Condé; votre ami aurait donc tort de s'adresser à moi.

— Ce n'était pas seulement près du prince de Condé que Votre Majesté pouvait, par son influence, être utile à mon ami, mais encore près du prince de Porcian, frère de celui qui a été empoisonné.

— Ah çà! dit Charlotte, savez-vous, René, que

vos histoires sentent le trembleur ! Vous sollicitez mal à propos. Il est tard, votre conversation est mortuaire. En vérité, vos parfums valent mieux.

Et Charlotte étendit de nouveau la main sur la boîte d'opiat.

— Madame, dit René, avant de l'essayer comme vous allez le faire, écoutez ce que les méchants en peuvent tirer de cruels effets.

— Décidément, René, dit la baronne, vous êtes funèbre ce soir.

Henri fronça le sourcil, mais il comprit que René voulait en venir à un but qu'il n'entrevoyait pas encore, et il résolut de pousser jusqu'au bout cette conversation, qui éveillait en lui de si douloureux souvenirs.

— Et, reprit-il, vous connaissez aussi les détails de l'empoisonnement du prince de Porcian ?

— Oui, dit-il. On savait qu'il laissait brûler chaque nuit une lampe près de son lit; on empoisonna l'huile, et il fut asphyxié par l'odeur.

Henri crispa l'un sur l'autre ses doigts humides de sueur.

— Ainsi donc, murmura-t-il, celui que vous nommez votre ami sait non-seulement les détails de cet empoisonnement, mais il en connaît l'auteur ?

— Oui, et c'est pour cela qu'il eût voulu savoir de vous si vous auriez sur le prince de Porcian qui reste cette influence de lui faire pardonner au meurtrier la mort de son frère.

— Malheureusement, répondit Henri, étant encore à moitié huguenot, je n'ai aucune influence sur M. le prince de Porcian; votre ami aurait donc tort de s'adresser à moi.

— Mais que pensez-vous des dispositions de M. le prince de Condé et de M. de Porcian ?

— Comment connaîtrais-je leurs dispositions, René ! Dieu, que je sache, ne m'a point donné le privilège de lire dans les cœurs.

— Votre Majesté peut s'interroger elle-même, dit le Florentin avec calme. N'y a-t-il pas dans la vie de Votre Majesté quelque événement si sombre qu'il puisse servir d'épreuve à la clémence, si douloureux qu'il soit une pierre de touche pour la générosité ?

Ces mot furent prononcés avec un accent qui fit frissonner Charlotte elle-même : c'était une allusion tellement directe, tellement sensible, que la jeune femme se détourna pour cacher sa rougeur et pour éviter de rencontrer le regard de Henri.

Henri fit un suprême effort sur lui-même; il désarma son front, qui, pendant les paroles du Florentin, s'était chargé de menaces, et changeant la noble douleur filiale qui lui étreignait le cœur en vague méditation :

— Dans ma vie, dit-il, un événement sombre... non, René, non; je ne me rappelle de ma jeunesse que la folie et l'insouciance mêlées aux nécessités plus ou moins cruelles qu'imposent à tous les besoins de la nature et les épreuves de Dieu.

René se contraignit à son tour en promenant son attention de Henri à Charlotte, comme pour exciter l'un et retenir l'autre; car Charlotte, en effet, se remettant à sa toilette pour cacher la gêne que lui inspirait cette conversation, venait de nouveau d'étendre la main vers la boîte d'opiat.

— Mais enfin, sire, si vous étiez le frère du prince de Porcian, ou le fils du prince de Condé, et qu'on eût empoisonné votre frère ou assassiné votre père...

Charlotte poussa un léger cri et approcha de nouveau l'opiat de ses lèvres. René vit le mouvement; mais, cette fois, il ne l'arrêta ni de la parole ni du geste, seulement il s'écria :

— Au nom du ciel, répondez, sire : sire, si vous étiez à leur place, que feriez-vous ?

Henri se recueillit, essuya de sa main tremblante son front où perlaient quelques gouttes de sueur froide, et, se levant de toute sa hauteur, il répondit, au milieu du silence qui suspendait jusqu'à la respiration de René et de Charlotte :

— Si j'étais à leur place et que je fusse sûr d'être roi, c'est-à-dire de représenter Dieu sur la terre, je ferais comme Dieu, je pardonnerais.

— Madame, s'écria René en arrachant l'opiat des mains de madame de Sauve, — madame, rendez-moi cette boîte; — mon garçon, je le vois, s'est trompé en vous l'apportant : demain je vous en enverrai une autre.

XXIII

L e lendemain, il devait y avoir chasse à courre dans la forêt de Saint-Germain. Henri avait ordonné qu'on lui tînt prêt, pour huit heures du matin, c'est-à-dire tout sellé et tout bridé, un petit cheval du Béarn, qu'il comptait donner à madame de Sauve, mais qu'auparavant il désirait essayer. A huit heures moins un quart, le cheval était appareillé. A huit heures sonnant, Henri descendait.

Le cheval, fier et ardent, malgré sa petite taille, dressait les crins et piaffait dans la cour. Il avait fait froid, et un léger verglas couvrait la terre.

Henri s'apprêta à traverser la cour pour gagner le côté des écuries où l'attendaient le cheval et le palefrenier, lorsqu'en passant devant un soldat suisse, en sentinelle à la porte, ce soldat lui présenta les armes en disant :

— Dieu garde Sa Majesté le roi de Navarre !

A ce souhait, et surtout à l'accent de la voix qui venait de l'émettre, le Béarnais tressaillit.

Il se retourna et fit un pas en arrière.

— De Mouy ! murmura-t-il.

— Oui, sire, de Mouy.

— Que venez-vous faire ici ?

— Je vous cherche.

— Que me voulez-vous ?

— Il faut que je parle à Votre Majesté.

— Malheureux, dit le roi en se rapprochant de lui, ne sais-tu pas que tu risques ta tête ?

— Je le sais.

— Eh bien ?

— Eh bien ! me voilà.

Henri pâlit légèrement, car ce danger que courait l'ardent jeune homme, il comprit qu'il le partageait. Il regarda donc avec inquiétude autour de lui, et se recula une seconde fois, non moins vivement que la première.

Il venait d'apercevoir le duc d'Alençon à une fenêtre.

Changeant aussitôt d'allure, Henri prit le mousquet des mains de de Mouy, placé, comme nous l'avons dit, en sentinelle, et tout en ayant l'air de l'examiner :

— De Mouy, lui dit-il, ce n'est pas certainement sans un motif bien puissant que vous êtes venu ainsi vous jeter dans la gueule du loup ?

— Non, sire. Aussi voilà huit que je vous guette. Hier seulement, j'ai appris que Votre Majesté devait essayer ce cheval ce matin, et j'ai pris poste à la porte du Louvre.

— Mais comment sous ce costume ?

— Le capitaine de la compagnie est protestant et de mes amis.

— Voici votre mousquet, remettez-vous à votre faction. On nous examine. En repassant, je tâcherai de vous dire un mot ; mais, si je ne vous parle point, ne m'arrêtez point. Adieu.

De Mouy reprit sa marche mesurée, et Henri s'avança vers le cheval.

— Qu'est-ce que c'est que ce joli petit animal ? demanda le duc d'Alençon de sa fenêtre.

— Un cheval que je vais essayer ce matin, répondit Henri.

— Mais ce n'est point un cheval d'homme, cela.

— Aussi était-il destiné à une belle dame.

— Prenez garde, Henri, vous allez être indiscret, car nous allons voir cette belle dame à la chasse ; et, si je ne sais pas de qui vous êtes le chevalier, je saurai au moins de qui vous êtes l'écuyer.

— Eh ! mon Dieu non, vous ne le saurez pas, dit Henri avec sa feinte bonhomie, car cette belle dame ne pourra sortir, étant fort indisposée ce matin.

Et il se mit en selle.

— Ah bah ! dit d'Alençon en riant, pauvre madame de Sauve !

— François ! François ! c'est vous qui êtes indiscret.

— Et qu'a-t-elle donc, cette belle Charlotte ? reprit le duc d'Alençon.

— Mais, continua Henri en lançant son cheval au petit galop et en lui faisant décrire un cercle de manége, mais je ne sais trop, une grande lourdeur de tête, à ce que m'a dit Dariole, une espèce d'engourdissement par tout le corps, une faiblesse générale, enfin.

— Et cela vous empêchera-t-il d'être des nôtres ? demanda le duc.

— Moi ! et pourquoi ? reprit Henri, vous savez que

— Qu'est-ce que c'est que ce joli petit animal? — Pagk 140.

je suis fou de la chasse à courre, et que rien n'aurait cette influence de m'en faire manquer une.

— Vous manquerez pourtant celle-ci, Henri, dit le duc après s'être retourné et avoir causé un instant avec une personne qui était demeurée invisible aux yeux de Henri, attendu qu'elle causait avec son interlocuteur du fond de la chambre, car voici Sa Majesté qui me fait dire que la chasse ne peut avoir lieu.

— Bah! dit Henri de l'air le plus désappointé du monde. Pourquoi cela?

— Des lettres fort importantes de M. de Nevers,

à ce qu'il paraît. Il y a conseil entre le roi, la reine mère et mon frère le duc d'Anjou.

— Ah! ah! fit en lui-même Henri; serait-il arrivé des nouvelles de Pologne?

Puis tout haut:

— En ce cas, continua-t-il, il est inutile que je me risque plus longtemps sur ce verglas. Au revoir, mon frère!

Et arrêtant le cheval en face de de Mouy:

— Mon ami, dit-il, appelle un de tes camarades pour finir ta faction. Aide le palefrenier à dessangler ce cheval, mets la selle sur ta tête et porte-la chez l'orfévre de la sellerie; il y a une broderie à y faire qu'il n'avait pas eu le temps d'achever pour aujourd'hui. Tu reviendras me rendre réponse chez moi.

De Mouy se hâta d'obéir, car le duc d'Alençon avait disparu de sa fenêtre, et il était évident qu'il avait conçu quelque soupçon.

En effet, à peine avait-il tourné le guichet, que le duc d'Alençon parut. Un véritable Suisse était à la place de de Mouy.

D'Alençon regarda avec une grande attention le nouveau factionnaire; puis se retournant du côté de Henri :

— Ce n'est point avec cet homme que vous causiez tout à l'heure, n'est-ce pas, mon frère?

— L'autre est un garçon qui est de ma maison et que j'ai fait entrer dans les Suisses : je lui ai donné une commission, et il est allé l'exécuter.

— Ah! fit le duc, comme si cette réponse lui suffisait. Et Marguerite, comment va-t-elle?

— Je vais le lui demander, mon frère.

— Ne l'avez-vous donc point vue depuis hier?

— Non, je me suis présenté chez elle cette nuit, vers onze heures, mais Gillonne m'a dit qu'elle était fatiguée et qu'elle dormait.

— Vous ne la trouverez point dans son appartement, elle est sortie.

— Oui, dit Henri, c'est possible, elle devait aller au couvent de l'Annonciade.

Il n'y avait pas moyen de pousser la conversation plus loin, Henri paraissant décidé seulement à répondre.

Les deux beaux-frères se quittèrent donc, le duc d'Alençon pour aller aux nouvelles, disait-il, le roi de Navarre pour rentrer chez lui.

Henri y était à peine depuis cinq minutes lorsqu'il entendit frapper.

— Qui est là? demanda-t-il.

— Sire, répondit une voix que Henri reconnut pour celle de de Mouy, c'est la réponse de l'orfévre de la sellerie.

Henri, visiblement ému, fit entrer le jeune homme, et referma la porte derrière lui.

— C'est vous, de Mouy! dit-il. J'espérais que vous réfléchiriez!

— Sire, répondit de Mouy, il y a trois mois que je réfléchis, c'est assez; maintenant, il est temps d'agir.

Henri fit un mouvement d'inquiétude.

— Ne craignez rien, sire. Nous sommes seuls et je me hâte, car les moments sont précieux. Votre Majesté peut nous rendre, par un seul mot, tout ce que les événements de l'année ont fait perdre à la cause de la religion. Soyons clairs, soyons brefs, soyons francs.

— J'écoute, mon brave de Mouy! répondit Henri voyant qu'il lui était impossible d'éluder l'explication.

— Est-il vrai que Votre Majesté ait abjuré la religion protestante?

— C'est vrai, dit Henri.

— Oui, mais est-ce des lèvres, est-ce du cœur?

— On est toujours reconnaissant à Dieu quand il nous sauve la vie, répondit Henri tournant la question, comme il avait l'habitude de le faire en pareil cas, et Dieu m'a visiblement épargné dans ce cruel danger.

— Sire, reprit de Mouy, avouons une chose.

— Laquelle?

— C'est que votre abjuration n'est point une affaire de conviction, mais de calcul. Vous avez abjuré pour que le roi vous laissât vivre, et non parce que Dieu vous avait conservé la vie.

— Quelle que soit la cause de ma conversion, de Mouy, répondit Henri, je n'en suis pas moins catholique.

— Oui, mais le resterez-vous toujours? à la première occasion de reprendre votre liberté d'existence et de conscience, ne la reprendrez-vous pas? Eh bien! cette occasion, elle se présente : la Rochelle est insurgée, le Roussillon et le Béarn n'attendent qu'un mot pour agir : dans la Guienne, tout crie à la guerre. Dites-moi seulement que vous êtes un catholique forcé, et je vous réponds de l'avenir.

— On ne force pas un gentilhomme de ma naissance, mon cher de Mouy. Ce que j'ai fait, je l'ai fait librement.

— Mais, sire, dit le jeune homme, le cœur oppressé de cette résistance à laquelle il ne s'attendait pas, vous ne songez donc pas qu'en agissant ainsi vous nous abandonnez... vous nous trahissez?...

Henri resta impassible.

— Oui, reprit de Mouy, oui, vous nous trahissez, sire, car plusieurs d'entre nous sont venus, au péril de leur vie, pour sauver votre honneur et votre liberté. Nous avons tout préparé pour vous donner un trône, sire, entendez-vous bien? Non-seulement la liberté, mais la puissance — un trône à votre choix, car dans deux mois vous pourrez opter entre Navarre et France.

— De Mouy, dit Henri en voilant son regard, qui, malgré lui, à cette proposition, avait jeté un éclair; — de Mouy, je suis sauf, je suis catholique, je suis l'époux de Marguerite, je suis frère du roi Charles, je suis gendre de ma bonne mère Catherine. De Mouy, en prenant ces diverses positions, j'en ai calculé les chances, mais aussi les obligations.

— Mais, sire, reprit de Mouy, à quoi faut-il croire? on me dit que votre mariage n'est point consommé, on me dit que vous êtes libre au fond du cœur, on me dit que la haine de Catherine...

— Mensonge, mensonge, interrompit vivement le Béarnais. Oui, l'on vous a trompé impudemment, mon ami. Cette chère Marguerite est bien ma femme; Catherine est bien ma mère : le roi Charles IX enfin est bien le seigneur et le maître de ma vie et de mon cœur.

De Mouy frissonna, un sourire presque méprisant passa sur ses lèvres.

— Ainsi donc, sire, dit-il en laissant retomber ses bras avec découragement et en essayant de sonder du regard cette âme pleine de ténèbres, voilà la réponse que je rapporterai à mes frères. Je leur dirai que le roi de Navarre tend sa main et donne son cœur à ceux qui nous ont égorgés, je leur dirai qu'il est devenu le flatteur de la reine mère et l'ami de Maurevel...

— Mon cher de Mouy, dit Henri, le roi va sortir du conseil, et il faut que j'aille m'informer près de lui des raisons qui ont fait remettre une chose aussi importante qu'une partie de chasse. Adieu, imitez-moi, mon ami, quittez la politique, revenez au roi et prenez la messe.

Et Henri reconduisit ou plutôt repoussa jusqu'à l'antichambre le jeune homme, dont la stupéfaction commençait à faire place à la fureur.

A peine eut-il refermé la porte, que, ne pouvant résister à l'envie de se venger sur quelque chose à défaut de quelqu'un, de Mouy broya son chapeau entre ses mains, le jeta à terre, et le foulant aux pieds comme fait un taureau du manteau du matador :

— Par la mort! s'écria-t-il, voilà un misérable prince, et j'ai bien envie de me faire tuer ici pour le souiller à jamais de mon sang.

— Chut, monsieur de Mouy! dit une voix qui se glissait par l'ouverture d'une porte entre-bâillée; chut! car un autre que moi pourrait vous entendre.

De Mouy se retourna vivement et aperçut le duc d'Alençon enveloppé d'un manteau et avançant sa tête pâle dans le corridor pour s'assurer si de Mouy et lui étaient bien seuls.

— M. le duc d'Alençon! s'écria de Mouy, je suis perdu.

— Au contraire, murmura le prince, peut-être même avez-vous trouvé ce que vous cherchez, et la preuve, c'est que je ne veux pas que vous vous fassiez tuer ici comme vous en avez le dessein. Croyez-moi, votre sang peut être mieux employé qu'à rougir le seuil du roi de Navarre.

Et, à ces mots, le duc ouvrit toute grande la porte qu'il tenait entre-bâillée.

— Cette chambre est celle de deux de mes gentilshommes, dit le duc, nul ne viendra nous relancer ici; nous pourrons donc y causer en toute liberté. Venez, monsieur.

— Me voici, monseigneur! dit le conspirateur stupéfait.

Et il entra dans la chambre, dont le duc d'Alençon referma la porte derrière lui non moins vivement que n'avait fait le roi de Navarre.

De Mouy était entré furieux, exaspéré, maudissant; mais, peu à peu, le regard froid et fixe du jeune duc François fit sur le capitaine huguenot l'effet de cette glace enchantée qui dissipe l'ivresse.

— Monseigneur, dit-il, si j'ai bien compris, Votre Altesse veut me parler?

— Oui, monsieur de Mouy, répondit François. Malgré votre déguisement, j'avais cru vous reconnaître; et, quand vous avez présenté les armes à mon frère Henri, je vous ai reconnu tout à fait. Eh bien! de Mouy, vous n'êtes donc pas content du roi de Navarre?

— Monseigneur!

— Allons, voyons! parlez-moi hardiment. Sans que vous vous en doutiez, peut-être suis-je de vos amis.

— Vous, monseigneur?

— Oui, moi. Parlez donc.

— Je ne sais que dire à Votre Altesse, monseigneur. Les choses dont j'avais à entretenir le roi de Navarre touchent à des intérêts que Votre Altesse ne saurait comprendre. D'ailleurs, ajouta de Mouy d'un air qu'il tâcha de rendre indifférent, il s'agissait de bagatelles.

— De bagatelles? fit le duc.

— Oui, monseigneur.

— De bagatelles pour lesquelles vous avez cru devoir exposer votre vie en revenant au Louvre, où, vous le savez, votre tête vaut son pesant d'or! Car on n'ignore point, croyez-moi, que vous êtes, avec le roi de Navarre et le prince de Condé, un des principaux chefs des huguenots.

— Si vous croyez cela, monseigneur, agissez envers moi comme doit le faire le frère du roi Charles et le fils de la reine Catherine.

— Pourquoi voulez-vous que j'agisse ainsi quand je vous ai dit que j'étais de vos amis? Dites-moi donc la vérité.

— Monseigneur, dit de Mouy, je vous jure...

— Ne jurez pas, monsieur; la religion réformée défend de faire des serments, et surtout de faux serments.

De Mouy fronça le sourcil.

— Je vous dis que je sais tout, reprit le duc.

De Mouy continua de se taire.

— Vous en doutez, reprit le prince avec une affectueuse insistance. Eh bien! mon cher de Mouy, il faut vous convaincre! Voyons, vous allez juger si je me trompe. Avez-vous ou non proposé à mon beau-frère Henri, là, tout à l'heure — le duc étendit la main dans la direction de la chambre du Béarnais — votre secours et celui des vôtres pour le réinstaller dans sa royauté de Navarre?

De Mouy regarda le duc d'un air effaré.

— Propositions qu'il a refusées avec terreur.

De Mouy demeura stupéfait.

— Avez-vous alors invoqué votre ancienne amitié, le souvenir de la religion commune? Avez-

— Est-ce là ce que vous êtes venu proposer au Béarnais?

vous même alors leurré le roi de Navarre d'un espoir bien brillant — si brillant qu'il en a été ébloui — de l'espoir d'atteindre à la couronne de France? Hein? dites, suis-je bien informé? Est-ce là ce que vous êtes venu proposer au Béarnais?

— Monseigneur! s'écria de Mouy, c'est si bien cela, que je me demande en ce moment même si je ne dois pas dire à Votre Altesse Royale qu'elle en a menti! provoquer dans cette chambre un combat sans merci, et assurer ainsi par la mort de l'un de nous deux l'extinction de ce terrible secret!

— Doucement, mon brave de Mouy, doucement! dit le duc d'Alençon sans changer de visage, sans faire le moindre mouvement à cette terrible menace; le secret s'éteindra mieux entre nous, si nous vivons tous deux, que si l'un de nous meurt. Écoutez-moi et cessez de tourmenter ainsi la poignée de votre épée. Pour la troisième fois, je vous dis que vous êtes avec un ami. Répondez donc comme à un ami. Voyons, le roi de Navarre n'a-t-il pas refusé tout ce que vous avez offert?

— Oui, monseigneur, et je l'avoue, puisque cet aveu ne peut compromettre que moi.

— N'avez-vous pas crié, en sortant de sa cham-

— Qui va là? s'écria le duc. — Page 147.

bre, et en foulant aux pieds votre chapeau, qu'il était un prince lâche et indigne de demeurer votre chef?

— C'est vrai, monseigneur, j'ai dit cela.

— Ah! c'est vrai! Vous l'avouez enfin?

— Oui.

— Et c'est toujours votre avis?

— Plus que jamais, monseigneur!

— Eh bien! moi, moi, monsieur de Mouy; moi, troisième fils de Henri II; moi, fils de France, suis-je assez bon gentilhomme pour commander à vos soldats? voyons! et jugez-vous que je suis assez

loyal pour que vous puissiez compter sur ma parole?

— Vous, monseigneur! vous, le chef des huguenots!

— Pourquoi pas? C'est l'époque des conversions, vous le savez. Henri s'est bien fait catholique; je puis bien me faire protestant, moi.

— Oui, sans doute, monseigneur, aussi j'attends que vous m'expliquiez...

— Rien de plus simple, et je vais vous dire en deux mots la politique de tout le monde. — Mon frère Charles tue les huguenots pour régner plus largement. Mon frère d'Anjou les laisse tuer parce qu'il doit succéder à mon frère Charles, et que, comme vous le savez, mon frère Charles est souvent malade. Mais moi... et c'est tout différent, moi qui ne régnerai jamais, en France du moins, attendu que j'ai deux aînés devant moi ; moi que la haine de ma mère et de mes frères, plus encore que la loi de la nature, éloigne du trône ; moi qui ne dois prétendre à aucune affection de famille, à aucune gloire à aucun royaume ; moi qui cependant porte un cœur aussi noble que mes aînés, eh bien ! de Mouy, moi, je veux chercher à me tailler avec mon épée un royaume dans cette France qu'ils couvrent de sang !

Or, voilà ce que je veux, moi, de Mouy, écoutez. Je veux être roi de Navarre, non par la naissance, mais par l'élection. Et remarquez bien que vous n'avez aucune objection à faire à cela, car je ne suis pas un usurpateur, puisque mon frère refuse vos offres, et, s'envelissant dans sa torpeur, reconnaît hautement que ce royaume de Navarre n'est qu'une fiction. Avec Henri de Béarn, vous n'avez rien ; avec moi, vous avez une épée et un nom. François d'Alençon, fils de France, sauvegarde tous ses compagnons ou tous ses complices, comme il vous plaira de les appeler. Eh bien ! que dites-vous de cette offre, monsieur de Mouy ?

— Je dis qu'elle m'éblouit, monseigneur.

— De Mouy, de Mouy, nous aurons bien des obstacles à vaincre. Ne vous montrez donc pas dès l'abord si exigeant et si difficile envers un fils de roi et un frère de roi qui vient à vous.

— Monseigneur, la chose serait déjà faite si j'étais seul à soutenir mes idées ; mais nous avons un conseil, et, si brillante que soit l'offre, peut-être même à cause de cela, les chefs de parti n'y adhéreront-ils pas sans condition.

— Ceci est autre chose, et la réponse est d'un cœur honnête et d'un esprit prudent. A la façon dont je viens d'agir, de Mouy, vous avez dû reconnaître ma probité. Traitez-moi donc de votre côté en homme qu'on estime et non en prince qu'on flatte. De Mouy, ai-je des chances ?

— Sur ma parole, monseigneur, et puisque Votre Altesse veut que je lui donne mon avis, Votre Altesse les a toutes depuis que le roi de Navarre a refusé l'offre que j'étais venu lui faire. Mais, je vous le répète, monseigneur, me concerter avec nos chefs est chose indispensable.

— Faites donc, monsieur ! répondit d'Alençon. Seulement, à quand la réponse ?

De Mouy regarda le prince en silence. Puis, paraissant prendre une résolution :

— Monseigneur, dit il, donnez-moi votre main, j'ai besoin que cette main d'un fils de France touche la mienne pour être sûr que je ne serai point trahi.

Le duc non-seulement tendit la main vers de Mouy, mais il saisit la sienne et la serra.

— Maintenant, monseigneur, je suis tranquille, dit le jeune huguenot. Si nous étions trahis, je dirais que vous n'y êtes pour rien. Sans quoi, monseigneur, et pour si peu que vous fussiez dans cette trahison, vous seriez déshonoré.

— Pourquoi me dites-vous cela, de Mouy, avant de me dire quand vous me rapporterez la réponse de vos chefs ?

— Parce que, monseigneur, en me demandant à quand la réponse, vous me demandez en même temps où sont les chefs, et que si je vous dis : A ce soir, vous saurez que les chefs sont à Paris et s'y cachent.

Et, en disant ces mots, par un geste de défiance, de Mouy attachait son œil perçant sur le regard faux et vacillant du jeune homme.

— Allons, allons, reprit le duc, il vous reste encore des doutes, monsieur de Mouy. Mais je ne puis du premier coup exiger de vous une entière confiance. Vous me connaîtrez mieux plus tard. Nous allons être liés par une communauté d'intérêts qui vous délivrera de tout soupçon. Vous dites donc à ce soir, monsieur de Mouy ?

— Oui, monseigneur, car le temps presse. A ce soir. Mais où cela, s'il vous plaît ?

— Au Louvre, ici, dans cette chambre, cela vous convient-il ?

— Cette chambre est habitée ? dit de Mouy en montrant du regard les deux lits qui s'y trouvaient en face l'un de l'autre.

— Par deux de mes gentilshommes, oui.

— Monseigneur, il me semble imprudent, à moi, de revenir au Louvre.

— Pourquoi cela ?

— Parce que, si vous m'avez reconnu, d'autres peuvent avoir d'aussi bons yeux que Votre Altesse et me reconnaître à leur tour. Je reviendrai cependant au Louvre si vous m'accordez ce que je vais vous demander.

— Quoi ?

— Un sauf-conduit.

— De Mouy, répondit le duc, un sauf-conduit de moi saisi sur vous me perd, et ne vous sauve pas. Je ne puis pour vous quelque chose qu'à la condition qu'à tous les yeux nous sommes complétement étrangers l'un à l'autre. La moindre relation de ma part avec vous, prouvée à ma mère ou à mes frères, me coûterait la vie. Vous êtes donc sauvegardé par mon propre intérêt du moment où je me serai compromis avec les autres, comme je me compromets avec vous en ce moment. Libre dans ma sphère d'action, fort si je suis inconnu, tant que je reste moi-même impénétrable, je vous garantis tous ; ne l'oubliez pas. Faites donc un nouvel appel à votre courage, tentez sur ma parole ce que vous tentiez sans la parole de mon frère. Venez ce soir au Louvre.

— Mais comment voulez-vous que j'y vienne! Je ne puis risquer ce costume dans les appartements. Il était bon pour les vestibules et les cours. Le mien est encore plus dangereux, puisque tout le monde me connaît ici et qu'il ne me déguise aucunement.

— Aussi, je cherche, attendez... Je crois que... oui, le voici.

En effet, le duc avait jeté les yeux autour de lui, et ses yeux s'étaient arrêtés sur la garde-robe d'apparat de la Mole, pour le moment étendue sur le lit, c'est-à-dire, sur ce magnifique manteau cerise brodé d'or dont nous avons déjà parlé, sur un toquet orné d'une plume blanche, entouré d'un cordon de marguerites d'or et d'argent entremêlées, enfin sur un pourpoint de satin gris-perle et or.

— Voyez-vous ce manteau, cette plume et ce pourpoint, dit le duc, ils appartiennent à M. de la Mole, un de mes gentilshommes; un muguet du meilleur ton. Cet habit a fait rage à la cour, et on reconnaît M. de la Mole à cent pas lorsqu'il le porte. Je vais vous donner l'adresse du tailleur qui le lui a fourni; en le lui payant le double de ce qu'il vaut, vous en aurez un pareil ce soir. Vous retiendrez bien le nom de M. de la Mole, n'est-ce pas?

Le duc d'Alençon achevait à peine la recommandation, que l'on entendit un pas qui s'approchait dans le corridor, et qu'une clef tourna dans la serrure.

— Eh! qui va là? s'écria le duc en s'élançant vers la porte et en poussant le verrou.

— Pardieu, répondit une voix du dehors, je trouve la question singulière. Qui va là vous-même? Voilà qui est plaisant, quand je veux rentrer chez moi on me demande qui va là!

— Est-ce vous, monsieur de la Mole?

— Eh! sans doute que c'est moi. Mais vous, qui êtes-vous?

Pendant que la Mole exprimait son étonnement de trouver sa chambre habitée et essayait de découvrir quel en était le nouveau commensal, le duc d'Alençon se retournait vivement une main sur le le verrou, l'autre sur la serrure.

— Connaissez-vous M. de la Mole? demanda-t-il à de Mouy.

— Non, monseigneur.

— Et lui, vous connaît-il?

— Je ne le crois pas.

— Alors, tout va bien; d'ailleurs, faites semblant de regarder par la fenêtre.

De Mouy obéit sans répondre, car la Mole commençait à s'impatienter et frappait à tour de bras.

Le duc d'Alençon jeta un dernier regard vers de Mouy, et, voyant qu'il avait le dos tourné, il ouvrit.

— Monseigneur le duc! s'écria la Mole en reculant de surprise. Oh! pardon, pardon, monseigneur!

— Ce n'est rien, monsieur. J'ai eu besoin de votre chambre pour recevoir quelqu'un.

— Faites, monseigneur! faites. Mais permettez, je vous en supplie, que je prenne mon manteau et mon chapeau, qui sont sur le lit; car j'ai perdu l'un et l'autre cette nuit sur le quai de la Grève, où j'ai été attaqué de nuit par des voleurs.

— En effet, monsieur, dit le prince en souriant et en passant lui-même à la Mole les objets demandés, vous voici assez mal accommodé; vous avez eu affaire à des gaillards fort entêtés, à ce qu'il paraît?

Et le duc passa lui-même à la Mole le manteau et le toquet. Le jeune homme salua et sortit pour changer de vêtement dans l'antichambre, ne s'inquiétant aucunement de ce que le duc faisait dans sa chambre; car c'était assez l'usage au Louvre que les logements des gentilshommes fussent, pour les princes auxquels ils étaient attachés, des hôtelleries qu'ils employaient à toutes sortes de réceptions.

De Mouy se rapprocha alors du duc, et tous deux écoutèrent pour savoir le moment où la Mole aurait fini et sortirait; mais, lorsqu'il eut changé de costume, lui-même les tira d'embarras, car, s'approchant de la porte:

— Pardon, monseigneur! dit-il; mais Votre Altesse n'a pas rencontré en son chemin le comte de Coconas?

— Non, monsieur le comte, et cependant il était de service ce matin.

— Alors, on me l'aura assassiné, dit la Mole en se parlant à lui-même tout en s'éloignant.

Le duc écouta le bruit des pas qui allait s'affaiblissant; puis, ouvrant la porte et tirant de Mouy après lui:

— Regardez-le s'éloigner, dit-il, et tâchez d'imiter cette tournure inimitable.

— Je ferai de mon mieux, répondit de Mouy. Malheureusement je ne suis point un damoiseau, mais un soldat.

— En tout cas, je vous attends avant minuit dans ce corridor. Si la chambre de mes gentilshommes est libre, je vous y recevrai; si elle ne l'est pas, nous en trouverons une autre.

— Oui, monseigneur.

— Ainsi donc, à ce soir, avant minuit.

— A ce soir, avant minuit.

— Ah! à propos, de Mouy, balancez fort le bras droit en marchant, c'est l'allure particulière de M. de la Mole.

—«‹‹‹◉›››—

XXIV

LA RUE TIZON ET LA RUE CLOCHE-PERCÉE.

L a Mole sortit du Louvre tout courant, et se mit à fureter dans Paris pour découvrir le pauvre Coconas.

Son premier soin fut de se rendre à la rue de l'Arbre-Sec, et d'entrer chez maître la Hurière; car la Mole se rappelait avoir souvent cité au Piémontais certaine devise latine qui tendait à prouver que l'Amour, Bacchus et Cérès sont des dieux de première nécessité, et il avait l'espoir que Coconas, pour suivre l'aphorisme romain, se serait installé à la Belle-Étoile après une nuit qui devait avoir été pour son ami non moins occupée qu'elle l'avait été pour lui.

La Mole ne trouva rien chez la Hurière, que le souvenir de l'obligation prise et un déjeuner offert d'assez bonne grâce que notre gentilhomme accepta avec grand appétit malgré son inquiétude.

L'estomac tranquillisé à défaut de l'esprit, la Mole se remit en course, remontant la Seine, comme ce mari qui cherchait sa femme noyée. En arrivant sur le quai de la Grève, il reconnut l'endroit où, ainsi qu'il l'avait dit à M. d'Alençon, il avait pendant sa course nocturne été arrêté trois ou quatre heures auparavant, ce qui n'était pas rare dans un Paris moins vieux de cent ans que celui où Boileau se réveillait au bruit d'une balle perçant son volet. Un petit morceau de la plume de son chapeau était resté sur le champ de bataille. Le sentiment de la possession est inné chez l'homme. La Mole avait dix plumes plus belles les unes que les autres; il ne s'arrêta pas moins à ramasser celle-là, ou plutôt le seul fragment qui en eût survécu, et le considérait d'un air piteux lorsque des pas alourdis retentirent, s'approchant de lui, et que des voix brutales lui ordonnèrent de se ranger. La Mole releva la tête et aperçut une litière précédée de deux pages et accompagnée d'un écuyer.

La Mole crut reconnaître la litière, et se rangea vivement.

Le jeune gentilhomme ne s'était pas trompé.

— Monsieur de la Mole? dit une voix pleine de douceur qui sortait de la litière, tandis qu'une main blanche et douce comme le satin écartait les rideaux.

— Oui, madame, moi-même, répondit la Mole en s'inclinant.

— M. de la Mole une plume à la main... continua la dame à la litière: êtes-vous donc amoureux, mon cher monsieur, et retrouvez-vous ici des traces perdues?

— Oui, madame, répondit la Mole, je suis amoureux, et très-fort; mais, pour le moment, ce sont mes propres traces que je retrouve — quoique ce ne soient pas elles que je cherche; — mais Votre Majesté me permettra-t-elle de lui demander des nouvelles de sa santé?

— Excellente, monsieur; je ne me suis jamais mieux portée, ce me semble; cela vient probablement de ce que j'ai passé la nuit en retraite.

— Ah! en retraite! dit la Mole en regardant Marguerite d'un façon étrange.

— Eh bien! oui; qu'y a-t-il d'étonnant à cela?

— Peut-on, sans indiscrétion, vous demander dans quel couvent?

— Certainement, monsieur, je n'en fais pas mystère. Au couvent des Annonciades. Mais vous, que faites-vous ici avec cet air tout effarouché?

— Madame, moi aussi, j'ai passé la nuit en retraite et dans les environs du même couvent; ce matin je cherche mon ami, qui a disparu, et, en le cherchant, j'ai retrouvé cette plume.

— Qui vient de lui? Mais, en vérité, vous m'effrayez sur son compte, la place est mauvaise.

— Que Votre Majesté se rassure, la plume vient de moi; je l'ai perdue vers cinq heures et demie sur cette place, en me sauvant des mains de quatre bandits qui me voulaient à toute force assassiner, à ce que je puis croire du moins.

Marguerite réprima un vif mouvement d'effroi.

— Oh! contez-moi cela! dit-elle.

— Rien de plus simple, madame. Il était donc, comme j'avais l'honneur de le dire à Votre Majesté, cinq heures du matin à peu près...

— Et, à cinq heures du matin, interrompit Marguerite, vous étiez déjà sorti?

— Votre Majesté m'excusera, dit la Mole, je n'étais pas encore rentré.

— Lorsque quatre tire-laine ont débouché de la rue de la Mortellerie.

— Ah! monsieur de la Mole! rentrer à cinq heures du matin! dit Marguerite avec un sourire qui pour tous était malicieux et que la Mole eut la fatuité de trouver adorable, rentrer si tard! vous aviez mérité cette punition.

— Aussi, je ne me plains pas, madame, dit la Mole en s'inclinant avec respect, et, j'eusse été éventré, que je m'estimerais encore plus heureux cent fois que je ne mérite de l'être. Mais, enfin, je rentrais tard ou de bonne heure, comme Votre Majesté voudra, de cette bienheureuse maison où j'avais passé la nuit en retraite, lorsque quatre tire-laine ont débouché de la rue de la Mortellerie et m'ont poursuivi avec des coupe-choux démesurément longs. C'est grotesque, n'est-ce pas, madame! mais, enfin, c'est comme cela; il m'a fallu fuir, car j'avais oublié mon épée.

— Oh! je comprends! dit Marguerite avec un air d'admirable naïveté, et vous retournez chercher votre épée?

La Mole regarda Marguerite comme si un doute se glissait dans son esprit.

— Madame, j'y retournerais effectivement, et même très-volontiers, attendu que mon épée est une excellente lame, mais je ne sais pas où est cette maison.

— Comment, monsieur! reprit Marguerite, vous ne savez pas où est la maison où vous avez passé la nuit?

— Non, madame, et que Satan m'extermine si je m'en doute!

— Oh! voilà qui est singulier! C'est donc tout un roman que votre histoire?

— Un véritable roman, vous l'avez dit, madame.

— Contez-la-moi.

— C'est un peu long.

— Qu'importe! j'ai le temps.

— Et fort incroyable surtout.

— Allez toujours, je ne suis on ne peut plus crédule.

— Votre Majesté l'ordonne?

— Mais oui, s'il le faut.

— J'obéis. — Hier soir, après avoir quitté deux adorables femmes avec lesquelles nous avions passé la soirée sur le pont Saint-Michel, nous soupions chez maître la Hurière?

— D'abord, demanda Marguerite avec un naturel parfait, qu'est-ce que maître la Hurière?

— Maître la Hurière, madame, dit la Mole en regardant une seconde fois Marguerite avec cet air de doute qu'on avait déjà pu remarquer une première fois chez lui, maître la Hurière est le maître d'hôtellerie de la Belle-Étoile située rue de l'Arbre-Sec.

— Bien. Je vois cela d'ici... Vous soupiez donc chez maître la Hurière avec votre ami Coconas sans doute?

— Oui, madame, avec mon ami Coconas, quand un homme entra et nous remit à chacun un billet.

— Pareil? demanda Marguerite.

— Exactement pareil.

— Et qui contenait?

— Cette ligne seulement :

« Vous êtes attendu rue Saint-Antoine, en face de la rue de Jouy. »

— Et pas de signature au bas de ce billet? demanda Marguerite.

— Non; mais trois mots, trois mots charmants qui promettaient trois fois la même chose, c'est-à-dire un triple bonheur.

— Et quels étaient ces trois mots?

— *Eros, Cupido, Amor.*

— En effet, ce sont trois doux noms; et ont-ils tenu ce qu'ils promettaient?

— Oh! plus madame, cent fois plus! s'écria la Mole avec enthousiasme.

— Continuez; je suis curieuse de savoir ce qui vous attendait rue Saint-Antoine, en face la rue de Jouy.

— Deux duègnes avec chacune un mouchoir à la main. Il s'agissait de nous laisser bander les yeux. Votre Majesté devine que nous n'y fîmes point de difficulté. Nous tendîmes bravement le cou. Mon guide me fit tourner à gauche, le guide de mon ami le fit tourner à droite, et nous nous séparâmes.

— Et alors?... continua Marguerite, qui paraissait décidée à pousser l'investigation jusqu'au bout.

— Je ne sais, reprit la Mole, où mon guide conduisit mon ami. En enfer, peut-être. Mais, quant à moi, ce que je sais, c'est que le mien me mena en un lieu que je tiens pour le paradis.

— Et d'où vous fit sans doute chasser votre trop grande curiosité?

— Justement, madame, et vous avez le don de la divination. J'attendais le jour avec impatience pour voir où j'étais, quand, à quatre heures et demie, la même duègne est rentrée, m'a bandé de nouveau les yeux, m'a fait promettre de ne point chercher à soulever mon bandeau, m'a conduit dehors, m'a accompagné cent pas, m'a fait encore jurer de n'ôter mon bandeau que lorsque j'aurais compté jusqu'à cinquante. J'ai compté jusqu'à cinquante, et je me suis trouvé rue Saint-Antoine, en face de la rue de Jouy.

— Et alors...

— Alors, madame, je suis revenu tellement joyeux, que je n'ai point fait attention aux quatre misérables des mains desquels j'ai eu tant de mal à me tirer. Or, madame, continua la Mole, en retrouvant ici un morceau de ma plume, mon cœur a tressailli de joie, et je l'ai ramassé en me promettant à moi-même de le garder comme un souvenir de cette heureuse nuit. Mais, au milieu de mon bonheur, une chose me tourmente, c'est ce que peut être devenu mon compagnon.

— Il n'est donc pas rentré au Louvre?

— Hélas! non, madame! Je l'ai cherché partout où il pouvait être, à l'Étoile-d'Or, au jeu de paume, et en quantité d'autres lieux honorables; mais d'Annibal point, et de Coconas pas davantage...

En disant ces paroles, et en les accompagnant d'un geste lamentable, la Mole ouvrit les bras et écarta son manteau, sous lequel on vit bâiller à divers endroits son pourpoint qui montrait, comme autant d'élégants crevés, la doublure par les accrocs.

— Mais vous avez été criblé, dit Marguerite.

— Criblé, c'est le mot! dit la Mole, qui n'était pas fâché de se faire un mérite du danger qu'il avait couru. Voyez, madame! voyez!

— Comment n'avez-vous pas changé de pourpoint au Louvre, puisque vous y êtes retourné? demanda la reine.

— Ah! dit la Mole, c'est qu'il y avait quelqu'un dans ma chambre?

— Comment! quelqu'un dans votre chambre! dit Marguerite, dont les yeux exprimèrent le plus vif étonnement; et qui donc était dans votre chambre?

— Son Altesse.

— Chut! interrompit Marguerite.

Le jeune homme obéit.

— *Qui ad lecticam meam stant?* demanda-t-elle à la Mole.

— *Duo pueri et unus eques.*

— *Optime, barbari!* dit-elle. *Dic, Moles, quem inveneris in cubiculo tuo?*

— *Franciscum ducem*

— *Agentem?*

— *Nescio quid.*

— *Quo cum?*

— *Cum ignoto* (1).

— C'est bizarre, dit Marguerite. Ainsi, vous n'avez pu retrouver Coconas? continua-t-elle sans songer évidemment à ce qu'elle disait.

— Aussi, madame, comme j'avais l'honneur de le dire à Votre Majesté, j'en meurs véritablement d'inquiétude.

— Eh bien! dit Marguerite en souriant, je ne veux pas vous distraire plus longtemps de sa recherche, mais je ne sais pourquoi j'ai l'idée qu'il se retrouvera tout seul! N'importe, allez toujours.

Et la reine appuya un doigt sur sa bouche. Or, comme la belle Marguerite n'avait confié aucun secret, n'avait fait aucun aveu à la Mole, le jeune homme comprit que ce geste charmant, ne pouvant avoir pour but de lui recommander le silence, devait avoir une autre signification.

Le cortége se remit en marche, et la Mole, dans le but de poursuivre son investigation, continua de remonter le quai jusqu'à la rue du Long-Pont, qui le conduisit dans la rue Saint-Antoine.

En face de la rue de Jouy, il s'arrêta.

C'était là que, la veille, les deux duègnes leur avaient bandé les yeux, à lui et à Coconas. Il avait tourné à gauche, puis il avait compté vingt pas; il recommença le même manége et se trouva en face d'une maison, ou plutôt d'un mur, derrière lequel s'élevait une maison; au milieu de ce mur était une porte à auvent garnie de clous larges et de meurtrières.

La maison était située rue Cloche-Percée, petite rue étroite qui commence à la rue Saint-Antoine et qui aboutit à la rue du Roi de Sicile.

— Par la sambleu! dit la Mole, c'est bien là... j'en jurerais... En étendant la main, comme je sortais, j'ai senti les clous de la porte, puis j'ai descendu deux degrés. Cet homme qui courait en criant : A l'aide! et qu'on a tué rue du Roi de Si-

(1) — Qui est à ma portière?

— Deux pages et un écuyer.

— Bon! ce sont des barbares. Dites-moi, La Mole, qui avez-vous trouvé dans votre chambre?

— Le duc François.

— Faisant?

— Je ne sais quoi.

— Avec.

— Avec un inconnu.

cile, passait au moment où je mettais le pied sur le premier. Voyons.

La Mole alla à la porte et frappa.

La porte s'ouvrit, et une espèce de concierge à moustache vint ouvrir.

— *Was ist das?* demanda le concierge.

— Ah! ah! fit la Mole, il me parait que nous sommes Suisse. Mon ami, continua-t-il en prenant son air le plus charmant, je voudrais avoir mon épée, que j'ai laissée dans cette maison, où j'ai passé la nuit.

— *Ich verstehe nicht*, répondit le concierge.

— Mon épée... reprit la Mole.

— *Ich verstehe nicht*, répéta le concierge.

— ... Que j'ai laissée... Mon épée, que j'ai laissée...

— *Ich verstehe nicht.*

— ... Dans cette maison où j'ai passé la nuit.

— *Geh zum Teufel...*

Et il lui referma la porte au nez.

— Mordieu! dit la Mole, si j'avais cette épée que je réclame, je la passerais bien volontiers à travers le corps de ce drôle-là... Mais je ne l'ai point, et ce sera pour un autre jour.

Sur quoi, la Mole continua son chemin jusqu'à la rue du Roi de Sicile, prit à droite, fit cinquante pas à peu près, prit à droite encore et se trouva rue Tizon, petite rue parallèle à la rue Cloche-Percée, et en tous points semblable. Il y eut plus : à peine eut-il fait trente pas, qu'il retrouva la petite porte à clous larges, à auvent et à meurtrières, les deux degrés et le mur. On eût dit que la rue Cloche-Percée s'était retournée pour le voir passer.

La Mole réfléchit alors qu'il avait bien pu prendre sa droite pour sa gauche, et il alla frapper à cette porte pour y faire la même réclamation qu'il avait faite à l'autre. Mais cette fois, il eut beau frapper, on n'ouvrit même pas.

La Mole fit et refit deux ou trois fois le même tour qu'il venait de faire, ce qui l'amena à s'arrêter à cette idée toute naturelle, que la maison avait deux entrées, l'une sur la rue Cloche-Percée et l'autre sur la rue Tizon.

Mais ce raisonnement, si logique qu'il fût, ne lui rendait pas son épée, et ne lui apprenait pas où était son ami.

Il eut un instant l'idée d'acheter une autre épée et d'éventrer le misérable portier qui s'obstinait à ne parler qu'allemand; mais il pensa que ce portier était à Marguerite, et que si Marguerite l'avait choisi ainsi, c'est qu'elle avait ses raisons pour cela, et qu'il lui serait peut-être désagréable d'en être privée.

Or, la Mole, pour rien au monde, n'eût voulu faire une chose désagréable à Marguerite.

De peur de céder à la tentation, il reprit donc vers les deux heures de l'après-midi le chemin du Louvre.

Une femme enveloppée dans un long manteau sortit par cette porte.

Comme son appartement n'était point occupé cette fois, il put rentrer chez lui. La chose était assez urgente relativement au pourpoint, qui, comme le lui avait fait observer la reine, était considérablement détérioré.

Il s'avança donc incontinent vers son lit pour substituer le beau pourpoint gris-perle à celui-là. Mais, à son grand étonnement, la première chose qu'il aperçut près du pourpoint gris-perle fut cette fameuse épée qu'il avait laissée rue Cloche-Percée.

La Mole la prit, la tourna et la retourna : c'était bien elle.

— Ah! ah! fit-il, est-ce qu'il y aurait quelque magie là-dessous? Puis avec un soupir : Ah! si le pauvre Coconas se pouvait retrouver comme mon épée!

Deux ou trois heures après que la Mole avait cessé sa ronde circulaire tout autour de la petite maison double, la porte de la rue Tizon s'ouvrit. Il était cinq heures du soir à peu près, et par conséquent nuit fermée.

Une femme, enveloppée dans un long manteau garni de fourrures, accompagnée d'une suivante, sortit par cette porte, que lui tenait ouverte une

Un jeune homme, les yeux bandés, sortait par la même porte de la même petite maison.

duègne d'une quarantaine d'années, se glissa rapidement jusqu'à la rue du Roi de Sicile, frappa à une petite porte de l'hôtel d'Argenson qui s'ouvrit devant elle, sortit par la grande porte du même hôtel, qui donnait Vieille rue du Temple, alla gagner une petite poterne de l'hôtel de Guise, l'ouvrit avec une clef qu'elle avait dans sa poche, et disparut.

Une demi-heure après, un jeune homme, les yeux bandés, sortait par la même porte de la même petite maison, guidé par une femme qui le conduisit au coin de la rue Geoffroy-Lasnier et de la Mortel-

lerie. Là, elle l'invita à compter jusqu'à cinquante et à ôter son bandeau.

Le jeune homme accomplit scrupuleusement la recommandation, et, au chiffre convenu, ôta le mouchoir qui lui couvrait les yeux.

— Mordi! s'écria-t-il en regardant tout autour de lui, si je sais où je suis, je veux être pendu! Six heures! s'écria-t-il en entendant sonner l'horloge de Notre-Dame. Et ce pauvre la Mole, que peut-il être devenu? Courons au Louvre, peut-être là en saura-t-on des nouvelles.

20

Et, ce disant, Coconas descendit tout courant la rue de la Mortellerie, et arriva aux portes du Louvre en moins de temps qu'il n'en eût fallu à un cheval ordinaire; il bouscula et démolit sur son passage cette haie mobile des braves bourgeois qui se promenaient paisiblement autour des boutiques de la place Baudoyer, et entra dans le palais.

Là, il interrogea suisse et sentinelle. Le suisse croyait bien avoir vu entrer M. de la Mole le matin, mais il ne l'avait pas vu sortir. La sentinelle n'était là que depuis une heure et demie et n'avait rien vu.

Il monta tout courant à la chambre et en ouvrit la porte précipitamment; mais il ne trouva dans la chambre que le pourpoint de la Mole tout lacéré, ce qui redoubla encore ses inquiétudes.

Alors il songea à la Hurière et courut chez le digne hôtelier de la Belle-Étoile. La Hurière avait vu la Mole; la Mole avait déjeuné chez la Hurière. Coconas fut donc entièrement rassuré, et, comme il avait grand' faim, il demanda à souper à son tour.

Coconas était dans les deux dispositions nécessaires pour bien souper, il avait l'esprit rassuré et l'estomac vide; il soupa donc si bien, que son repas le conduisit jusqu'à huit heures. Alors, réconforté par deux bouteilles d'un petit vin d'Anjou qu'il aimait fort et qu'il venait de sabler avec une sensualité qui se trahissait par des clignements d'yeux et des clapements de langue réitérés, il se remit à la recherche de la Mole, accompagnant cette nouvelle exploration à travers la foule de coups de pied et de coups de poing proportionnés à l'accroissement d'amitié que lui avait inspiré le bien-être qui suit toujours un bon repas.

Cela dura une heure; pendant une heure, Coconas parcourut toutes les rues avoisinant le quai de la Grève, le port au charbon, la rue Saint-Antoine et les rues Tizon et Cloche-Percée, où il pensait que son ami pouvait être revenu. Enfin, il comprit qu'il y avait un endroit par lequel il fallait qu'il passât, c'était le guichet du Louvre, et il résolut de l'aller attendre sous ce guichet jusqu'à sa rentrée.

Il n'était plus qu'à cent pas du Louvre, et remettait sur ses jambes une femme dont il avait déjà renversé le mari, place Saint-Germain-l'Auxerrois, lorsqu'à l'horizon il aperçut devant lui, à la clarté douteuse d'un grand fanal dressé près du pont-le-vis du Louvre, le manteau de velours cerise et la plume blanche de son ami, qui, déjà pareil à une ombre, disparaissait sous le guichet en rendant le salut à la sentinelle.

Le fameux manteau cerise avait fait tant d'effet de par le monde, qu'il n'y avait pas à s'y tromper.

— Eh! mordi! s'écria Coconas; c'est bien lui cette fois — et le voilà qui rentre. Eh! eh! la Mole, eh! notre ami. Peste! j'ai pourtant une bonne voix. Comment se fait-il donc qu'il ne m'ait pas entendu?

Mais, par bonheur, j'ai aussi bonnes jambes que bonne voix, et je vais le rejoindre.

Dans cette espérance, Coconas s'élança de toute la vigueur de ses jarrets, arriva en un instant au Louvre; mais, quelque diligence qu'il eût faite, au moment où il mettait le pied dans la cour, le manteau rouge, qui paraissait fort pressé aussi, disparaissait sous le vestibule.

— Ohé! la Mole! s'écria Coconas en reprenant sa course — attends-moi donc; — c'est moi, Coconas! Que diable as-tu donc à courir ainsi? Est-ce que tu te sauves, par hasard?

En effet, le manteau rouge, comme s'il eût eu des ailes, escaladait le second étage plutôt qu'il ne le montait.

— Ah! tu ne veux pas m'attendre! cria Coconas. — Ah! tu m'en veux! ah! tu es fâché! — Eh bien! au diable, mordi! quant à moi, je n'en puis plus.

C'était du bas de l'escalier que Coconas lançait cette apostrophe au fugitif, qu'il renonçait à suivre des jambes, mais qu'il continuait à suivre de l'œil à travers la vis de l'escalier et qui était arrivé à la hauteur de l'appartement de Marguerite. Tout à coup une femme sortit de cet appartement et prit celui que poursuivait Coconas par le bras.

— Oh! oh! fit Coconas, cela m'a tout l'air d'être la reine Marguerite. Il était attendu. Alors, c'est autre chose, je comprends qu'il ne m'ait pas répondu.

Et il se coucha sur la rampe, plongeant son regard par l'ouverture de l'escalier.

Alors, après quelques paroles à voix basse, il vit le manteau cerise suivre la reine chez elle.

— Bon, bon! dit Coconas, c'est cela! Je ne me trompais point. Il y a des moments où la présence de notre meilleur ami nous est importune, et ce cher de la Mole est dans un de ces moments-là.

Et Coconas, montant doucement les escaliers, s'assit sur un banc de velours qui garnissait le palier même, en se disant :

— Soit, au lieu de le rejoindre, j'attendrai, — oui; mais, ajouta-t-il, j'y pense, il est chez la reine de Navarre, de sorte que je pourrais bien attendre longtemps... Il fait froid, mordi! Allons, allons! j'attendrai aussi bien dans ma chambre. — Il faudra toujours bien qu'il y rentre, quand le diable y serait.

Il achevait à peine ces paroles et commençait à mettre à exécution la résolution qui en était le résultat, lorsqu'un pas allègre et léger retentit au-dessus de sa tête, accompagné d'une petite chanson si familière à son ami, que Coconas tendit aussitôt le cou vers le côté d'où venait le bruit du pas et de la chanson. C'était la Mole qui descendait de l'étage supérieur, celui où était située sa chambre, et qui, apercevant Coconas, se mit à sauter quatre à quatre les escaliers qui le séparaient encore de lui, et, cette opération terminée, se jeta dans ses bras.

— Oh! mordi! c'est toi! dit Coconas. Et par où diable es-tu donc sorti?

— Eh! par la rue Cloche-Percée, pardieu!

— Non, je ne dis pas de la maison là-bas...

— Et d'où?

— De chez la reine.

— De chez la reine?...

— De chez la reine de Navarre.

— Je n'y suis pas entré.

— Allons donc!

— Mon cher Annibal, dit la Mole, tu déraisonnes. Je sors de ma chambre, où je t'attends depuis deux heures.

— Tu sors de ta chambre?

— Oui.

— Ce n'est pas toi que j'ai poursuivi sur la place du Louvre?

— Quand cela?

— A l'instant même.

— Non.

— Ce n'est pas toi qui as disparu sous le guichet il y a dix minutes?

— Non.

— Ce n'est pas toi qui viens de monter cet escalier comme si tu étais poursuivi par toute une légion de diables?

— Non.

— Mordi! s'écria Coconas, le vin de la Belle-Étoile n'est point assez méchant pour m'avoir tourné à ce point la tête. Je te dis que je viens d'apercevoir ton manteau cerise et ta plume blanche sous le guichet du Louvre, que j'ai poursuivi l'un et l'autre

jusqu'au bas de cet escalier, et que ton manteau, ton plumeau, tout, jusqu'à ton bras qui fait le balancier, était attendu ici par une dame que je soupçonne fort d'être la reine de Navarre, laquelle a entraîné le tout par cette porte, qui, si je ne me trompe, est bien celle de la belle Marguerite.

— Mordieu! dit la Mole en pâlissant, y aurait-il déjà trahison?

— A la bonne heure! dit Coconas. Jure tant que tu voudras, mais ne me dis plus que je me trompe.

La Mole hésita un instant, serrant sa tête entre ses mains et retenu entre son respect et sa jalousie; mais sa jalousie l'emporta, et il s'élança vers la porte, à laquelle il commença à heurter de toutes ses forces, ce qui produisit un vacarme assez peu convenable eu égard à la majesté du lieu où l'on se trouvait.

— Nous allons nous faire arrêter, dit Coconas, mais n'importe, c'est bien drôle. Dis donc, la Mole, est-ce qu'il y aurait des revenants au Louvre?

— Je n'en sais rien, dit le jeune homme, aussi pâle que la plume qui ombrageait son front; mais j'ai toujours désiré en voir, et, comme l'occasion s'en présente, je ferai de mon mieux pour me trouver face à face avec celui-là.

— Je ne m'y oppose pas, dit Coconas, seulement, frappe un peu moins fort si tu ne veux pas l'effaroucher.

La Mole, si exaspéré qu'il fût, comprit la justesse de l'observation, et continua de frapper, mais plus doucement.

XXV

LE MANTEAU CERISE.

oconas ne s'était point trompé. La dame qui avait arrêté le cavalier au manteau cerise était bien la reine de Navarre; quant au cavalier au manteau cerise, notre lecteur a déjà deviné, je présume, qu'il n'était autre que le brave de Mouy.

En reconnaissant la reine de Navarre, le jeune huguenot comprit qu'il y avait quelque méprise, mais il n'osa rien dire, dans la crainte qu'un cri de Marguerite ne le trahît. Il préféra donc se laisser amener jusque dans les appartements, quitte, une fois arrivé là, à dire à sa belle conductrice :

— Silence pour silence, madame.

En effet, Marguerite avait serré doucement le bras de celui que, dans la demi-obscurité, elle avait pris pour la Mole, et, se penchant à son oreille, elle lui avait dit en latin :

— *Sola sum; introite, carissime* (1).

De Mouy, sans répondre, se laissa guider; mais, à peine la porte se fut-elle refermée derrière lui, et se trouva-t-il dans l'antichambre mieux éclairée que l'escalier, que Marguerite reconnut que ce n'était point la Mole.

Ce petit cri qu'avait redouté le prudent huguenot échappa en ce moment à Marguerite; heureusement il n'était plus à craindre.

— Monsieur de Mouy ! dit-elle en reculant d'un pas.

— Moi-même, madame, et je supplie Votre Majesté de me laisser libre de continuer mon chemin sans rien dire à personne de ma présence au Louvre.

— Oh ! monsieur de Mouy ! répéta Marguerite, je m'étais donc trompée !

— Oui, dit de Mouy, je comprends, Votre Majesté m'aura pris pour le roi de Navarre : c'est la même taille, la même plume blanche, et beaucoup, qui voulaient me flatter sans doute, m'ont dit la même tournure.

Marguerite regarda fixement de Mouy.

— Savez-vous le latin, monsieur de Mouy ? demanda-t-elle.

— Je l'ai su autrefois, répondit le jeune homme, mais je l'ai oublié.

Marguerite sourit.

— Monsieur de Mouy, dit-elle, vous pouvez être sûr de ma discrétion. Cependant, comme je crois savoir le nom de la personne que vous cherchez au Louvre, je vous offrirai mes services pour vous guider sûrement vers elle.

— Excusez-moi, madame, dit de Mouy, je crois que vous vous trompez, et qu'au contraire vous ignorez complétement...

— Comment ! s'écria Marguerite, ne cherchez-vous pas le roi de Navarre?

— Hélas ! madame, dit de Mouy, j'ai le regret de vous prier d'avoir surtout à cacher ma présence au Louvre à Sa Majesté le roi votre époux.

— Écoutez, monsieur de Mouy, dit Marguerite surprise, je vous ai tenu jusqu'ici pour un des plus fermes chefs du parti huguenot, pour un des plus fidèles partisans du roi mon mari; me suis-je donc trompée?

— Non, madame, car ce matin encore j'étais tout ce que vous dites.

— Et pour quelle cause avez-vous changé depuis ce matin?

— Madame, dit de Mouy en s'inclinant, veuillez me dispenser de répondre, et faites-moi la grâce d'agréer mes hommages.

Et de Mouy, dans une attitude respectueuse, mais ferme, fit quelques pas vers la porte par laquelle il était entré.

Marguerite l'arrêta.

— Cependant, monsieur, dit-elle, si j'osais vous demander un mot d'explication; ma parole est bonne, ce me semble?

— Madame, répondit de Mouy, je dois me taire, et il faut que ce dernier devoir soit bien réel pour que je n'aie point encore répondu à Votre Majesté.

— Cependant, monsieur...

— Votre Majesté peut me perdre, madame; mais elle ne peut exiger que je trahisse mes nouveaux amis.

(1) Je suis seule; entrez, mon très-cher.

— Votre Majesté peut me perdre, madame. — Page 156.

— Mais les anciens, monsieur, n'ont-ils pas aussi quelques droits sur vous?

— Ceux qui sont restés fidèles, oui ; — ceux qui non-seulement nous ont abandonnés, mais encore se sont abandonnés eux-mêmes, non.

Marguerite, pensive et inquiète, allait sans doute répondre par une nouvelle interrogation quand soudain Gillonne s'élança dans l'appartement.

— Le roi de Navarre ! cria-t-elle.

— Par où vient-il ?

— Par le corridor secret.

— Faites sortir monsieur par l'autre porte.

— Impossible, madame. — Entendez-vous ?

— On frappe.

— Oui — à la porte par laquelle vous voulez que je fasse sortir monsieur.

— Et qui frappe?

— Je ne sais.

— Allez voir, et me le revenez dire.

— Madame, dit de Mouy, oserai-je faire observer à Votre Majesté que, si le roi de Navarre me voit à cette heure et sous ce costume au Louvre, je suis perdu?

Marguerite saisit de Mouy, et l'entraînant vers le fameux cabinet :

— Entrez ici, monsieur, dit-elle ; vous y êtes aussi bien caché et surtout aussi garanti que dans votre maison même, car vous y êtes sur la foi de ma parole.

De Mouy s'y élança précipitamment, et à peine la porte était-elle refermée derrière lui, que Henri parut.

Cette fois, Marguerite n'avait aucun trouble à cacher ; elle n'était que sombre, et l'amour était à cent lieues de sa pensée.

Quant à Henri, il entra avec cette minutieuse défiance qui, dans les moments les moins dangereux, lui faisait remarquer jusqu'aux plus petits détails ; à plus forte raison, Henri était-il profondément observateur dans les circonstances où il se trouvait.

Aussi vit-il à l'instant même le nuage qui obscurcissait le front de Marguerite.

— Vous étiez occupée, madame ? dit-il.

— Moi, mais oui, sire, je rêvais.

— Et vous aviez raison, madame ; la rêverie vous sied. Moi aussi, je rêvais ; mais, tout au contraire de vous, qui recherchez la solitude, je suis descendu exprès pour vous faire part de mes rêves.

Marguerite fit au roi un signe de bienvenue, et, lui montrant un fauteuil, elle s'assit elle-même sur une chaise d'ébène sculptée fine et forte comme de l'acier.

Il se fit entre les deux époux un instant de silence ; puis, rompant ce silence le premier :

— Je me suis rappelé, madame, dit Henri, que mes rêves sur l'avenir avaient cela de commun avec les vôtres, que, séparés comme époux, nous désirions cependant l'un et l'autre unir notre fortune.

— C'est vrai, sire.

— Je crois avoir compris aussi que, dans tous les plans que je pourrai faire d'élévation commune, vous m'avez dit que je trouverais en vous non-seulement une fidèle, mais encore une active alliée.

— Oui, sire, et je ne demande qu'une chose, c'est qu'en vous mettant le plus vite possible à l'œuvre vous me donniez bientôt l'occasion de m'y mettre aussi.

— Je suis heureux de vous trouver dans ces dispositions, madame, et je crois que vous n'avez pas douté un instant que je perdisse de vue le plan dont j'ai résolu l'exécution le jour même où, grâce à votre courageuse intervention, j'ai été à peu près sûr d'avoir la vie sauve.

— Monsieur, je crois qu'en vous l'insouciance n'est qu'un masque, et j'ai foi non-seulement dans les prédictions des astrologues, mais encore dans votre génie.

— Que diriez-vous donc, madame, si quelqu'un venait se jeter à la traverse de nos plans et nous menaçait de nous réduire, vous et moi, à un état médiocre ?

— Je dirais que je suis prête à lutter avec vous, soit dans l'ombre, soit ouvertement, contre ce quelqu'un, quel qu'il fût.

— Madame, continua Henri, il vous est possible d'entrer à toute heure, n'est-ce pas, chez M. d'Alençon votre frère ; vous avez sa confiance, et il vous porte une vive amitié. Oserai-je vous prier de vous informer si, dans ce moment même, il n'est pas en conférence secrète avec quelqu'un ?

Marguerite tressaillit.

— Avec qui, monsieur ? demanda-t-elle.

— Avec de Mouy.

— Pourquoi cela ? demanda Marguerite en réprimant son émotion.

— Parce que, s'il en est ainsi, madame, adieu tous nos projets, tous les miens du moins.

— Sire, parlez bas, dit Marguerite en faisant à la fois un signe des yeux et des lèvres et en désignant du doigt le cabinet.

— Oh ! oh ! dit Henri ; encore quelqu'un ? En vérité, ce cabinet est si souvent habité, qu'il rend votre chambre inhabitable.

Marguerite sourit.

— Au moins, est-ce toujours M. de la Mole ? demanda Henri.

— Non, sire, c'est M. de Mouy.

— Lui ? s'écria Henri avec une surprise mêlée de joie ; il n'est donc pas chez le duc d'Alençon, alors ? Oh ! faites-le venir que je lui parle...

Marguerite courut au cabinet, l'ouvrit, et, prenant de Mouy par la main, l'amena sans préambule devant le roi de Navarre.

— Ah ! madame, dit le jeune huguenot avec un accent de reproche plus triste qu'amer, vous me trahissez, malgré votre promesse, c'est mal. Que diriez-vous si je me vengeais en disant...

— Vous ne vous vengerez pas, de Mouy, interrompit Henri en serrant la main du jeune homme, ou du moins vous m'écouterez auparavant. Madame, continua Henri en s'adressant à la reine, veillez, je vous prie, à ce que personne ne nous écoute.

Henri achevait à peine ces mots que Gillonne arriva tout effarée et dit à l'oreille de Marguerite quelques mots qui la firent bondir de son siège.

Pendant qu'elle courait vers l'antichambre avec Gillonne, Henri, sans s'inquiéter de la cause qui l'appelait hors de l'appartement, visitait le lit, la ruelle, les tapisseries, et sondait du doigt les murailles. Quant à M. de Mouy, effarouché de tous ces préambules, il s'assurait préalablement que son épée ne tenait pas au fourreau.

Marguerite, en sortant de sa chambre à coucher, s'était élancée dans l'antichambre et s'était trouvée en face de la Mole, lequel, malgré toutes les prières de Gillonne, voulait à toute force entrer chez Marguerite.

Coconnas se tenait derrière lui, prêt à le pousser en avant ou à soutenir la retraite.

— Ah! c'est vous, monsieur de la Mole, s'écria la reine, mais qu'avez-vous donc, et pourquoi êtes-vous aussi pâle et tremblant?

— Madame, dit Gillonne, M. de la Mole a frappé à la porte de telle sorte, que, malgré les ordres de Votre Majesté, j'ai été forcée de lui ouvrir.

— Oh! oh! qu'est-ce donc que cela? dit sévèrement la reine; est-ce vrai ce qu'on me dit là, monsieur de la Mole?

— Madame, c'est que je voulais prévenir Votre Majesté qu'un étranger, un inconnu, un voleur peut-être, s'était introduit chez elle avec mon manteau et mon chapeau.

— Vous êtes fou, monsieur, dit Marguerite, car je vois votre manteau sur vos épaules, et je crois, Dieu me pardonne, que je vois aussi votre chapeau sur votre tête lorsque vous parlez à une reine.

— Oh! pardon, madame, pardon! s'écria la Mole en se découvrant vivement, ce n'est cependant pas, Dieu m'en est témoin, le respect qui me manque.

— Non, c'est la foi, n'est-ce pas? dit la reine.

— Que voulez-vous? s'écria la Mole; quand un homme est chez Votre Majesté, quand il s'y introduit en prenant mon costume, et peut-être mon nom, qui sait?...

— Un homme! dit Marguerite en serrant doucement la main du pauvre amoureux; un homme!... Vous êtes modeste, monsieur de la Mole. Approchez votre tête de l'ouverture de la tapisserie et vous verrez deux hommes.

Et Marguerite entr'ouvrit, en effet, la portière de velours brodé d'or, et la Mole reconnut Henri causant avec l'homme au manteau rouge: Coconnas, curieux comme s'il se fût agi de lui-même, regarda aussi, et vit et reconnut de Mouy; tous deux demeurèrent stupéfaits.

— Maintenant que vous voilà rassuré, à ce que j'espère du moins, dit Marguerite, placez-vous à la porte de mon appartement, et, sur votre vie, mon cher la Mole, ne laissez entrer personne. S'il approche quelqu'un du palier même, avertissez.

La Mole, faible et obéissant comme un enfant, sortit en regardant Coconnas, qui le regardait aussi, et tous deux se trouvèrent dehors sans être bien revenus de leur ébahissement.

— De Mouy! s'écria Coconnas.

— Henri! murmura la Mole.

— De Mouy, avec ton manteau cerise, ta plume blanche et ton bras en balancier.

— Ah çà! mais... reprit la Mole, du moment qu'il ne s'agit pas d'amour, il s'agit certainement de complot.

— Ah! mordi! nous voilà dans la politique, dit Coconnas en grommelant. Heureusement que je ne vois point dans tout cela madame de Nevers.

Marguerite revint s'asseoir près des deux interlocuteurs; sa disparition n'avait duré qu'une minute,

et elle avait bien utilisé son temps. Gillonne, en vedette au passage secret, les deux gentilshommes en faction à l'entrée principale, lui donnaient toute sécurité.

— Madame, dit Henri, croyez-vous qu'il soit possible, par un moyen quelconque, de nous écouter et de nous entendre?

— Monsieur, dit Marguerite, cette chambre est matelassée, et un double lambris me répond de son assourdissement.

— Je m'en rapporte à vous, répondit en souriant Henri.

Puis, se retournant vers de Mouy:

— Voyons, dit le roi à voix basse et comme si, malgré l'assurance de Marguerite, ses craintes ne s'étaient pas entièrement dissipées, que venez-vous faire ici?

— Ici? dit de Mouy.

— Oui, ici, dans cette chambre, répéta Henri.

— Il n'y venait rien faire, dit Marguerite; c'est moi qui l'y ai attiré.

— Vous saviez donc?...

— J'ai deviné tout.

— Vous voyez bien, de Mouy, qu'on peut deviner.

— Monsieur de Mouy, continua Marguerite, était ce matin avec le duc François dans la chambre de deux de ses gentilshommes.

— Vous voyez bien, de Mouy, répéta Henri, qu'on sait tout.

— C'est vrai, dit de Mouy.

— J'en étais sûr, dit Henri, que M. d'Alençon s'était emparé de vous.

— C'est votre faute, sire. Pourquoi avez-vous refusé si obstinément ce que je venais vous offrir?

— Vous avez refusé! s'écria Marguerite. Ce refus que je pressentais était donc réel?

— Madame, dit Henri secouant la tête, et toi, mon brave de Mouy, en vérité, vous me faites rire avec vos exclamations. Quoi! un homme entre chez moi, me parle de trône, de révolte, de bouleversement, à moi, à moi Henri, prince toléré pourvu que je porte le front humble, huguenot épargné à la condition que je jouerai le catholique, et j'irais accepter quand ces propositions me sont faites dans une chambre non matelassée et sans double lambris! Ventre-saint-gris! vous êtes des enfants ou des fous!

— Mais, sire, Votre Majesté ne pouvait-elle me laisser quelque espérance, sinon par ses paroles, du moins par un geste, par un signe?

— Que vous a dit mon beau-frère, de Mouy? demanda Henri.

— Oh! sire, ceci n'est point mon secret.

— Eh! mon Dieu, reprit Henri avec une certaine impatience d'avoir affaire à un homme qui comprenait si mal ses paroles, je ne vous demande pas quelles sont les propositions qu'il vous a faites, je

Henri sondait du doigt les murailles. — Page 158.

vous demande seulement s'il écoutait, s'il a entendu.

— Il écoutait, sire, et il a entendu.

— Il écoutait, et il a entendu! vous le dites vous-même, de Mouy. Pauvre conspirateur que vous êtes! si j'avais dit un mot, vous étiez perdu. Car, si je ne savais point, je me doutais, du moins, qu'il était là, et, sinon lui, quelque autre, le duc d'Anjou, Charles IX, la reine mère; vous ne connaissez pas les murs du Louvre, de Mouy; c'est pour eux qu'a été fait le proverbe que les murs ont des oreilles, et, connaissant ces murs-là, j'eusse parlé! Al-

lons, allons, de Mouy, vous faites peu d'honneur au bon sens du roi de Navarre, et je m'étonne que, ne le mettant pas plus haut dans votre esprit, vous soyez venu lui offrir une couronne.

— Mais, sire, reprit encore de Mouy, ne pouviez-vous, tout en refusant cette couronne, me faire un signe? Je n'aurais pas cru tout désespéré, tout perdu.

— Eh! ventre-saint-gris! s'écria Henri, s'il écoutait, ne pouvait-il pas aussi bien voir, et n'est-on pas perdu par un signe comme par une parole? Tenez, de Mouy, continua le roi en regardant autour

Et, ventre-saint-gris! s'écria Henri, s'il écoutait? — Page 160.

de lui, à cette heure, si près de vous que mes paroles ne franchissent pas le cercle de nos trois chaises, je crains encore d'être entendu quand je dis : De Mouy, répète-moi tes propositions.

— Mais, sire, s'écria de Mouy au désespoir, maintenant je suis engagé avec M. d'Alençon.

Marguerite frappa l'une contre l'autre, et avec dépit, ses deux belles mains.

— Alors, il est donc trop tard? dit-elle.

— Au contraire, murmura Henri, comprenez donc qu'en cela même la protection de Dieu est visible. Reste engagé, de Mouy, car ce duc François,

c'est notre salut à tous. Crois-tu donc que le roi de Navarre garantirait vos têtes? au contraire, malheureux! Je vous fais tuer tous jusqu'au dernier, et cela sur le moindre soupçon. Mais un fils de France, c'est autre chose. Aie des preuves, de Mouy, demande des garanties; mais, niais que tu es, tu te seras engagé de cœur, et une parole t'aura suffi.

— Oh! sire, s'écria de Mouy, c'est le désespoir de votre abandon, croyez-le bien, qui m'a jeté dans les bras du duc; c'est aussi la crainte d'être trahi car il tenait notre secret.

21

— Tiens donc le sien à ton tour, de Mouy, cela dépend de toi. Que désire-t-il? Être roi de Navarre! Promets-lui la couronne. Que veut-il? Quitter la cour? Fournis-lui les moyens de fuir, travaille pour lui, de Mouy, comme si tu travaillais pour moi, dirige le bouclier pour qu'il pare tous les coups qu'on nous portera. Quand il faudra fuir, nous fuirons à deux; quand il faudra combattre et régner, je régnerai seul.

— Défiez-vous du duc, dit Marguerite, c'est un esprit sombre et pénétrant, sans haine comme sans amitié, toujours prêt à traiter ses amis en ennemis, et ses ennemis en amis.

— Et, dit Henri, il vous attend, de Mouy?

— Oui, sire.

— Où cela?

— Dans la chambre de ses deux gentilshommes.

— A quelle heure?

— Jusqu'à minuit.

— Pas encore onze heures, dit Henri; il n'y a point de temps perdu, allez, de Mouy.

— Nous avons votre parole, monsieur, dit Marguerite.

— Allons donc, madame, dit Henri avec cette confiance qu'il savait si bien montrer avec certaines personnes et dans certaines occasions, avec M. de Mouy ces choses-là ne se demandent même point.

— Vous avez raison, sire, répondit le jeune homme; mais moi j'ai besoin de la vôtre, car il faut que je dise aux chefs que je l'ai reçue. Vous n'êtes point catholique, n'est-ce pas?

Henri haussa les épaules.

— Vous ne renoncez pas à la royauté de Navarre?

— Je ne renonce à aucune royauté, de Mouy;

seulement, je me réserve de choisir la meilleure, c'est-à-dire celle qui sera le plus à ma convenance et à la vôtre.

— Et si, en attendant, Votre Majesté était arrêtée, Votre Majesté promet-elle de ne rien révéler, au cas même où l'on violerait par la torture la majesté royale?

— De Mouy, je le jure sur Dieu.

— Un mot, sire. Comment vous reverrai-je?

— Vous aurez, dès demain, une clef de ma chambre; vous y entrerez, de Mouy, autant de fois qu'il sera nécessaire et aux heures que vous voudrez. Ce sera au duc d'Alençon de répondre de votre présence au Louvre. En attendant, remontez par le petit escalier; je vous servirai de guide. Pendant ce temps-là, la reine fera entrer ici le manteau rouge, pareil au vôtre, qui était tout à l'heure dans l'antichambre. Il ne faut pas qu'on fasse une différence entre les deux et qu'on sache que vous êtes double, n'est-ce pas, de Mouy, n'est-ce pas, madame?

Henri prononça ces derniers mots en riant et en regardant Marguerite.

— Oui, dit-elle sans s'émouvoir; car enfin, ce monsieur de la Mole est au duc mon frère.

— Eh bien! tâchez de nous le gagner, madame, dit Henri avec un sérieux parfait. N'épargnez ni l'or ni les promesses. Je mets tous mes trésors à sa disposition.

— Alors, dit Marguerite avec un de ces sourires qui n'appartiennent qu'aux femmes de Boccace; puisque tel est votre désir, je ferai de mon mieux pour le seconder.

— Bien, bien, madame; et vous, de Mouy, retournez vers le duc et enferrez-le.

XXVI

MARGARITA.

endant la conversation que nous venons de rapporter, la Mole et Coconas montaient leur faction; la Mole un peu chagrin, Coconas un peu inquiet.

C'est que la Mole avait eu le temps de réfléchir, et que Coconas l'y avait merveilleusement aidé.

— Que penses-tu de tout cela, notre ami? avait demandé la Mole à Coconas.

— Je pense, avait répondu le Piémontais, qu'il y a dans tout cela quelque intrigue de cour.

— Et, le cas échéant, es-tu disposé à jouer un rôle dans cette intrigue?

— Mon cher, répondit Coconas, écoute bien ce que je te vais dire, et tâche d'en faire ton profit. Dans toutes ces menées princières, dans toutes ces machinations royales, nous ne pouvons, et, surtout, nous ne devons passer que comme des ombres : où le roi de Navarre laissera un morceau de sa plume et le duc d'Alençon un pan de son manteau, nous laisserons notre vie, nous. La reine a un caprice pour toi et toi une fantaisie pour elle, rien de mieux. Perds la tête en amour, mon cher, mais ne la perds pas en politique.

C'était un sage conseil. Aussi fut-il écouté par la Mole avec la tristesse d'un homme qui sent que, placé entre la raison et la folie, c'est la folie qu'il va suivre.

— Je n'ai point une fantaisie pour la reine, Annibal, je l'aime; et, malheureusement ou heureusement, je l'aime de toute mon âme. C'est de la folie, me diras-tu. Je l'admets, je suis fou. Mais toi qui es un sage, Coconas, tu ne dois pas souffrir de mes sottises et de mon infortune. Va-t'en retrouver notre maître et ne te compromets pas.

Coconas réfléchit un instant, puis, relevant la tête :

— Mon cher, répondit-il, tout ce que tu dis là est parfaitement juste, tu es amoureux, agis en amoureux. — Moi, je suis ambitieux, et je pense en cette qualité que la vie vaut mieux qu'un baiser de femme. Quand je risquerai ma vie, je ferai mes conditions. Toi, de ton côté, pauvre Médor, tâche de faire les tiennes.

Et sur ce, Coconas tendit la main à la Mole, et partit après avoir échangé avec son compagnon un dernier regard et un dernier sourire.

Il y avait dix minutes à peu près qu'il avait quitté son poste, lorsque la porte s'ouvrit, et que Marguerite, paraissant avec précaution, vint prendre la Mole par la main, et, sans dire une seule parole, l'attira du corridor au plus profond de son appartement, fermant elle-même les portes avec un soin qui indiquait l'importance de la conférence qui allait avoir lieu.

Arrivée dans la chambre, elle s'arrêta, s'assit sur sa chaise d'ébène, et attirant la Mole à elle en enfermant ses deux mains dans les siennes :

— Maintenant que nous sommes seuls, lui dit-elle, causons sérieusement, mon grand ami.

— Sérieusement, madame? dit la Mole.

— Ou amoureusement... voyons! cela vous va-t-il mieux? il peut y avoir des choses sérieuses dans l'amour et surtout dans l'amour d'une reine.

— Causons alors... de ces choses sérieuses, mais à la condition que Votre Majesté ne se fâchera pas des choses folles que je vais lui dire.

— Je ne me fâcherai que d'une, la Mole, c'est si vous m'appelez madame ou Majesté. Pour vous, très-cher, je suis seulement Marguerite.

— Oui, Marguerite! oui, Margarita! oui, ma perle! dit le jeune homme en dévorant la reine de son regard.

— Bien comme cela, dit Marguerite; ainsi vous êtes jaloux, mon beau gentilhomme?

— Oh! à en perdre la raison.

— Encore!...

— A en devenir fou, Marguerite.

— Et jaloux de qui? voyons!

— De tout le monde.

— Mais enfin?

— Du roi d'abord.

— Je croyais que, après ce que vous avez vu et entendu, vous pouviez être tranquille de ce côté-là.

— De ce M. de Mouy que j'ai vu ce matin pour la première fois, et que je trouve ce soir si avant dans votre intimité.

— De M. de Mouy?

— Oui.

--- Et qui vous donne ces soupçons sur M. de Mouy?

--- Écoutez... je l'ai reconnu à sa taille, à la couleur de ses cheveux, à un sentiment naturel de haine, c'est lui qui ce matin était chez M. d'Alençon.

— Eh bien! quel rapport cela a-t-il avec moi?

— M. d'Alençon est votre frère; on dit que vous l'aimez beaucoup; vous lui aurez conté une vague pensée de votre cœur; et lui, selon l'habitude de la cour, il aura favorisé votre désir en introduisant près de vous M. de Mouy. Maintenant, comment ai-je été assez heureux pour que le roi se trouvât là en même temps que lui; c'est ce que je ne puis savoir; mais, en tout cas, madame, soyez franche avec moi; à défaut d'un autre sentiment, un amour comme le mien a bien le droit d'exiger la franchise en retour. Voyez, je me prosterne à vos pieds. Si ce que vous avez éprouvé pour moi n'est que le caprice d'un moment, je vous rends votre foi, votre promesse, votre amour, je rends à M. d'Alençon ses bonnes grâces et ma charge de gentilhomme, et je vais me faire tuer au siége de la Rochelle, si toutefois l'amour ne m'a pas tué avant que je puisse arriver jusque-là.

Marguerite écouta en souriant ces paroles pleines de charme, et suivit des yeux cette action pleine de grâces; puis, penchant sa belle tête rêveuse sur sa main brûlante :

— Vous m'aimez? dit-elle.

— Oh! madame, plus que ma vie, plus que mon salut, plus que tout; mais vous, vous... vous ne m'aimez pas!

— Pauvre fou! murmura-t-elle.

— Eh! oui, madame, s'écria la Mole toujours à ses pieds, je vous ai dit que je l'étais.

— La première affaire de votre vie est donc votre amour, cher la Mole?

— C'est la seule, madame, c'est l'unique.

— Eh bien! soit; je ne ferai de tout le reste qu'un accessoire de cet amour. Vous m'aimez; vous voulez demeurer près de moi?

— Ma seule prière à Dieu est qu'il ne m'éloigne jamais de vous.

— Eh bien! vous ne me quitterez pas; j'ai besoin de vous, la Mole.

— Vous avez besoin de moi, le soleil a besoin du ver luisant!

— Si je vous dis que je vous aime, me serez-vous entièrement dévoué?

— Eh! ne le suis-je point déjà, madame! et tout entier?

— Oui — mais vous doutez encore, Dieu me pardonne!

— Oh! j'ai tort, je suis ingrat — ou plutôt, comme je vous l'ai dit et comme vous l'avez répété, je suis un fou. Mais pourquoi M. de Mouy était-il chez vous ce soir? pourquoi l'ai-je vu ce matin chez

M. le duc d'Alençon? pourquoi ce manteau cerise, cette plume blanche, cette affectation d'imiter ma tournure?... Ah! madame, ce n'est pas vous que je soupçonne, c'est votre frère.

— Malheureux! dit Marguerite, malheureux qui croit que le duc François pousse la complaisance jusqu'à introduire un soupirant chez sa sœur! Insensé qui se dit jaloux et qui n'a pas deviné! Savez-vous, la Mole, que le duc d'Alençon demain vous tuerait de sa propre épée s'il savait que vous êtes là, ce soir, à mes genoux, et qu'au lieu de vous chasser de cette place je vous dis : Restez là, comme vous êtes, la Mole; car je vous aime, mon beau gentilhomme : entendez-vous, je vous aime! — Eh bien! oui, je vous le répète, il vous tuerait!

— Grand Dieu! s'écria la Mole en se renversant en arrière et en regardant Marguerite avec effroi, serait-il possible?

— Tout est possible, ami, en notre temps et dans cette cour. Maintenant, un seul mot : ce n'était pas pour moi que M. de Mouy, revêtu de votre manteau, le visage caché sous votre feutre, venait au Louvre. C'était pour M. d'Alençon. Mais, moi, je n'étais pas prévenue, je l'ai pris pour vous, je l'ai amené ici, croyant que c'était vous. Il tient notre secret, la Mole, il faut donc le ménager.

— J'aime mieux le tuer, dit la Mole, c'est plus court et c'est plus sûr.

— Et moi, mon brave gentilhomme, dit la reine, j'aime mieux qu'il vive, et que vous sachiez tout, car sa vie nous est non-seulement utile, mais nécessaire. Écoutez et pesez bien vos paroles avant de me répondre : m'aimez-vous assez, la Mole, pour vous réjouir si je devenais véritablement reine, c'est-à-dire maîtresse d'un véritable royaume?

— Hélas! madame, je vous aime assez pour désirer ce que vous désirez, ce désir dût-il faire le malheur de toute ma vie!

— Eh bien! voulez-vous m'aider à réaliser ce désir, qui vous rendra plus heureux encore?

— Oh! je vous perdrai, madame! s'écria la Mole en cachant sa tête dans ses mains.

— Non pas, au contraire; au lieu d'être le premier de mes serviteurs, vous deviendrez le premier de mes sujets. Voilà tout.

— Oh! pas d'intérêt... pas d'ambition, madame... ne souillez pas vous-même le sentiment que j'ai pour vous... du dévouement, rien que du dévouement!

— Noble nature! dit Marguerite. Eh bien! oui, je l'accepte, ton dévouement, et je saurai le reconnaître.

Et elle lui tendit ses deux mains, que la Mole couvrit de baisers.

— Eh bien? dit-elle.

— Eh bien! oui, répondit la Mole. Oui, Marguerite; je commence à comprendre ce vague projet dont on parlait déjà chez nous autres huguenots avant

Et elle lui tendit ses deux mains, que la Mole couvrit de baisers. — Page

la Saint-Barthélemy, ce projet, pour l'exécution duquel, comme tant d'autres plus dignes que moi, j'avais été mandé à Paris. Cette royauté réelle de Navarre qui devait remplacer une royauté fictive, vous la convoitez : le roi Henri vous y pousse. De Mouy conspire avec vous, n'est-ce pas ? Mais le duc d'Alençon, que fait-il dans toute cette affaire ? Où y a-t-il un trône pour lui dans tout cela ? Je n'en vois point. Or, le duc d'Alençon est-il assez votre... ami pour vous aider dans tout cela, et sans rien exiger en échange du danger qu'il court ?

— Le duc, ami, conspire pour son compte. Lais-

sons-le s'égarer : sa vie nous répond de la nôtre.

— Mais moi, moi qui suis à lui, puis-je le trahir ?

— Le trahir ! et en quoi le trahirez-vous ? Que vous a-t-il confié ? N'est-ce pas lui qui vous a trahi, en donnant à de Mouy votre manteau et votre chapeau comme un moyen de pénétrer jusqu'à lui ? Vous êtes à lui, dites-vous. N'étiez-vous pas à moi, mon gentilhomme, avant d'être à lui ? Vous a-t-il donné une plus grande preuve d'amitié que la preuve d'amour que vous tenez de moi ?

La Mole se releva pâle et comme foudroyé.

— Oh! murmura-t-il Coconas me le disait bien. L'intrigue m'enveloppe dans ses replis. Elle m'étouffera.

— Eh bien? demanda Marguerite.

— Eh bien! dit la Mole, voici ma réponse : On prétend, et je l'ai entendu dire à l'autre extrémité de la France, où votre nom si illustre, votre réputation de beauté si universelle, m'étaient venus comme un vague désir de l'inconnu effleurer le cœur, on prétend que vous avez aimé quelquefois, et que votre amour a toujours été fatal aux objets de votre amour, si bien que la mort, jalouse sans doute, vous a presque toujours enlevé vos amants.

— La Mole!...

— Ne m'interrompez pas, ô ma Margarita chérie! car on ajoute aussi que vous conservez dans des boîtes d'or les cœurs de ces fidèles amis (1), et que parfois vous donnez à ces tristes restes un souvenir mélancolique, un regard pieux. Vous soupirez, ma reine, vos yeux se voilent, c'est vrai. Eh bien! faites de moi le plus aimé et le plus heureux de vos favoris. Des autres vous avez percé le cœur, et vous gardez ce cœur; de moi, vous faites plus, vous exposez ma tête... Eh bien! Marguerite, jurez-moi devant l'image de ce Dieu qui m'a sauvé la vie ici-même; jurez-moi que, si je meurs pour vous, comme un sombre pressentiment me l'annonce, jurez-moi que vous garderez, pour y appuyer quelquefois vos lèvres, cette tête que le bourreau aura séparée de mon corps; jurez, Marguerite, et la promesse d'une telle récompense, faite par ma reine, me rendra muet, traître et lâche au besoin, c'est-à-dire tout dévoué, comme doit l'être votre amant et votre complice.

— O lugubre folie, ma chère âme! dit Marguerite; ô fatale pensée, mon doux amour!

— Jurez...

— Que je jure?

— Oui, sur ce coffret d'argent que surmonte une croix. Jurez.

— Eh bien! dit Marguerite, si, ce qu'à Dieu ne plaise! tes sombres pressentiments se réalisaient, mon beau gentilhomme, sur cette croix, je te le jure, tu seras près de moi, vivant ou mort, tant que je vivrai moi-même; et, si je ne puis te sauver dans le péril où tu te jettes pour moi, pour moi seule, je le sais, je donnerai du moins à ta pauvre âme la consolation que tu demandes et que tu auras si bien méritée.

— Un mot encore, Marguerite. Je puis mourir maintenant, me voilà rassuré sur ma mort; mais aussi je puis vivre, nous pouvons réussir : le roi de Navarre peut être roi, vous pouvez être reine, alors le roi vous emmènera; ce vœu de séparation fait entre vous se rompra un jour et amènera la nôtre. Allons, Marguerite, chère Marguerite bien-aimée, d'un mot vous m'avez rassuré sur ma mort, d'un mot maintenant rassurez-moi sur ma vie.

— Oh! ne crains rien, je suis à toi corps et âme, s'écria Marguerite en étendant de nouveau la main sur la croix du petit coffret ; si je pars, tu me suivras; et, si le roi refuse de t'emmener, c'est moi alors qui ne partirai pas.

— Mais vous n'oserez résister!

— Mon Hyacinthe bien-aimé, dit Marguerite, tu ne connais pas Henri : Henri ne songe en ce moment qu'à une chose, c'est à être roi; et, à ce désir, il sacrifierait en ce moment tout ce qu'il possède, et, à plus forte raison, ce qu'il ne possède pas. Adieu.

— Madame, dit en souriant la Mole, vous me renvoyez?

— Il est tard, dit Marguerite.

— Sans doute; mais où voulez-vous que j'aille? M. de Mouy est dans ma chambre avec M. le duc d'Alençon.

— Ah! c'est juste, dit Marguerite avec un adorable sourire. D'ailleurs, j'ai encore beaucoup de choses à vous dire à propos de cette conspiration.

A dater de cette nuit, la Mole ne fut plus un favori vulgaire, et il put porter haut la tête à laquelle, vivante ou morte, était réservé un si doux avenir.

Cependant, parfois son front pesant s'inclinait vers la terre, sa joue pâlissait, et l'austère méditation creusait son sillon entre les sourcils du jeune homme, si gai autrefois, si heureux maintenant !

(1) Elle portait un grand vertugadin qui avait des pochettes tout autour, en chacune desquelles elle mettait une boîte où était le cœur d'un de ses amants trépassés, car elle avait soin, à mesure qu'ils mouraient, d'en faire embaumer le cœur. Ce vertugadin se pendait tous les soirs à un crochet qui fermait à cadenas derrière le dossier de son lit. TALLEMANT DES RÉAUX, *Histoire de Marguerite de Valois.*

XXVII

LA MAIN DE DIEU

Henri avait dit à madame de Sauve en la quittant :

— Mettez-vous au lit, Charlotte. Feignez d'être gravement malade, et sous aucun prétexte, demain, de toute la journée, ne recevez personne.

Charlotte obéit sans se rendre compte du motif qu'avait le roi de lui faire cette recommandation. Mais elle commençait à s'habituer à ses excentricités, comme on dirait de nos jours, et à ses fantaisies, comme on disait alors.

D'ailleurs elle savait que Henri renfermait dans son cœur des secrets qu'il ne disait à personne ; dans sa pensée des projets qu'il craignait de révéler, même dans ses rêves : de sorte qu'elle se faisait obéissante à toutes ses volontés, certaine que ses idées les plus étranges avaient un but.

Le soir même elle se plaignit donc à Dariole d'une grande lourdeur de tête accompagnée d'éblouissements. C'étaient les symptômes que Henri lui avait recommandé d'accuser.

Le lendemain, elle feignit de se vouloir lever, mais, à peine eut-elle posé un pied sur le parquet, qu'elle se plaignit d'une faiblesse générale et qu'elle se recoucha.

Cette indisposition, que Henri avait déjà annoncée au duc d'Alençon, fut la première nouvelle que l'on apprit à Catherine lorsqu'elle demanda, d'un air tranquille, pourquoi la Sauve ne paraissait pas comme d'habitude à son lever.

— Malade ! répondit madame de Lorraine qui se trouvait là.

— Malade ! répéta Catherine sans qu'un muscle de son visage dénonçât l'intérêt qu'elle prenait à sa réponse. — Quelque fatigue de paresseuse.

— Non pas, madame, reprit la princesse. Elle se plaint d'un violent mal de tête et d'une faiblesse qui l'empêche de marcher.

Catherine ne répondit rien ; mais, pour cacher sa joie, sans doute, elle se retourna vers la fenêtre, et, voyant Henri qui traversait la cour à la suite de son entretien avec de Mouy, elle se leva pour le mieux regarder, et, poussée par cette conscience qui bouillonne toujours, quoique invisiblement, au fond des cœurs les plus endurcis au crime :

— Ne semblerait-il pas, demanda-t-elle à son capitaine des gardes, que mon fils Henri est plus pâle ce matin que d'habitude ?

Il n'en était rien ; Henri était fort inquiet d'esprit, mais fort sain de corps.

Peu à peu, les personnes qui assistaient d'habitude au lever de la reine mère se retirèrent ; trois ou quatre restaient plus familières que les autres, Catherine, impatiente, les congédia en disant qu'elle voulait rester seule.

Lorsque le dernier courtisan fut sorti, Catherine ferma la porte derrière lui, et, allant à une armoire secrète cachée dans l'un des panneaux de sa chambre, elle en fit glisser la porte dans une rainure de la boiserie et en tira un livre dont les feuillets froissés annonçaient les fréquents services.

Elle posa le livre sur une table, l'ouvrit à l'aide d'un signet, appuya son coude sur la table et sa tête sur sa main.

— C'est bien cela, murmura-t-elle tout en lisant : mal de tête, faiblesse générale, douleurs d'yeux, enflure du palais. On n'a encore parlé que des maux de tête et de la faiblesse... les autres symptômes ne se feront pas attendre.

Elle continua :

Puis l'inflammation gagne la gorge, s'étend à l'estomac, enveloppe le cœur comme d'un cercle de feu et fait éclater le cerveau comme un coup de foudre.

Elle relut tout bas ; puis elle continua encore, mais à demi-voix :

— Pour la fièvre six heures, pour l'inflammation générale douze heures, pour la gangrène douze heures, pour l'agonie six heures ; en tout trente-six heures.

Maintenant supposons que l'absorption soit plus lente que l'inglutition, et, au lieu de trente-six heures, nous en aurons quarante, quarante-huit même ; oui, quarante-huit heures doivent suffire. Mais lui, lui Henri, comment est-il encore debout ? Parce qu'il est homme, parce qu'il est d'un tempérament robuste, parce que peut-être il aura bu

Elle relut tout bas..... — Page 167

après l'avoir embrassée et se sera essuyé les lèvres après avoir bu.

Catherine attendit l'heure du dîner avec impatience. Henri dînait tous les jours à la table du roi. Il vint, se plaignit à son tour d'élancements au cerveau, ne mangea point, et se retira aussitôt après le repas en disant que, ayant veillé une partie de la nuit passée, il éprouvait un pressant besoin de dormir.

Catherine écouta s'éloigner le pas chancelant de Henri et le fit suivre. On lui rapporta que le roi de Navarre avait pris le chemin de la chambre de madame de Sauve.

— Henri, se dit-elle, va achever près d'elle ce soir l'œuvre d'une mort qu'un hasard malheureux a peut-être laissée incomplète.

Le roi de Navarre était en effet allé chez madame de Sauve, mais c'était pour lui dire de continuer à jouer son rôle.

Le lendemain, Henri ne sortit point de sa chambre pendant toute la matinée, et il ne parut point au dîner du roi. Madame de Sauve, disait-on, a.

Dariole, étendue sur un grand fauteuil, dormait près du lit de sa maîtresse. — PAGE 170.

lait de plus mal en plus mal, et le bruit de la maladie de Henri, répandu par Catherine elle-même, courait comme un de ces pressentiments dont personne n'explique la cause, mais qui passent dans l'air.

Catherine s'applaudissait : dès la veille au matin elle avait éloigné Ambroise Paré pour aller porter des secours à un de ses valets de chambre favoris malade, à Saint-Germain.

Il fallait alors que ce fût un homme à elle que l'on appelât chez madame de Sauve et chez Henri ; et cet homme ne dirait que ce qu'elle voudrait qu'il

dît. Si contre toute attente quelque autre docteur se trouvait mêlé là-dedans, et si quelque déclaration de poison venait épouvanter cette cour où avaient déjà retenti tant de déclarations pareilles, elle comptait fort sur le bruit que faisait la jalousie de Marguerite à l'endroit des amours de son mari. On se rappelle qu'à tout hasard elle avait fort parlé de cette jalousie qui avait éclaté en plusieurs circonstances, et, entre autres, à la promenade de l'aubépine, où elle avait dit à sa fille en présence de plusieurs personnes :

— Vous êtes donc bien jalouse, Marguerite?

22

Elle attendait donc avec un visage composé le moment où la porte s'ouvrirait, et où quelque serviteur tout pâle et tout effaré entrerait en criant :

— Majesté, le roi de Navarre se meurt et madame de Sauve est morte!

Quatre heures du soir sonnèrent. Catherine achevait son goûter dans la volière où elle émiettait des biscuits à quelques oiseaux rares qu'elle nourrissait de sa propre main. Quoique son visage comme toujours fût calme et même morne, son cœur battait violemment au moindre bruit.

La porte s'ouvrit tout à coup.

— Madame, dit le capitaine des gardes, le roi de Navarre est...

— Malade? interrompit vivement Catherine.

— Non, madame, Dieu merci! et Sa Majesté semble se porter à merveille.

— Que dites-vous donc alors?

— Que le roi de Navarre est là.

— Que me veut-il?

— Il apporte à Votre Majesté un petit singe de l'espèce la plus rare.

En ce moment, Henri entra tenant une corbeille à la main et caressant un ouistiti couché dans cette corbeille.

Henri souriait en entrant et paraissait tout entier au charmant petit animal qu'il apportait; mais, si préoccupé qu'il parût, il n'en perdit point ce premier coup d'œil qui lui suffisait dans les circonstances difficiles. Quant à Catherine, elle était fort pâle, d'une pâleur qui croissait au fur et à mesure qu'elle voyait sur les joues du jeune homme qui s'approchait d'elle circuler le vermillon de la santé.

La reine mère fut étourdie à ce coup. Elle accepta machinalement le présent de Henri, se troubla, lui fit compliment sur sa bonne mine, et ajouta :

— Je suis d'autant plus aise de vous voir si bien portant, mon fils, que j'avais entendu dire que vous étiez malade, et que, si je me le rappelle bien, vous vous êtes plaint en ma présence d'une indisposition; mais je comprends maintenant, ajouta-t-elle en essayant de sourire; c'était quelque prétexte pour vous rendre libre.

— J'ai été fort malade en effet, madame, répondit Henri, mais un spécifique usité dans nos montagnes, et qui me vient de ma mère, a guéri cette indisposition.

— Ah! vous m'apprendrez la recette, n'est-ce pas, Henri? dit Catherine en souriant cette fois véritablement, mais avec une ironie qu'elle ne put déguiser. Quelque contre-poison, murmura-t-elle; nous aviserons à cela, ou plutôt, non. Voyant madame de Sauve malade, il se sera défié. En vérité, c'est à croire que la main de Dieu est étendue sur cet homme.

Catherine attendit impatiemment la nuit. Madame de Sauve ne parut point. Au jeu, elle en demanda des nouvelles, on lui répondit qu'elle était de plus en plus souffrante. Toute la soirée elle fut inquiète, et l'on se demandait avec anxiété quelles étaient les pensées qui pouvaient agiter ce visage d'ordinaire si calme et si immobile.

Tout le monde se retira. Catherine se fit coucher et déshabiller par ses femmes; puis, quand tout le monde fut couché dans le Louvre, elle se releva, passa une longue robe de chambre noire, prit une lampe, choisit parmi toutes ses clefs celle qui ouvrait la porte de madame de Sauve, et monta chez sa dame d'honneur.

Henri avait-il prévu cette visite, était-il occupé chez lui, était-il caché quelque part, toujours est-il que la jeune femme était seule.

Catherine ouvrit la porte avec précaution, traversa l'antichambre, entra dans le salon, déposa sa lampe sur un meuble, car une veilleuse brûlait près de la malade, et, comme une ombre, elle se glissa dans la chambre à coucher.

Dariole, étendue dans un grand fauteuil, dormait près du lit de sa maîtresse.

Ce lit était entièrement fermé par les rideaux.

La respiration de la jeune femme était si légère, qu'un instant Catherine pensa qu'elle ne respirait plus.

Enfin, elle entendit un léger souffle, et, avec une joie maligne, elle vint lever le rideau afin de constater par elle-même l'effet du terrible poison, tressaillant d'avance à l'aspect de cette livide pâleur ou de cette dévorante pourpre d'une fièvre mortelle qu'elle espérait; mais, au lieu de tout cela, calme, les yeux doucement clos par leurs blanches paupières, la bouche rose et entr'ouverte, sa joue moite doucement appuyée sur un de ses bras gracieusement arrondi, tandis que l'autre, frais et nacré, s'allongeait sur le damas cramoisi qui lui servait de couverture, la belle jeune femme dormait presque rieuse encore. Car sans doute quelque songe charmant faisait éclore sur ses lèvres le sourire, et, sur sa joue, ce coloris d'un bien-être que rien ne trouble.

Catherine ne put s'empêcher de pousser un cri de surprise, qui réveilla pour un instant Dariole.

La reine mère se jeta derrière les rideaux du lit.

Dariole ouvrit les yeux; mais, accablée de sommeil, sans même chercher dans son esprit engourdi la cause de son réveil, la jeune fille laissa retomber sa lourde paupière et se rendormit.

Catherine, alors, sortit de dessous son rideau, et, tournant son regard vers les autres points de l'appartement, elle vit sur une petite table un flacon de vin d'Espagne, des fruits, des pâtes sucrées et deux verres. Henri avait dû venir souper chez la baronne, qui visiblement se portait aussi bien que lui.

Aussitôt Catherine, marchant à sa toilette, y prit la petite boîte d'argent au tiers vide. C'était exactement la même, ou tout au moins la pareille de celle qu'elle avait fait remettre à Charlotte. Elle en enleva une parcelle de la grosseur d'une perle sur le bout d'une aiguille d'or, rentra chez elle, la présenta au petit singe que lui avait donné Henri le soir même. L'animal, affriandé par l'odeur aromatique, la dévora avidement, et, s'arrondissant dans sa corbeille, se rendormit. Catherine attendit un quart d'heure.

— Avec la moitié de ce qu'il vient de manger là, dit Catherine, mon chien Brunot est mort enflé en une minute. On m'a jouée. Est-ce René? René! C'est impossible. Alors c'est donc Henri : ô fatalité! c'est

clair, puisqu'il doit régner, il ne peut pas mourir.

Mais peut-être n'y a-t-il que le poison qui soit impuissant, nous verrons bien en essayant du fer.

Et Catherine se coucha en tordant dans son esprit une nouvelle pensée qui se trouva sans doute complète le lendemain; car, le lendemain, elle appela son capitaine des gardes, lui remit une lettre, lui ordonna de la porter à son adresse, et de ne la remettre qu'aux propres mains de celui à qui elle était adressée.

Elle était adressée au sire de Louviers de Maurevel, capitaine des pétardiers du roi, rue de la Cerisaie, près de l'Arsenal.

XXVIII

LA LETTRE DE ROME.

uelques jours s'étaient écoulés depuis les événements que nous venons de raconter, lorsqu'un matin une litière escortée de plusieurs gentilshommes aux couleurs de M. de Guise entra au Louvre, et que l'on vint annoncer à la reine de Navarre que madame la duchesse de Nevers sollicitait l'honneur de lui faire sa cour.

Marguerite recevait la visite de madame de Sauve. C'était la première fois que la belle baronne sortait depuis sa prétendue maladie. Elle avait su que la reine avait manifesté à son mari une grande inquiétude de cette indisposition, qui avait été pendant près d'une semaine le bruit de la cour, et elle venait la remercier.

Marguerite la félicitait sur sa convalescence et sur le bonheur qu'elle avait eu d'échapper à l'accès subit de ce mal étrange dont, en sa qualité de fille de France, elle ne pouvait manquer d'apprécier toute la gravité.

— Vous viendrez, j'espère, à cette grande chasse

déjà remise une fois, demanda Marguerite, et qui doit avoir lieu définitivement demain. Le temps est doux pour un temps d'hiver. Le soleil a rendu la terre plus molle, et tous nos chasseurs prétendent que ce sera un jour des plus favorables.

— Mais, madame, dit la baronne, je ne sais si je serai assez bien remise.

— Bah! reprit Marguerite, vous ferez un effort; puis, comme je suis une guerrière, moi, j'ai autorisé le roi à disposer d'un petit cheval de Béarn que je devais monter et qui vous portera à merveille. N'en avez-vous point encore entendu parler?

— Si fait, madame, mais j'ignorais que ce petit cheval eût été destiné à l'honneur d'être offert à Votre Majesté : sans cela, je ne l'eusse point accepté.

— Par orgueil, baronne?

— Non, madame, tout au contraire, par humilité.

— Donc, vous viendrez?

— Votre Majesté me comble d'honneur. Je viendrai, puisqu'elle l'ordonne.

Ce fut en ce moment qu'on annonça madame la duchesse de Nevers. A ce nom, Marguerite laissa échapper un tel mouvement de joie, que la baronne comprit que les deux femmes avaient à causer ensemble, et elle se leva pour se retirer.

— A demain donc, dit Marguerite.

— A demain, madame.

— A propos! vous savez, baronne, continua Marguerite en la congédiant de la main, qu'en public je vous déteste, attendu que je suis horriblement jalouse.

— Mais en particulier? demanda madame de Sauve.

— Oh! en particulier, non-seulement je vous pardonne, mais encore je vous remercie.

— Alors, Votre Majesté permettra...

Marguerite lui tendit la main : la baronne la baisa avec respect, fit une révérence profonde et sortit.

Tandis que madame de Sauve remontait son escalier, bondissant comme un chevreau dont on a rompu l'attache, madame de Nevers échangeait avec la reine quelques saluts cérémonieux qui donnèrent le temps aux gentilshommes qui l'avaient accompagnée jusque-là de se retirer.

— Gillonne, cria Marguerite lorsque la porte se fut refermée sur le dernier, Gillonne, fais que personne ne nous interrompe.

— Oui, dit la duchesse, car nous avons à parler d'affaires tout à fait graves.

Et, prenant un siège, elle s'assit sans façon, certaine que personne ne viendrait déranger cette intimité convenue entre elle et la reine de Navarre, prenant sa meilleure place du feu et du soleil.

— Eh bien! dit Marguerite avec un sourire, notre fameux massacreur, qu'en faisons-nous?

— Ma chère reine, dit la duchesse, c'est sur mon âme un être mythologique. Il est incomparable en esprit et ne tarit jamais. Il a des saillies qui feraient pâmer de rire un saint dans sa châsse. Au demeurant, c'est le plus furieux païen qui ait jamais été cousu dans la peau d'un catholique. J'en raffole; et toi, que fais-tu de ton Apollo?

— Hélas! fit Marguerite avec un soupir.

— Oh! oh! que cet hélas! m'effraye, chère reine! est-il donc trop respectueux et trop sentimental, ce gentil la Mole! Ce serait, je suis forcée de l'avouer, tout le contraire de son ami Coconas.

— Mais non, il a ses moments, dit Marguerite, et cet hélas! ne se rapporte qu'à moi.

— Que veut-il dire alors?

— Il veut dire, chère duchesse, que j'ai une peur affreuse de l'aimer tout de bon.

— Vraiment!

— Foi de Marguerite!

— Oh! tant mieux! La joyeuse vie que nous allons mener alors! s'écria Henriette : aimer un peu, c'était mon rêve; aimer beaucoup, c'était le tien. C'est si doux, chère et docte reine, de se reposer l'esprit par le cœur, n'est-ce pas? et d'avoir, après

le délire, le sourire. Ah! Marguerite, j'ai le pressentiment que nous allons passer une bonne année.

— Crois-tu? dit la reine; moi, tout au contraire, je ne sais pas comment cela se fait, je vois les choses à travers un crêpe. Toute cette politique me préoccupe affreusement. A propos, sache donc si ton Annibal est aussi dévoué à mon frère qu'il paraît l'être. Informe-toi de cela, c'est important.

— Lui, dévoué à quelqu'un ou à quelque chose! On voit bien que tu ne le connais pas comme moi. S'il se dévoue jamais à quelque chose, ce sera à son ambition et voilà tout. Ton frère est-il homme à lui faire de grandes promesses, oh! alors, très-bien, il sera dévoué à ton frère; mais que ton frère, tout fils de France qu'il est, prenne garde de manquer aux promesses qu'il lui aura faites, ou, sans cela, ma foi, gare à ton frère!

— Vraiment?

— C'est comme je te le dis. En vérité, Marguerite, il y a des moments où ce tigre que j'ai apprivoisé me fait peur à moi-même. L'autre jour, je lui disais : Annibal, prenez-y garde, ne me trompez pas, car si vous me trompiez!... Je lui disais cependant cela avec mes yeux d'émeraude qui ont fait dire à Ronsard :

> La duchesse de Nevers
> Aux yeux verts,
> Qui sous leur paupière blonde,
> Lancent sur nous plus d'éclairs
> Que ne font vingt Jupiters
> Dans les airs
> Lorsque la tempête gronde.

— Eh bien?

— Eh bien! je crus qu'il allait me répondre : Moi, vous tromper! moi, jamais! etc., etc. Sais-tu ce qu'il m'a répondu?

— Non.

— Eh bien! juge l'homme : Et vous, a-t-il répondu, si vous me trompiez, prenez garde aussi; car, toute princesse que vous êtes... Et, en disant ces mots, il me menaçait, non-seulement des yeux, mais du doigt, de son doigt sec et pointu, muni d'un ongle taillé en fer de lance, et qu'il me mit presque sous le nez. En ce moment, ma pauvre reine, je te l'avoue, il avait une physionomie si peu rassurante, que j'en tressaille, et, tu le sais cependant, je ne suis pas trembleuse.

— Te menacer, toi, Henriette, il a osé?

— Eh mordi! je le menaçais bien, moi! Au bout du compte, il a eu raison. Ainsi, tu vois, dévoué jusqu'à un certain point, ou plutôt jusqu'à un point très-incertain.

— Alors, nous verrons, dit Marguerite rêveuse, je parlerai à la Mole. Tu n'avais pas autre chose à me dire?

— Si fait : une chose des plus intéressantes et

pour laquelle je suis venue. Mais que veux-tu ! tu as été me parler de choses plus intéressantes encore. J'ai reçu des nouvelles.

— De Rome ?

— Oui, un courrier de mon mari.

— Eh bien ! l'affaire de Pologne ?

— Va à merveille, et tu vas probablement sous peu de jours être débarrassée de ton frère d'Anjou.

— Le pape a donc ratifié son élection ?

— Oui, ma chère.

— Et tu ne me disais pas cela ! s'écria Marguerite. Eh ! vite, vite, des détails !

— Oh ! ma foi, je n'en ai pas d'autres que ceux que je te transmets. D'ailleurs, attends, je vais te donner la lettre de M. de Nevers. Tiens, la voilà. Eh ! non, non, ce sont des vers d'Annibal, des vers atroces, ma pauvre Marguerite, il n'en fait pas d'autres. Tiens, cette fois, voici. Non, pas encore ceci : c'est un billet de moi que j'ai apporté pour que tu le lui fasses passer par la Mole. Ah ! enfin, cette fois, c'est la lettre en question.

Et madame de Nevers remit la lettre à la reine.

Marguerite l'ouvrit vivement et la parcourut ; mais effectivement elle ne disait rien autre chose que ce qu'elle avait déjà appris de la bouche de son amie.

— Et comment as-tu reçu cette lettre ? continua la reine.

— Par un courrier de mon mari qui avait ordre de toucher à l'hôtel de Guise avant d'aller au Louvre, et de me remettre cette lettre avant celle du roi. Je savais l'importance que ma reine attachait à cette nouvelle, et j'avais écrit à M. de Nevers d'en agir ainsi. Tu vois, il a obéi, lui ; ce n'est pas comme ce monstre de Coconas. Maintenant il n'y a donc dans tout Paris que le roi, toi et moi qui sachions cette nouvelle ; à moins que l'homme qui suivait notre courrier...

— Quel homme ?

— Oh ! l'horrible métier ! Imagine-toi que ce malheureux messager est arrivé las, défait, poudreux ; il a couru sept jours, jour et nuit, sans s'arrêter un instant.

— Mais cet homme dont tu parlais tout à l'heure ?

— Attends donc. Constamment suivi par un homme de mine farouche qui avait des relais comme lui, et courait aussi vite que lui pendant ces quatre cents lieues, ce pauvre courrier a toujours attendu quelque balle de pistolet dans les reins. Tous deux sont arrivés en même temps, tous deux ont descendu la rue Mouffetard au grand galop ; tous deux ont traversé la Cité. Mais au bout du pont Notre-Dame notre courrier a pris à droite, tandis que l'autre tournait à gauche par la place du Châtelet, et filait par les quais du côté du Louvre, comme un trait d'arbalète.

— Merci, ma bonne Henriette, merci ! s'écria

Marguerite. Tu avais raison, et voilà de bien intéressantes nouvelles. Pour qui cet autre courrier ? Je le saurai. Mais laisse-moi. A ce soir, rue Tizon, n'est-ce pas ? et à demain la chasse, et surtout prends un cheval bien méchant pour qu'il s'emporte et que nous soyons seules. Je te dirai ce soir ce qu'il faut que tu tâches de savoir de ton Coconas.

— Tu n'oublieras donc pas ma lettre ? dit la duchesse de Nevers en riant.

— Non, non, sois tranquille, il l'aura, et à temps.

Madame de Nevers sortit, et aussitôt Marguerite envoya chercher Henri, qui accourut et auquel elle remit la lettre du duc de Nevers.

— Oh ! oh ! fit-il.

Puis Marguerite lui raconta l'histoire du double courrier.

— Au fait, dit Henri, je l'ai vu entrer au Louvre.

— Peut-être était-il pour la reine mère ?

— Non pas, j'en suis sûr ; car, j'ai été à tout hasard me placer dans le corridor et je n'ai vu passer personne.

— Alors, dit Marguerite en regardant son mari, il faut que ce soit...

— Pour votre frère d'Alençon, n'est-ce pas ? dit Henri.

— Oui, mais comment le savoir ?

— Ne pourrait-on, demanda Henri négligemment, envoyer chercher un de ces deux gentilshommes, et savoir par lui...

— Vous avez raison, sire ! dit Marguerite mise à son aise par la proposition de son mari, je vais envoyer chercher M. de la Mole. — Gillonne ! Gillonne !

La jeune fille parut.

— Il faut que je parle à l'instant même à M. de la Mole, lui dit la reine. Tâchez de me le trouver et amenez-le.

Gillonne partit. Henri s'assit devant une table sur laquelle était un livre allemand avec des gravures d'Albert Durer, qu'il se mit à regarder avec une si grande attention, que, lorsque la Mole vint, il ne parut pas l'entendre et ne leva pas même la tête.

De son côté, le jeune homme, voyant le roi chez Marguerite, demeura debout sur le seuil de la chambre, muet de surprise et pâlissant d'inquiétude.

Marguerite alla à lui.

— Monsieur de la Mole, demanda-t-elle, pourriez-vous me dire qui est aujourd'hui de garde chez M. d'Alençon ?

— Coconas, madame... dit la Mole.

— Tâchez de me savoir de lui s'il a introduit chez son maître un homme couvert de boue, et paraissant avoir fait une longue route à franc étrier.

— Ah ! madame ! je crains bien qu'il ne me le dise pas ; depuis quelques jours il devient très-taciturne.

— Vraiment ! Mais en lui donnant ce billet, il

Le jeune homme demeura debout sur le seuil de la chambre. — PAGE 177.

me semble qu'il vous devra quelque chose en échange.

— De la duchesse!... oh! avec ce billet, j'essayerai!

— Ajoutez, dit Marguerite en baissant la voix, que ce billet lui servira de sauf-conduit pour entrer ce soir dans la maison que vous savez.

— Et moi, madame, dit tout bas la Mole, quel sera le mien?

— Vous vous nommerez, et cela suffira.

— Donnez, madame, donnez, dit la Mole tout palpitant d'amour, je vous réponds de tout.

Et il partit.

— Nous saurons demain si le duc d'Alençon est instruit de l'affaire de Pologne, dit tranquillement Marguerite en se retournant vers son mari.

— Ce M. de la Mole est véritablement un gentil serviteur, dit le Béarnais avec ce sourire qui n'appartenait qu'à lui; et... par la messe! je ferai sa fortune.

Lorsqu'il parut, les chasseurs le saluèrent par leurs vivats. — Page 177.

XXIX

LE DÉPART.

Lorsque le lendemain un beau soleil rouge, mais sans rayons, comme c'est l'habitude dans les jours privilégiés de l'hiver, se leva derrière les collines de Paris, tout, depuis deux heures, était déjà en mouvement dans la cour du Louvre.

Un magnifique barbe, nerveux quoique élancé, aux jambes de cerf sur lesquelles les veines se croisaient comme un réseau, frappant du pied, dressant l'oreille et soufflant le feu par ses narines, attendait Charles IX dans la cour; mais il était moins impatient encore que son maître, retenu par Catherine, qui l'avait arrêté au passage pour lui parler, disait-elle, d'une affaire d'importance.

Tous deux étaient dans la galerie vitrée, Catherine froide, pâle et impassible comme toujours, Charles IX frémissant, rongeant ses ongles et fouettant ses deux chiens favoris revêtus de cuirasses de mailles pour que le boutoir du sanglier n'eût pas de prise sur eux et qu'ils pussent impunément affronter le terrible animal. Un petit écusson aux armes de France était cousu sur leur poitrine à peu près comme sur la poitrine des pages, qui plus d'une fois avaient envié les priviléges de ces bienheureux favoris.

— Faites-y bien attention, Charles, disait Catherine, nul que vous et moi ne sait encore l'arrivée prochaine des Polonais; cependant le roi de Navarre agit, Dieu me pardonne! comme s'il le savait. Malgré son abjuration, dont je me suis toujours défiée, il a des intelligences avec les huguenots. Avez-vous remarqué comme il sort souvent depuis quelques jours! Il a de l'argent, lui qui n'en a jamais eu; il achète des chevaux, des armes, et, les jours de pluie, du matin au soir, il s'exerce à l'escrime.

— Eh! mon Dieu, ma mère! fit Charles IX impatienté, croyez-vous point qu'il ait l'intention de me tuer, moi ou mon frère d'Anjou. En ce cas, il lui faudra encore quelques leçons; car hier je lui ai compté avec mon fleuret onze boutonnières sur son pourpoint, qui n'en a cependant que six. Et, quant à mon frère d'Anjou, vous savez qu'il tire encore mieux que moi ou tout aussi bien, à ce qu'il dit, du moins.

— Écoutez donc, Charles, reprit Catherine, et ne traitez pas légèrement les choses que vous dit votre mère. Les ambassadeurs vont arriver, eh bien! vous verrez! une fois qu'ils seront à Paris, Henri fera tout ce qu'il pourra pour captiver leur attention. Il est insinuant, il est sournois, sans compter que sa femme, qui le seconde, je ne sais pourquoi, va caqueter avec eux, leur parler latin, grec, hongrois, que sais-je? Oh! je vous dis, Charles, et vous savez que je ne me trompe jamais, je vous dis, moi, qu'il y a quelque chose sous jeu.

En ce moment l'heure sonna, et Charles IX cessa d'écouter sa mère pour écouter l'heure.

— Mort de ma vie! sept heures! s'écria-t-il; une heure pour aller, cela fera huit; une heure pour arriver au rendez-vous et lancer, nous ne pourrons nous mettre en chasse qu'à neuf heures; en vérité, ma mère, vous me faites perdre bien du temps! A bas, Risque-Tout!... mort de ma vie! à bas donc, brigand!

Et un vigoureux coup de fouet sanglé sur les reins du molosse arracha au pauvre animal, tout étonné de recevoir un châtiment en échange d'une caresse, un cri de vive douleur.

— Charles, reprit Catherine, écoutez-moi donc, au nom de Dieu! et ne jetez pas ainsi au hasard votre fortune et celle de la France. La chasse, la chasse, la chasse, dites-vous... Eh! vous aurez

tout le temps de chasser lorsque votre besogne de roi sera faite.

— Allons, allons, ma mère! dit Charles pâle d'impatience, expliquons-nous vite, car vous me faites bouillir; en vérité, il y a des jours où je ne vous comprends pas.

Et il s'arrêta, battant sa botte du manche de son fouet.

Catherine jugea que le bon moment était venu, et qu'il ne fallait pas le laisser passer.

— Mon fils, dit-elle, nous avons la preuve que de Mouy est revenu à Paris. M. de Maurevel, que vous connaissez bien, l'y a vu. Ce ne peut être que pour le roi de Navarre. Cela nous suffit, je l'espère, pour qu'il nous soit plus suspect que jamais.

— Allons, vous voilà encore après mon pauvre Henriot! vous voulez me le faire tuer, n'est-ce pas?

— Oh! non.

— Exiler? Mais comment ne comprenez-vous pas qu'exilé il devient beaucoup plus à craindre qu'il ne le sera jamais ici, sous nos yeux, dans le Louvre, où il ne peut rien faire que nous ne le sachions à l'instant même.

— Aussi ne veux-je pas l'exiler.

— Mais que voulez-vous donc? dites vite!

— Je veux qu'on le tienne en sûreté, tandis que les Polonais seront ici; à la Bastille, par exemple.

— Ah! ma foi non, s'écria Charles IX. Nous chassons le sanglier ce matin. Henriot est un de mes meilleurs suivants. Sans lui la chasse est manquée. Mordieu, ma mère! vous ne songez vraiment qu'à me contrarier.

— Eh! mon cher fils, je ne dis pas ce matin... Les envoyés n'arrivent que demain ou après-demain. Arrêtons-le après la chasse seulement, ce soir... cette nuit...

— C'est différent, alors. Eh bien! nous reparlerons de cela. Nous verrons après la chasse, je ne dis pas. Adieu! Allons! ici, Risque-Tout! ne vas-tu pas bouder, à ton tour?

— Charles, dit Catherine en l'arrêtant par le bras au risque de l'explosion qui pouvait résulter de ce nouveau retard, je crois que le mieux serait, tout en ne l'exécutant que ce soir ou cette nuit, de signer l'acte d'arrestation tout de suite.

— Signer, écrire un ordre, aller chercher le scel des parchemins, quand on m'attend pour la chasse, moi qui ne me fais jamais attendre! Au diable, par exemple!

— Mais non, je vous aime trop pour vous retarder; j'ai tout prévu, entrez là, chez moi, tenez!

Et Catherine, agile comme si elle n'eût eu que vingt ans, poussa une porte qui communiquait à son cabinet, montra au roi un encrier, une plume, un parchemin, le sceau et une bougie allumée.

Le roi prit le parchemin et le parcourut rapidement:

« Ordre, etc., etc., de faire arrêter et conduire à la Bastille notre frère Henri de Navarre. »

— Bon, c'est fait! dit-il en signant d'un trait. Adieu, ma mère.

Et il s'élança hors du cabinet, suivi de ses chiens, tout allègre de s'être si facilement débarrassé de Catherine.

Charles IX était attendu avec impatience, et, comme on connaissait son exactitude en matière de chasse, chacun s'étonnait de ce retard. Aussi, lorsqu'il parut, les chasseurs le saluèrent-ils par leurs vivats, les piqueurs par leurs fanfares, les chevaux par leurs hennissements, les chiens par leurs cris. Tout ce bruit, tout ce fracas, fit monter une rougeur à ses joues pâles, son cœur se gonfla, Charles fut jeune et heureux pendant une seconde.

A peine le roi prit-il le temps de saluer la brillante société réunie dans la cour; il fit un signe de tête au duc d'Alençon, un signe de la main à sa sœur Marguerite, passa devant Henri sans faire semblant de le voir, et s'élança sur ce cheval barbe qui, impatient, bondit sous lui. Mais, après trois ou quatre courbettes, il comprit à quel écuyer il avait affaire et se calma.

Aussitôt les fanfares retentirent de nouveau, et le roi sortit du Louvre suivi du duc d'Alençon, du roi de Navarre, de Marguerite, de madame de Nevers, de madame de Sauve, de Tavannes et des principaux seigneurs de la cour.

Il va sans dire que la Mole et Coconas étaient de la partie.

Quant au duc d'Anjou, il était depuis trois mois au siège de La Rochelle.

Pendant qu'on attendait le roi, Henri était venu saluer sa femme, qui, tout en répondant à son compliment, lui avait glissé à l'oreille:

— Le courrier venu de Rome a été introduit par M. de Coconas lui-même chez le duc d'Alençon, un quart d'heure avant que l'envoyé du duc de Nevers ne fût introduit chez le roi.

— Alors, il sait tout, dit Henri.

— Il doit tout savoir, répondit Marguerite; d'ailleurs, jetez les yeux sur lui, et voyez comme, malgré sa dissimulation habituelle, son œil rayonne.

— Ventre-saint-gris! murmura le Béarnais, je le crois bien! il chasse aujourd'hui trois proies: France, Pologne et Navarre; sans compter le sanglier.

Il salua sa femme, revint à son rang, et, appelant un de ses gens, Béarnais d'origine, dont les aïeux étaient serviteurs des siens depuis plus d'un siècle et qu'il employait comme messager ordinaire de ses affaires de galanterie:

— Orthon, lui dit-il, prends cette clef et va la porter chez ce cousin de madame de Sauve, que tu sais, qui demeure chez sa maîtresse, au coin de la rue des Quatre-Fils; tu lui diras que sa cousine désire lui parler ce soir; qu'il entre dans ma chambre, et, si je n'y suis pas, qu'il m'attende; si je tarde, qu'il se jette sur mon lit en attendant.

— Il n'y a pas de réponse, sire?

— Aucune, que de me dire si tu l'as trouvé. La clef est pour lui seul, tu comprends?

— Attends donc, et ne me quitte pas ici, peste! avant de sortir de Paris, je t'appellerai comme pour ressangler mon cheval, tu demeureras en arrière, ainsi tout naturellement tu feras ta commission et tu nous rejoindras à Bondy.

Le valet fit un signe d'obéissance et s'éloigna.

On se mit en marche par la rue Saint-Honoré, on gagna la rue Saint-Denis, puis le faubourg; arrivé à la rue Saint-Laurent, le cheval du roi de Navarre se dessangla, Orthon accourut, et tout se passa comme il avait été convenu entre lui et son maître, qui continuait de suivre avec le cortège royal la rue des Récollets, tandis que son fidèle serviteur gagnait la rue du Temple.

Lorsque Henri rejoignit le roi, Charles était engagé avec le duc d'Alençon dans une conversation si intéressante sur le temps, sur l'âge du sanglier détourné et qui était un solitaire, enfin sur l'endroit où il avait établi son bouge, qu'il ne s'aperçut pas ou feignit de ne pas s'apercevoir que Henri était resté un instant en arrière.

Pendant ce temps, Marguerite observait de loin la contenance de chacun, et croyait reconnaître dans les yeux de son frère un certain embarras toutes les fois que ses yeux se reposaient sur Henri. Madame de Nevers se laissait aller à une gaieté folle, car Coconas, éminemment joyeux ce jour-là, faisait autour d'elle cent lazzis pour faire rire les dames.

Quant à la Mole, il avait déjà trouvé deux fois l'occasion de baiser l'écharpe blanche à franges d'or de Marguerite sans que cette action, faite avec l'adresse ordinaire aux amants, eût été vue de plus de trois ou quatre personnes.

On arriva vers huit heures et un quart à Bondy.

Le premier soin de Charles IX fut de s'informer si le sanglier avait tenu. Le sanglier était à sa bauge, et le piqueur qui l'avait détourné répondait de lui.

Une collation était prête. Le roi but un verre de vin de Hongrie. Charles IX invita les dames à se mettre à table, et, tout à son impatience, s'en alla, pour occuper son temps, visiter les chenils et les perchoirs, recommandant qu'on ne desselât pas son cheval, attendu, dit-il, qu'il n'en avait jamais monté de meilleur et de plus fort.

Pendant que le roi faisait sa tournée, le duc de Guise arriva. Il était armé en guerre bien plutôt qu'en chasse, et vingt ou trente gentilshommes, équipés comme lui, l'accompagnaient. Il s'informa aussitôt du lieu où était le roi, l'alla rejoindre et revint en causant avec lui.

A neuf heures précises, le roi donna lui-même le

signal en sonnant le *lancer*, et chacun, montant à cheval, s'achemina vers le rendez-vous.

Pendant la route, Henri trouva moyen de se rapprocher encore une fois de sa femme.

— Eh bien ! lui demanda-t-il, savez-vous quelque chose de nouveau ?

— Non, répondit Marguerite, si ce n'est que mon frere Charles vous regarde d'une étrange façon.

— Je m'en suis aperçu, répondit Henri.

— Avez-vous pris vos précautions ?

— J'ai sur la poitrine ma cotte de mailles et à mon côté un excellent couteau de chasse espagnol, affilé comme un rasoir, pointu comme une aiguille, et avec lequel je perce des doublons.

— Alors, dit Marguerite, à la garde de Dieu !

Le piqueur qui dirigeait le cortége fit un **signe** : on était arrivé à la bauge.

FIN DE LA PREMIÈRE PARTIE.

TABLE DES MATIÈRES

DE LA PREMIÈRE PARTIE.

—◇◆◇—

www.ingramcontent.com/pod-product-compliance
Lightning Source LLC
Chambersburg PA
CBHW072045080426
42733CB00010B/1995